幼儿教师教育教学技能全解

教育新理念 实践新智慧

主编 曹宇

华东师范大学出版社
·上海·

图书在版编目(CIP)数据

幼儿教师教育教学技能全解/曹宇主编.—上海:华东师范大学出版社,2015.5
ISBN 978-7-5675-3501-5

Ⅰ.①幼… Ⅱ.①曹… Ⅲ.①学前教育-课堂教学-教学法 Ⅳ.①G612

中国版本图书馆 CIP 数据核字(2015)第 097330 号

幼儿教师教育教学技能全解

主 编 曹 宇
责任编辑 赵建军 罗 彦
封面设计 徐颖超
版式设计 罗 彦

出版发行 华东师范大学出版社
社 址 上海市中山北路 3663 号 邮编 200062
网 址 www.ecnupress.com.cn
电 话 021-60821666 行政传真 021-62572105
客服电话 021-62865537 门市(邮购)电话 021-62869887
地 址 上海市中山北路 3663 号华东师范大学校内先锋路口
网 店 http://hdsdcbs.tmall.com

印 刷 者 常熟市文化印刷有限公司
开 本 787 毫米×1092 毫米 1/16
印 张 17.5
字 数 395 千字
版 次 2015 年 7 月第 1 版
印 次 2024 年 2 月第 11 次
书 号 ISBN 978-7-5675-3501-5/G·8252
定 价 35.00 元

出 版 人 王 焰

(如发现本版图书有印订质量问题,请寄回本社客服中心调换或电话 021-62865537 联系)

前言
QIANYAN

　　党的二十大报告指出,要在幼有所育上持续用力。同时,随着《3—6岁儿童学习与发展指南》《幼儿园教师专业标准》的颁布,学前教育的着眼点更加务实,更关注教育实践,更关心每一个孩子真实的发展情况和每一位教师实际的教育行为。在这样的背景下,《幼儿教师教育教学技能全解》一书应运而出,旨在为广大幼儿园教师提供一本拿到手便可直接运用的工具书。

　　作为一名学前教育工作者,我从来没有离开过幼儿园和幼儿教师,我毕业于北京师范大学学前教育专业,在北师大附属幼儿园实习,后来在华东师范大学师从朱家雄教授取得了硕士学位,毕业以后直接到上海市思南路幼儿园做了三年的幼儿教师,很多人不解地问我:"硕士毕业到幼儿园带班? 开玩笑吧? 你们这个专业就业无门?"我笑了笑:"如果不到一线去,我就没有发言权。"在思南路幼儿园,我遇到了人生中的另一位恩师郭宗莉园长,她是一名研究型学者园长,用严谨科学的态度对待幼儿园里的每一件事情,针对我的实际情况,安排了工作年限长达30年的高级教师韩慧萍、王建萍做我的师父,她们手把手地教会我很多实践技能和工作方法。思南路幼儿园的每一位教师都追求优质的学前教育,思考如何成为优秀的幼儿教师,她们是我人生路上的良师益友,书中汇集了她们的宝贵经验。这三年的班主任工作,为我了解幼儿、掌握班级管理方法、学会与家长沟通打下了扎实的基础。后来,我参与创办了民办幼儿园——京狮幼儿园,负责教育教学工作,更是每天和幼儿教师在一起。京狮幼儿园的管理者、园长和老师为了提高保教质量、树立专业口碑,踏踏实实地办教育,书中也汇集了她们的智慧。

　　这些宝贵的经历,让我以更加谦虚的态度面对幼儿教师,并且更加尊敬她们,她们是拥有童心、善心、爱心、责任心的天使,她们每天的工作非常忙碌和辛苦,把自己的青春奉献给了孩子,她们是最值得尊敬的人。这些年的经历也让我深知一线教师最需要的是简洁、明确、生动、易懂的专业书籍,幸运的是,华东师范大学出版社热情地呼应了我的想法,达成了撰写这本书的意向。

　　我曾经安排过6名毕业于南京师范大学、东北师范大学、西南师范大学学前教育专业的硕士生到幼儿园实习,她们只跟了老师一天,就深深感叹:"幼儿教师真辛苦! 理论和现实有着巨大的鸿沟,自己到了孩子面前,一切都是从零开始。"可见,要想当一名合格的幼儿教师,并不是学历高就能胜任的。幼儿教师是一个高度专业化的职业,在日复一日的班级工作中实现有效管理,促进幼儿身心和谐健康全面发展,起到服务家庭、推进成长的作用,因此,本书包含了三方面的内容:专业成长篇,班级管理篇,家园共育篇。

专业成长篇包括:第一章"了解即将面对的孩子";第四章"如何制定班级计划有序开展工作";第七章"如何开展高质量的主题活动";第十章"如何让游戏成为孩子的基本活动";第十三章"如何给孩子自由选择的权利"。

班级管理篇包括:第二章"如何创设适宜的环境迎接孩子";第五章"如何合理安排一日活动";第八章"如何建立互信互爱的师幼关系";第十一章"如何让孩子的学习有意义";第十四章"如何保育为先尊重孩子的生命"。

家园共育篇包括:第三章"如何坦然地与家长沟通和交流";第六章"如何建立幼儿成长档案";第九章"如何组织出游活动";第十二章"如何做好家长开放活动";第十五章"如何设计和开展家园共育主题活动"。

然而,在现实的教育教学工作中,这三个内容是同时发生、交替进行的,因此本书大致按照教师工作的时间线索来安排内容:

开学初(9月/2月)需要做三件事:熟悉孩子,创设环境,认识家长。因此前三章的内容分别与此对应,第一章"了解即将面对的孩子"以生动的案例帮助教师了解不同年龄幼儿的特点,第二章帮助教师"创设适宜的环境",第三章告诉教师如何家访和召开家长会,完成这三章的内容,便可以顺利开学了。

开学一个月左右(10月/3月),教师对幼儿有了一定的了解,班级工作也步入正轨,这时要做三件事:制定班级计划,优化一日活动流程,建立幼儿成长档案。班级计划之所以没有放在开学前,是因为6月底和9月初相隔两个多月,幼儿的发展会有一定的变化,经过开学后一段时间的观察,教师能比较客观、准确地分析出幼儿的真实情况。第四章至第六章对应的是这三件事,完成这三章的内容,班级工作便可有序开展,幼儿的活动常规也逐渐顺畅。

随后(11月/4月),幼儿园逐渐开展丰富多彩的学习和生活,这个阶段,教师有三件大事:开展主题活动;有效师幼互动;组织出游活动。对应第七章至第九章,笔者在这三章中通过"教师手记"列举了很多活动方案,还提供了丰富的图片,能给教师带来新的启发。

接下来(12月/5月),幼儿园通常会组织游戏观摩、一课三研、家长开放等体现保教质量的活动,因此第十章至第十二章对应了这个月的大项工作,协助教师提高观察指导游戏的能力,组织教学活动的能力,以及公开展示的能力。

到了期末(1月/6月),教师需要反思本学期自己是否做到了以下三件事:给孩子自由选择的权利;保教结合、保育为先;开展有意义的亲子活动。第十三章至第十五章具体介绍了如何实现这三个目标。尽管这部分内容放在了全书的最后,但其实隐含和贯穿于学期工作的始末。

回顾整本书,各个章节之间既有时间的线索,也有内容的分类,需要明确的是:各章节之间是相融合的,在实践中是同时发生的,综合起来组成了幼儿教师的教育教学技能框架,共同服务于幼儿园实践。

笔者相信每一位幼儿教师都带着一颗赤子之心,希望自己能创造性地开展工作,从孩子的笑容里获得幸福感,从家长的肯定中获得满足感。记得在思南路幼儿园工作时,有一天由各班家长组成的巡访团到幼儿园参观食堂、探访班级、交流座谈,在座谈会上,一位小朋友的妈妈是这样评价我的:"曹老师对孩子很好,我的孩子很喜欢她;我觉得她很专业,每天我都看班里贴出来的通知、备课内容,让我学到了很多;我觉得曹老师很敬业,很多时候晚上十点多、十一点了,我看到她还在线,有时回答家长的问题,有时传孩子们的照片,有时撰写自己的心得体会,我很佩服她,我很信任幼儿园。"任何一位教师听到这样的评价,都会觉得付出是值得的。

让家长肯定幼儿园教师的专业性,不是一朝一夕能实现的,在这个过程中,难免会有误解、辛酸甚至委屈,但是,只要坚持,就会收获一份沉甸甸的信任与尊敬。漫步在幼儿园,伴着孩子们清脆的笑声,和着老师们甜美的歌声,我想说:"我骄傲,我是一名幼儿园老师!"

曹 宇

目录
MULU

专业成长篇

班级管理篇

家园共育篇

9月
2月
10月
3月
11月
4月

目 录
MULU

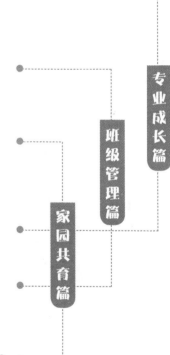
专业成长篇
班级管理篇
家园共育篇

第一章

了解即将面对的孩子

　　开学之初,拿到班级孩子的花名册,看着一个个陌生的名字,作为新老师,内心难免忐忑不安,"这些孩子都是什么样的呢？我会成为他们的朋友吗？他们会听我的话吗？……"这些问题反复出现在脑海中。回忆书本上的幼儿形象,似乎比较抽象和笼统,有种把幼儿当成被试,千人一面的味道,但是走进幼儿园,看到活泼可爱的孩子,教师就会发现,其实,每个孩子都是独一无二的,有各自的喜怒哀乐,有独特的个性和鲜明的特点。想成为一名合格的幼儿教师,首要任务就是了解即将面对的孩子。因此,本月的主要工作是通过观察、记录的方法,以生动直观的方式掌握并理解幼儿身心发展的规律和特点,对某个年龄段的幼儿群体和幼儿个体有初步的了解,了解他们的已有经验、兴趣爱好、能力水平、个性特征,这样才能有针对性地开展教育活动。

　　下面按照从小到大的年龄顺序,看看幼儿教师是如何观察和发现孩子的特点的。

第一节

走进托班宝宝

托班宝宝走出家庭，进入幼儿园，要面临适应幼儿园物化环境、适应教师(同伴)、适应一日生活的"三个适应"。教师只有了解2～3岁宝宝的特点和能力才能循序渐进地帮助他们建立安全感，克服分离焦虑，最终建立一日生活秩序感，在幼儿园愉快地学习和游戏。下面请托班的老师开始习惯蹲下来和孩子说话，坐下来和孩子游戏，这样您才能走进他们的世界，了解他们的发展特点。

一、有独立倾向，生活自理行为开始出现

2～3岁幼儿在日常生活中开始表现出独立的倾向，他们愿意尝试自己照顾自己，愿意通过各种方式向别人显示"我能行"。比如：自己打开水龙头洗手，但是很可能沉迷于玩水，忘记了最初是要洗手；自己用小勺进食，但是很可能把食物洒落在桌上或者衣服上；自己穿脱衣服、鞋袜等，但是很可能经过一番努力之后发现穿反了。

这些都需要教师用包容的心态去面对，并不是孩子故意为之，而是注意力、精细动作和手眼协调能力还没有发展到一定的成熟阶段，因此生活自理行为还需成人的帮助。比如，洗手的时候容易把袖子弄湿，这就需要教师细心及时地提醒孩子卷起袖子；吃饭的时候容易把饭菜洒落，这时需要提醒他们身体靠近桌子，下巴靠近饭碗，用正确的坐姿来进餐，在一点一滴的细节之处体现对孩子的关爱。

📍 教师手记

到幼儿园坐马桶

我们班的度度小朋友，在如厕方面懂得用语言表示需要，会说"老师，我要小便了!""老师，我想拉臭臭!"并能自己拉下裤子，但是提裤子时会向我寻求帮助。她的妈妈说：度度挑食偏食，经常便秘。可是上了幼儿园，每天早晨她都要坐在小马桶上大便，我问她："为什么不在家里便便?"她说："家里马桶好大，怕掉下去。"原来，度度喜欢幼儿园里大小合适的幼儿马桶，便秘的问题也迎刃而解。

经过观察我发现，男孩子则对符合自己身高的小便池和冲水按钮很感兴趣，每次生活

环节,总有几个孩子想在卫生间多待一会儿,找机会按一按冲水按钮,有时还会不小心把裤子弄湿。

🔎 教师手记

把椅子送回家

离园时间,有几位小朋友的家长还没有来接,我告诉孩子们:"宝宝回家了,椅子也要送回家(把小椅子放好)。"刚说完,只见几个孩子两手各夹着一个椅子,一步一步向椅子归放处走去。"你们一个一个搬吧,我来帮你们!"我走到他们面前提示。孩子们大声说:"我的力气大,我们自己来。"几个孩子依然一手夹一个椅子不肯停下来,终于挪到了椅子归放处,放下椅子。孩子们双手握拳跳起来:"嗨,我们成功了!"此刻,我也被孩子们感染,真为他们感到高兴。

二、情绪不稳定,有强烈的情感依恋需求

2~3岁幼儿在情绪上的明显特征是容易受自身和他人的情绪情感影响,具有不稳定性。比如:看到旁边的小朋友哭了,他也会想妈妈而哭起来;看到别人笑了,虽然不知道别人在笑什么,但是他也憨憨地笑起来了。他们的情绪外露,高兴与不高兴、愿意与不愿意都显露在脸上。

🔎 教师手记

宝宝打电话

宝宝们入园三天了,但还是很想念爸爸妈妈,看,贝贝蹦蹦跳跳地来到"娃娃家",走到玩具电话机前,像大人打电话那样,拿起听筒、撳几下数字键后,大声地说:"喂,妈妈,我在幼儿园很乖,你快来接我。"说完就拿着听筒坐在沙发上休息。其他小朋友看到了,也纷纷开始"打电话",对着电话说起了对妈妈的想念,有的还要求老师帮忙给妈妈打个电话。

幼儿入园初期从原本熟悉的家庭环境一下子到一个全新的环境中,身心还未适应转变。有些幼儿在陌生的环境和不熟悉的集体中情绪化反应强烈,有拒绝行为。比如,有的不吃不喝,不肯睡觉,不让人接近,不肯轻易挪动自身所处的位置或座椅;有的还会大哭大喊、发出尖锐叫声,躺在地上打滚,搂着家人不让离开,冲出大门,不肯进教室;有的打、踢、咬试图接近他的教师或保育员;有的搂抱着自己带的物品不放,手中紧捏长绢或长毛绒制品,若取走便大哭;有的吮吸手指,不参加活动,退缩在后,眼光始终望着窗外。这些都是入园初期孩子情绪不稳

定的行为表现,提示着我们要关注孩子的情感体验,帮助他们建立安全感。

三、自我中心倾向明显,出现反抗现象

2~3岁幼儿由于动作、语言和认知能力的发展,扩大了社会交往的范围,逐渐习惯与同龄伙伴及成人的交往,比如:愿意到小朋友多的地方玩,尤其是每天离园以后,愿意和小伙伴们到旁边的公园、小区、广场一起玩,最后在爸爸妈妈、爷爷奶奶的催促下才恋恋不舍地回家。

愿意与人交往是好事,但是这个年龄阶段的幼儿在交往中带有明显的自我中心倾向,常常以自己的需要作为唯一的标准。比如,在与小朋友玩的时候,以自我为中心,常常会从别人手里直接拿东西,如果不能满足,甚至会抓咬别人,这个年龄段出现了反抗现象。

教师手记

这是我的

冬冬手里正在玩一个卡通玩偶,一会儿他被旁边的声音吸引将玩偶放下,转过身去,强强走过来拿起玩偶摆弄起来,冬冬回过身来,伸手就夺,大叫:"这是我的!"强强紧紧抓牢不放,大叫:"这是我的!"眼看两个孩子就要发生肢体接触了,我赶紧走上前进行调解。

四、动作水平迅速发展

2~3岁幼儿已经能完成坐、立、行、走、爬、钻等基本动作,并能扶着栏杆上下楼梯。但是教师要注意集体上下楼梯时,每个幼儿的速度不一样,会存在很明显的个体差异,有的双脚能连续跨越楼梯,速度很快,有的双脚在每一级停住后才继续往上走,所以会出现稀稀拉拉的情况。排队的时候要让速度快的走在前面,速度慢的走在后面。

2~3岁幼儿的手眼协调能力也有了较快的发展,会做穿珠、塞片片等精细活动,进入了动作快速发展的关键期。但是正如前面所说,身体的控制力还不强,在操作材料的时候会出现碰掉、打翻等现象,这都是正常的,教师不能着急,可以提醒孩子小心一点。

教师手记

拼装小汽车

我们班的男孩子对拼装小汽车很感兴趣,在他们看来,物体自己会动是神秘的,有强烈的操作探究需求,每天都有几个男孩子围在小汽车前,摆弄塑料小锤子、扳手、螺丝刀等。时而给汽车拧拧螺丝,时而再拼在一起,不仅会使用工具,而且能够在拆卸、拼装的过程中反复改变螺丝的组合方式。

五、思维存在于动作之中

2～3岁幼儿的各种心理活动带有明显的直觉行动性,记忆和思维都是在直接与事物的接触或活动中进行的,他们往往先做后想,边做边想。比如,捏泥之前往往说不出自己要捏什么,捏到某种形象之后才会说"苹果"、"大饼"等;涂鸦之前也不知道自己会涂什么,只是涂着涂着自言自语,然后说出自己画了什么。这种现象会持续比较长的时间。

教师手记

小·小·加工坊

沈老师为孩子设计了一套玩米模具,孩子们可以用勺子、铲子把米装到小袋子里,再倾倒出来,还可以把米放在漏斗里,观察大米流到漏斗下的容器里。沈老师用不同大小的饮料瓶做漏斗,孩子们发现米的流动是有快慢的。在接下来的时间里,孩子们始终反反复复地玩着。

填满与倒空是幼儿喜欢探索的活动之一,对于2～3岁幼儿来说,倒空是填满的前提,大多数孩子乐于尝试掌握填满的技能,而填满的行为通常是受到有趣容器刺激引发的。沈老师的设计充分满足了幼儿动作发展的需求,同时又能促进幼儿在观察和操作中积累物体运动的经验,得到了幼儿的喜爱和认可。

六、尝试模仿,喜欢重复

2～3岁幼儿爱模仿别人,看见别人玩什么,自己也想玩什么,所以这个年龄段的班级中玩具的种类不需要很多,但数量一定要多,同一种玩具可以准备4～5份,便于幼儿互相模仿操作。他们还很乐于模仿大人的言行,比如回家学老师的样子,模仿的大多是简单的、最明显的动作、话语和特点。

喜欢重复是这个年龄段的显著特点,他们喜欢重复地摆弄物品,喜欢听老师重复讲同一个故事,喜欢重复做某个动作。因此,在教育上可以针对这样的特点采取措施,比如每天重复特定的音乐律动,一个故事讲一段时间,观察和记录孩子对物品的操作次数,直到孩子不再感兴趣。可以说,这个年龄段的孩子在重复中逐渐认识物体的属性,发展语言和动作,并由此逐渐认识事物之间简单的关联,产生简单的想象。

七、词语发展迅速,听说能力基本形成

2～3岁是儿童语言发展的关键期,幼儿变得特别喜欢说,词汇量迅速增加,可以用简单的复合句来表达意愿,基本理解常用的简单句型。2岁后期会用"我"来表达自己的需求和愿望,开始把自己从客体中区分出来。言语的发展促进自我意识的萌芽,这个阶段的幼儿喜欢听儿

歌、故事,尤其喜欢反复听同一个故事。

教师手记

我爱听故事

李老师问孩子们想听什么故事,许多孩子都说想听《西瓜船》。李老师说上次你们已经听过了,孩子们纷纷说:"这个故事很好玩。"有的孩子模仿故事里的短句"快到西瓜船里来,噗!"尤其是象声词。为了满足宝宝的需要,李老师又开始讲述这个故事。当老师讲到"西瓜船变大了!"时,宝宝们哈哈大笑,有的宝宝还拍起手,还有的宝宝叫起来:"你再讲嘛!""我还想听。"

八、对鲜明的色彩、节奏感兴趣

2岁幼儿的好奇心很强,对新鲜、特别的事物有着浓厚的探索兴趣,色彩鲜艳的、有声响的、会动的物品能引起他们特别的注意和喜爱,能激起他们的快乐和兴趣,使他们能主动去认识环境、投入活动。

九、秩序感的敏感期

托班幼儿对幼儿园的规则处在学习和理解阶段,但是他们对生活秩序或者内部作息秩序有着很强的敏感性和适应性,一旦打乱,会表现得烦躁、不安,情绪化反应强烈。教师要顺应孩子内在的秩序需要,帮助他们逐步把家庭中的秩序与幼儿园的规则整合在一起。

教师手记

乐乐的生活

刚入园的第一周,乐乐在爸爸妈妈的陪同下,愉快地在幼儿园玩到10:30回家,吃几块餐前水果;第二周开始,爸爸妈妈不再陪伴,乐乐也能够愉快地活动,可到了10:30,乐乐又开始哭着要回家了,老师也给贝贝几块餐前水果,放在贝贝家中常用的小碗里,贝贝就安静下来了。

乐乐每天玩玩具、吃饭、盥洗、洗手,都会自己选择固定的位置,当他发现润润站在中间的水池边洗手时,立刻大哭起来,拼命地想把润润从那里拉开。

第二节

认识小班幼儿

小班分为新生小班和从托班升上来的小班,对于新小班的幼儿,他们会和托班宝宝一样面对从家庭到幼儿园的过渡,因此新生小班幼儿在情绪上具有上一节所描述的秩序感、情感依恋方面的典型表现。对于从托班升班而来的幼儿,通常已经完成了过渡期,进入了幼儿园第二年的生活。下面透过教师的观察笔记,一起了解一下小班幼儿的典型特点和行为表现。

一、可以按指令行动,生活自理能力增强

3岁幼儿的一个显著进步,就是逐渐摆脱自我中心,学习按指令行动。在成人的指导下,他们形成了许多日常生活、游戏和学习活动时所必需的生活自理能力,比如会自己用勺进餐,会自己穿衣裤,会解扣子、拉拉链,会穿不用系鞋带的鞋子,会自己洗手。3岁的幼儿比较容易适应集体生活,这也是很多教师最深刻的体会:3岁入小班的幼儿比2岁入托班的宝宝适应集体生活快,最明显的体现是在生活自理能力上。

二、行为明显受情绪支配

3岁幼儿的行为容易受情绪支配,他们的情绪仍然很不稳定,容易冲动,常会为了一件小事大哭大闹,但是和2岁的幼儿相比,已经开始产生调节情绪的意识。3岁幼儿仍然十分依恋父母和老师,尤其需要得到亲近成人的微笑、拥抱等爱抚动作。孩子回家经常会跟家人说:"某某老师喜欢我,某某老师不喜欢我!"他们愿意同喜爱的教师接近,在喜爱的教师身边会感到情绪愉快,行动积极。

教师手记

老师的吻真香

韵韵在幼儿园表现得有些腼腆,不怎么说话,但是开心时会对老师笑一笑,遇到困难时也会找老师帮忙。这天早上外婆送她来幼儿园,跟我说:"曹老师,韵韵昨天回家不肯洗

脸,你知道为什么吗?"我感到很困惑,韵韵平时很爱干净,在幼儿园也积极洗手,外婆说:"她悄悄跟我说,曹老师亲了我一口,香香的,舍不得洗脸!"哈哈,原来如此。我回想了一下,昨天带孩子们说《苹果脸》儿歌的时候,确实亲了好几个小朋友,想不到我无意间的一个举动,竟然给孩子们这么大的影响。通过这件小事,韵韵知道了我对她的喜爱,逐步适应了幼儿园的生活,一个学期过去了,她在幼儿园比原来外向一些了,也愿意和老师说话。

🔍 教师手记

老师拍拍我

皮皮是个活泼可爱的男孩,但是入园半个月以来,午睡总是不踏实,要么躲在被子里辗转反侧,要么探头探脑想坐起来。于是,我坐在他的小床边,安抚他躺下,轻轻拍拍他,哄他入睡,没想到五分钟就睡着了,那天从12:30睡到14:30,下午精神格外好。过了一个星期,他奶奶送皮皮的时候说:"皮皮最近在幼儿园睡觉很好,他跟我们说老师每天都拍拍他,起床以后也表扬他眼睛黑黑亮亮,睡得好!"我听了非常高兴,只要多花五分钟的耐心,就能换来孩子的健康成长。

可见,教师对幼儿的态度,直接影响着幼儿的情绪体验,还会影响到家长对教师的信任。教师的抚摸、亲吻、爱抚,能够让孩子感受到母亲般的温暖,对教师产生信任感、依恋感和好感。这样幼儿才能在幼儿园愉快地度过每一天,过上有品质的童年生活。

当然,如果幼儿情绪不愉快,则容易表现出消极行为,有些幼儿会通过"调皮"的行为表现,甚至故意生出事端,来吸引别人关注。比如在集体活动中,需要得到关注的孩子往往不满足于独自一人的活动,有时候会对着身边小朋友的耳朵、脖子吹气,或者小手从身旁小朋友的身后穿过,再拉拉其他小朋友的衣服或头发,直到小朋友受不了向老师"告状"。其实这是幼儿在表达自己需要被关注的需求。此时,教师不宜采用严厉批评的方式对待幼儿,可以尝试把孩子带到身边,身体抚摸或言语鼓励,表示对他的关注。对于具体行为,可以面对面地引导孩子,不当着全班的面批评他,否则会让孩子觉得懊恼。

三、社交范围扩大,开始认同、接纳同伴与教师

小班幼儿的移情能力有了很大的发展,开始站在他人立场上感受情境、理解情感。比如,看见生病的同伴、摔跤的弟弟妹妹,会表示同情;通过阅读活动,能初步理解故事中的人物情感;在老师的启发下,能做出关心、帮助等关切他人的行为。小班幼儿的社会交往范围有了很大的拓展,从家庭成员扩大到老师,他们会经常主动地拉拉老师的衣服,以动作引起老师的注意,表达对老师的亲近和与老师交往的意愿。

🔍 **教师手记**

我要李老师

明明开学初总是粘着妈妈不愿意放手,过了两周以后,他的依恋转移到了班中的李老师。分组活动时,也只愿意跟着李老师,睡觉时也要摸着李老师的手。3周的时间过去了,明明开始自己玩。一天,教室里来了代班的老师,明明又开始哭闹,不停地说:"我要李老师。"

🔍 **教师手记**

老师真漂亮

冬冬喜欢上了幼儿园,每天来园时都高高兴兴的。当我坐在她身边的时候,她会抱着我亲一下,还会摸一摸我身上的装饰亮片,然后感叹着说:"曹老师,你真漂亮啊!让我亲亲你!"其他小朋友看到了,也纷纷来和我亲一亲,抱一抱,这一瞬,淹没在孩子的"口水"中,作为老师的我,真是觉得自己太幸福了!

除了对教师的接纳和认同,小班幼儿对同伴也更加熟悉,愿意和班级里的同龄小伙伴一起运动、游戏,互相说话,开始简单的交往。

四、动作的协调性增强

小班幼儿动作的协调性增强了,逐步学会自然地、有节奏地行走,上下楼梯也更加稳,有的孩子能够不抓着扶手独立上下楼梯,有的还需要双脚先后踏上同一台阶后再前进。到了小班下学期,大多数幼儿已会双脚交替上下楼梯。小班幼儿喜欢跑、跳、钻等大动作,喜欢户外活动。

🔍 **教师手记**

好玩的彩虹伞

张老师带着孩子们一起到草地上玩"彩虹伞"的游戏,林林在草地上跑来跑去,突然老师发出"打雷了、下雨了"的信号,林林立刻快速跑到大红伞下,大声向同伴叫喊:"快来躲雨呀!"一边挥舞双手招呼同伴。一会儿蹲下抱着头,一会儿又跳起来顶顶大红伞,还跑出去拉着同伴一起躲进来,大声笑起来。游戏结束了,林林仍然不愿离去,吵着告诉老师:"我还想玩。"

只要天气好,阳光充足,教师就可以带领幼儿到户外运动,组织他们开展体育活动和体育游戏。可以发现,"在外面玩"是小班幼儿最开心的事情。案例中的教师观察到幼儿在游戏中连续不停地变化动作,不仅发展了身体动作的灵活性和协调性,还增进了与同伴的互动,更重要的是整个过程中,幼儿体验到游戏的快乐。

小班幼儿的手部小肌肉发展相对较迟缓,但双手协调技能有了较大发展,他们能折纸,用油画棒涂涂画画,也能学会使用安全剪刀,有控制地沿着直线剪纸条,动作逐步精细化了。

五、具有强烈的好奇心

这个年龄段的幼儿对周围世界充满浓厚的兴趣,对新鲜事物具有强烈的好奇心,喜欢向成人提出各种各样的问题,经常会缠住大人或者老师不停追问,有时候大人会被追问得答不出,甚至哑口无言。虽然这些问题可能很肤浅、幼稚,但是这体现了他们对世界的探知欲望,教师要启发幼儿不断寻求答案。

这个阶段的幼儿能认真对待大人交代的事情,愿意动手尝试,接受各种挑战。比如拿到新玩具的时候,既喜欢操作摆弄,也能认真看、听成人的讲解,并试着改变玩法,看到新奇的事物会主动接近,探索其中的奥秘。

📎 教师手记

钓鱼真好玩

针对小班幼儿具有好奇心的特点,我设计了小猫钓鱼的操作场景,幼儿可以拿着磁性钓鱼杆在"水池"中钓鱼,孩子们看到这个场景,都很感兴趣。只见桦桦拿起钓鱼杆,伸到"水池"中,用钓鱼竿一端直接碰小鱼,可是小鱼没有被"钓"上来。这时,我示范一遍,用钓鱼线上的磁头去碰小鱼身上的曲别针,小鱼一下就被钓起来了。桦桦似乎有所领悟,改变了原来的钓鱼方法,尝试用鱼线的磁头去碰小鱼,反复了几次,终于钓上了一条小鱼。她高兴地对我说:"看,曹老师,我钓到鱼了!"

六、已形成与生活经验有关的概念

小班幼儿行动自如,认知范围扩大,逐步形成了一些与生活经验相联系的事物概念。但此时,他们大脑中的概念很具体,只是特指某项事物,比如猫就是专门指自己家中的那只猫,兔子就是小白兔,小灰兔则不是兔子了。在操作摆弄物品时,幼儿逐渐认识了一些事物的属性,比如大小、长短、多少、简单形状等,会唱数 10 以内的数,但不太能做到口手一致。他们有时候会将想象和现实混淆,会出现夸大的想象。

教师手记

吃喜蛋

小班的娃娃家游戏开始了,凌凌一直轻轻地拍着自己的肚子,嘴里轻轻嘟囔着:"宝宝,别哭哦,妈妈给你唱首歌。"我好奇地问凌凌:"你肚子里有宝宝啦?"她自豪地告诉老师:"我吃过喜蛋了!"我没听懂她的意思,有点疑惑。离园时,问了凌凌的妈妈,妈妈说:"有一个亲戚送来了喜蛋,我告诉她,生孩子了,大家要吃喜蛋。"原来是凌凌把生活中的经验迁移到自己身上了,只是妈妈没有解释清楚,所以她懵懵懂懂以为吃过喜蛋就可以生宝宝了,看来作为老师的我要好好讲解一下这个话题了。

七、认识很大程度依赖于行动

与托班幼儿相似,小班幼儿的认识活动基本上是在行动过程中进行的,并且容易受外部事物及自己情绪的影响,无意注意占优势。由于有意注意的水平不高,幼儿观察的目的性、顺序性、细致性不太强,一般不会刻意去记忆某些事物,对形象鲜明、具体生动、能引起强烈情绪反应的事物才易记住,并且需要行动的辅助,比如反复触摸和摆弄物品。

教师手记

汽车城堡

我们班的男孩子喜欢玩小汽车,因此我创造了汽车城堡的游戏环境。辰辰最喜欢玩挖土机,只见他拿起挖土机玩具,沿着地板的缝线边爬边推,还操纵着车斗变换方向,口中念念有词:"挖挖挖,哗啦,倒在卡车里!"其他小朋友也拿着小汽车,边摆弄,边说着关于汽车的小句子,能反复玩很长时间。

从教师手记中可以看出小班幼儿在思维发展上的直觉行动性,先做后想,边做边想。他们的认识很具体,主要根据外部特征来认识和区别事物,思维的可逆性和相对性还不太成熟,最明显的例子就是对玩笑话、反话不太理解。

教师手记

我几岁了

静静老师喜欢和孩子们谈心,今天她和孩子们聊天的话题是"我几岁了"。昊昊是个懵懵懂懂的小男孩,他说"我二十五岁了",静静老师哈哈大笑:"啊?你二十五岁了吗?那你大学毕业啦!不用上幼儿园啦!"昊昊似懂非懂地说:"哦,我不用上幼儿园了!"晚上妈妈来接他的时候,他对妈妈说:"妈妈,静静老师说我不用上幼儿园了。"妈妈很奇怪,问了静静老师才知道事情的原委。

可见,小班幼儿对于玩笑话、反话并不是十分理解,因此,在和幼儿沟通的过程中,要注意自己的言行,尽量不说反话,以免幼儿混淆对事物的认识。

八、 模仿性强

小班幼儿爱模仿的特点非常突出,模仿是这一时期幼儿的主要学习方式,他们通过模仿掌握别人的行为,学习良好的行为习惯、生活的规则、交往的方式等。例如,小班幼儿喜欢玩娃娃家,模仿妈妈烧饭的动作、打电话的样子,还喜欢学小朋友的样子,只是觉得模仿一下很好玩。游戏的时候最能体现幼儿的模仿行为,比如,他们喜欢与同伴担任同样的角色,因此,在娃娃家会出现许多"妈妈"在烧饭,对此,他们感到很满足,不会觉得不合理。

教师手记

娃娃家的妈妈们

葛老师为小班的孩子创设了温馨的娃娃家,小朋友们都很喜欢到里面去玩,有的用茶杯反复倒茶,有的抱着娃娃喃喃细语,有的拿着一块手帕东擦擦西擦擦,从他们身上能看出妈妈在家忙忙碌碌的身影。

九、 能用简单语言表达自己的感觉与需要

小班阶段是儿童语音发展的飞跃期,幼儿基本掌握本地区语言的全部语音,但在实际说话时发音还不够准确,词汇量增加也很快,尤其是实词增长更为迅速,能用简单的语言与成人、同伴交流,向别人表达自己的感受和需要,还会叙述生活中的事,只是在独白时不太顺畅,带有很大的情景性,爱听故事,喜欢一边听一边学故事中小动物有趣的动作和叫声。

十、 产生了美术表现的愿望

小班幼儿美术能力的发展由涂鸦期进入到象征期,他们产生了美术表现的意愿,会把线条、图形简单地组合起来表现事物的大致特征,但是由于能画出来的图形很少,所以具有一形多义的特点。例如,一个圆圈可能表示为太阳、饼干、车轮等许多物体,边画边用语言来补充画

面内容,又如一条直线旁边加上两根短线就是小飞机。小班幼儿在绘画、构造活动中,愿意尝试各种新材料,比如滚筒、牙刷、毛笔等工具,偏爱鲜艳、饱和的色彩。

十一、喜欢音乐表现,能唱简单歌曲

　　小班幼儿喜欢唱歌,尤其会对那些富有喜剧色彩的、情绪热烈的歌曲产生很大的兴趣,会反复地跟着唱。他们也会试着用1~2种打击乐器打出不同的节奏,虽然节奏并不准确合拍,但是表明他们已经开始学着控制自己的动作进行表达。这一时期的幼儿一般都能唱几首简单的歌曲,带有很大的模仿性。

🔍 教师手记

快乐小司机

　　自从学了《快乐小司机》这首歌曲,孩子们经常哼唱,于是,葛老师把塑料圈进行了加工,做成了男孩子们喜欢的"方向盘"。游戏时,小男孩可以拿着方向盘走走跑跑,唱唱跳跳,模仿开汽车的样子。看,两个男孩双手抓握着塑料圈,一会儿左拐,一会儿右拐,口中说着"幼儿园到了,请下车!""上车请买票,刷卡",这都是孩子们在游戏中对生活经验的再现,也是对平时生活行为的模仿。

第三节

认识中班幼儿

　　中班幼儿的年龄阶段为4~5岁,在老师眼中,中班的孩子能够自己做很多事情,对他们的关注逐步从生活、运动上过渡到游戏和学习上,为他们的发展创造更多适宜的机会。下面我们一起来走进和认识一下中班幼儿的特点。

一、有意行为开始发展

中班幼儿行为的有意性增加了,他们能接受成人的指令,完成一些力所能及的任务。在幼儿园,可以学当值日生,为班级的自然角浇水,帮助老师摆放桌椅,能够收拾自己的玩具、用具,并能自己收拾碗筷,折叠衣服,此时幼儿已出现了最初的责任感。

🔍 教师手记

给豆宝宝浇水

中班教室里,吴老师向全班小朋友展示了自然角里新投放的绿豆、红豆和黄豆,吸引了孩子们的注意。大家用手抓、用匙舀,听小豆豆在托盘里跳舞的声音,又不约而同地把混在一起的豆豆,分成一盘盘整齐的绿豆、红豆、黄豆。吴老师提出豆宝宝的生长需要小朋友照顾,于是孩子们自由组合,分成了几个小组,轮流负责给豆宝宝浇水。吴老师鼓励他们进行讨论,把值日生要做的事情画下来,就这样,一块"豆宝宝值日生展板"做好了。每天早晨值日生要负责给豆宝宝浇水,整理自然角,清理垃圾,记录生长日记,这些行动培养了孩子的责任感。

二、开始学习控制自己的情绪,规则意识萌芽

中班幼儿情绪的稳定性提高了,他们的行为受情绪支配的比例在逐渐下降,开始学习控制自己的情绪。例如,在商场看到喜爱的玩具,已经不像两三岁时那样吵着要买,能听从成人的要求,并自我安慰:"家里已经有许多玩具了,我不买了。"当然,如果和同伴间发生争执时,也会偶尔发脾气、失控。这都是学习管理情绪和社会交往的好机会,可以利用冲突的机会,帮助幼儿建立规则意识,让他们懂得要排队洗手,依次玩玩具等。观察中班幼儿的交往,能看出他们与人相处时,表现得有礼貌了,会主动说"谢谢"、"对不起"等。

🔍 教师手记

建立取放玩具的规则

张老师发现中班的女孩子很喜欢娃娃家,男孩子喜欢建构区,但是取放玩具时很容易产生矛盾——拿时抢,收时不管。于是,张老师设计了一张表格,在表格中画了一个拿着玩具的手,代表拿玩具,画了一个玩具橱,代表放玩具,让孩子们以小组为单位,讨论分工,推荐1~2名幼儿取玩具,用自己看得懂的标记把名字画在表格里,表示这两名幼儿要负责拿玩具和收纳玩具。等到游戏结束,进行讲评时,张老师会根据幼儿的记录表格,检查

玩具的收纳情况。几次以后，孩子们养成了习惯，每次游戏前和游戏结束后，都会自觉分工，并主动去看看各类材料的收纳，同伴的冲突少了，大家感受到了遵守规则的快乐。

三、在活动中学会交往

中班幼儿喜欢和同伴一起玩，在活动中他们逐渐学会交往，学会与同伴分享快乐，甚至可以在小组活动中获得服从、协商、合作、领导、职责分配等团队经验。中班幼儿开始有了妒忌心，喜欢炫耀自己拥有的东西，比如某个小伙伴受到表扬、拥有某些独特的玩具等，会在同伴之间引起嫉妒和羡慕之情，有时甚至能让其他幼儿感受到强烈的愤怒与挫折。

教师手记

豆豆的恐龙

豆豆的爸爸给他买了一套恐龙玩具，他带到了幼儿园，小伙伴们看到之后，都非常羡慕，围着豆豆想玩一玩，看一看。豆豆只愿意把恐龙玩具给跟自己要好的几个好朋友看，却不愿意给另外几个平时和他交往不多的男孩。于是作为老师的我听到了他们几个在嘀咕"有什么了不起，不就是恐龙么，明天我们每个人带一个恐龙，和他比一比。"

可见，中班幼儿在同伴交往过程中愿意保护自己喜欢的朋友，并对其亲热，有信任感，对不熟悉的人会采取回避的态度。

教师手记

孩子的友谊

中班游戏活动开始前，灵灵在自己的身边放了一把空椅子，谁来都不给坐，他说："这是留给敏敏的。"游戏时，灵灵每次去取操作材料，都会拿两份，一份送给敏敏，谁问他拿都不给。灵灵还会跑到敏敏面前，从口袋里掏出自己最喜欢的玩具，对她说："我去上个厕所，你帮我看好。"而敏敏也紧紧地捏紧拳头，藏好玩具。

中班幼儿喜欢参加集体游戏，活动中语言交流多于行为合作，合作行为逐渐增加，喜欢与人共玩，对合作活动中的挫折敏感。

教师手记

学会和别人一起玩

几个孩子坐在幼儿园的草坪上，每人手拿一辆小汽车同时开出，互不碰撞，玩得开心。江江后来也加入了，可他的汽车总是故意把别人的汽车撞翻，孩子们说："不跟你玩了。"大家只要看见他的汽车开来，就会把小脚并拢，不让他经过，老师将他引入另一个小组，先让他看同伴弯腰、撑地用身体做山洞，让汽车依序穿过，江江说："我会玩了。"就和同伴一起做山洞，玩得非常开心，一次也没有撞到别的汽车。

四、动作发展更加完善，体力明显增强

中班幼儿精力充沛，他们的身体开始结实，体力较佳，可以步行一定的路程，跑、跳、攀登等基本动作更为灵活，而且可以单足站立，能抛接皮球、骑小车等，户外运动的花样更加丰富。手指的精细动作更加协调和灵巧，能熟练地穿脱衣服，扣纽扣，拉拉链，系鞋带，也会折纸、串珠、拼插塑料积木等，既能灵活地活动，也能坚持较长的时间。

教师手记

拧螺丝的方法

东东在螺丝工具台上操作，用木扳手、木制螺丝刀等旋转木螺丝。他尝试着用扳手探索向左或向右旋转，但都没能转动螺丝。于是，东东向老师求助，看看老师怎么旋转，然后模仿着将螺丝用木扳手旋开，再次旋紧时没有再求助老师，而是独自玩了很长时间。

五、积极运用感官，探究行为出现

随着身心的发展，幼儿对周围的生活更熟悉了，他们总是不停地看、听、摸、动，见到了新奇的东西，总爱伸手去拿、去摸，还会放在嘴里咬咬、尝尝，或者放在耳边听听，凑过鼻子闻闻，积极地运用感官去探索、去了解。

除了运用感官，他们常常喜欢寻根刨底，不但要知道"是什么"，而且还要探究"为什么"。比如中班孩子经常会问"为什么鸟会飞？""洗衣机为什么会转？"等答案较为复杂的问题，探究行为开始出现。

教师手记

反复测量

　　中班幼儿开展"三只熊"故事表演,三个小朋友组成一组,制作代表自己角色的头饰:用绳子将剪好的头饰串起来挂在脖子上。田田随意剪了一段绳子串好头饰然后往身上一挂,绳子拖到膝盖处,他发现太长了不合适,于是他拿起剪刀将绳子剪去一大截再重新串起,再往脖子上挂却发现太短了。这时田田开始用双手将绳子在脖子周围比划,尝试量一量长短,并几次用笔做记号,反复比对适合的长度,最后才做出了长短合适的头饰。

六、思维具体形象,理解力增强

　　中班幼儿可以在已有感性经验的基础上,对具体事物进行简单的概括分类,分类的根据是事物的具体属性,如颜色、形状功能或情景等。很多孩子会把苹果、桃、梨归为一类,认为它们能吃、吃起来水多;会把太阳、卷心菜归成一类,认为都是圆的;把玉米、香蕉归为一类,认为都是黄的。

　　中班幼儿对事物的理解能力开始增强,在时间概念上,能分辨早午晚所做的事;在空间概念上,能区别前后、当中、最先、最后等位置和顺序;在数量方面,能自如地数 1～10。对物体类别的概念也有了初步的认识,会区分轻重、厚薄、粗细等,部分幼儿还能分清左右,能把物品从大到小摆成一排,初步理解周围世界中的因果关系,喜欢秘密空间,有规则意识和责任意识。

教师手记

观察蚕宝宝

　　林林安静地趴在桌上,用放大镜仔细地观察"快乐蚕园"里的蚕宝宝。忽然,他把装蚕宝宝的小盒子拉近自己,兴奋地大声呼喊:"老师,快来看呀! 我发现蚕宝宝身上有毛!"听到林林的呼喊,小朋友们立刻放下手里玩的玩具,纷纷围了上去,"在哪里,在哪里,我也要看看!"于是,孩子们开始用放大镜观察蚕宝宝。

七、能独立表述生活中的各种事物

　　4～5 岁幼儿已经能清晰地谈话了,词汇也开始丰富,喜欢和家人、同伴交谈,能够独立讲故事或叙述日常生活中的各种事物,会根据不同情境调节自己的语言,比如,对小妹妹说:"爸爸走了。"对妈妈说:"爸爸去商店买吃的东西了。"有时也能表达相当复杂的句子,如:"我还没来得及把蛋糕放在桌子上,小红就把它吃掉了。"爱听故事,并积极想象,结合自身已有的经验进行叙述,喜欢创造性游戏,对已有的知识、概念与新的知识、概念建立联系的过程和结果表现出专注和兴趣。

教师手记

小医生

装扮游戏开始后不久,只见君君从小医院冲向陈老师大声说道:"老师,我们医院的病人能送到楼下去晒太阳吗?"陈老师问:"病人怎么了?"从医院里追来的哲哲补充说:"医生说我得了手足口病,要多喝水、多晒太阳,我现在下楼晒太阳可以吗?"陈老师问:"哲哲有哪些手足口病症状?"君君说:"他手心有水泡,脚底下也有,嘴巴里也有。"陈老师说:"去阳台上也可以呀。""不,这病要传染的,去楼下能和大家隔离!""你们是怎么知道的?"君君说:"晨检的时候卫生老师王老师说的。"

八、游戏中表征水平提高

4~5岁是儿童游戏活动的黄金时期,此时的幼儿不仅游戏兴趣显著增强,游戏水平也大大提高。他们能够自己组织游戏,选择主题,自行分工,扮演角色,游戏情节丰富、内容多样化,还出现了以物代物的行为,如:用积木代替电话机,用雪花片代替公园门票等,表征水平有了提高。他们的游戏不仅反映日常生活的情景,还经常反映电视、电影里的故事情节。

教师手记

淘宝鞋城

我们班的小朋友很喜欢玩角色游戏,这学期我为他们创设了"淘宝鞋城"的游戏场景,幼儿可以自己选择角色,包括老板、导购员、售货员、修鞋匠、顾客等,孩子们除了买卖鞋子,还衍生出了擦鞋、修鞋等行为,玩得不亦乐乎。

九、具有丰富、生动的想象力,乐于创造

4~5岁幼儿活泼、好动,并且富于想象,他们常常会把看到的内容融入自己的想象,如看到超人奥特曼等,会想象自己也拥有同样的超能力。他们在游戏中特别喜欢假装,常和想象中的伙伴一起玩,他们有时会"撒谎",但并不是真正意义上的撒谎,只是用想象代替现实。

在艺术创造上,中班幼儿表现出喜欢唱歌的特点,能掌握容易的节奏,喜欢涂涂画画,能用

黏土或橡皮泥捏出一些形状和物体,如:圆形、西瓜、苹果、香蕉等,有时还会捏出人像或动物的形象。这一时期的幼儿经常要用手势、表情一起帮助表达自己的想法。

教师手记

倾听雨声

下雨了,孩子们在走廊上感受和倾听雨声,有的孩子说:"雨像一根根线";"我们听到雨点嘀嗒、嘀嗒。";"我猜是有个人在天上倒水。";"我觉得云婆婆哭了,有一首儿歌就是这么说的。"

第四节

认识大班幼儿

升入大班以后,幼儿通常会表现出自豪感和优越感,一方面是因为他们已经成为幼儿园中最大的哥哥姐姐了,另一方面是因为他们在认知、语言、情感、社会性方面得到了进一步的发展。他们能开展和参与更多样的活动,他们面临着幼小衔接的任务,可以说,大班幼儿身上表现出更多的自主性和社会性。

一、自我评价能力逐步发展

进入大班以后,幼儿的个性特征有了较明显的表现,最突出的是自我意识的发展,主要体现在自我评价能力的发展上,从最初的依从他人评价发展到独立性评价。他们不再轻信成人的评价,有了自己对事物的看法,当成人的评价与自己的观点不一致时,大班幼儿往往会提出申辩,同时,也能够从多个方面来评价,例如,有的幼儿在自我评价时会说:"我会唱歌跳舞,但画画不行。"

教师手记

请不要插嘴

每天进行谈话活动时,我们班的孩子都想说说自己的看法,可是东东经常没等别人说完就插嘴,两三次以后,几个小朋友开始指责他了:"插嘴不礼貌,别人还没讲完呢!"

二、情感的稳定性和有意性增强

大班幼儿在情感的稳定性上开始增强,大多数幼儿在班级中拥有相对稳定的好朋友,能够有意识地控制情感的外部表现。例如,摔痛了能忍着不哭,受委屈不会像小年龄幼儿那样哭起来,可能会憋着生闷气。情感也变得更加丰富,尤其是因社会需要而产生的情感开始发展。例如,当自己的表现或作品被忽视时,会感到不安,希望得到别人的肯定;让他们照顾比自己小的幼儿时,会表现得很尽责,希望能够当大哥哥大姐姐。

教师手记

加油好男孩

幼儿园开展趣味运动游戏的比赛,大班的项目是接力跑,大班的男孩们说:"我们交接的时候要小心。"女孩们说:"我们为你们加油!"比赛开始了,女孩们大声地喊着口号:"大一班,加油! 大一班,加油!"跑道上的男孩互相配合,全力向前冲,当他们第一个到达终点时,大家都欢腾起来,对着其他三个班级的孩子们做着胜利的手势。

三、自理能力和劳动能力明显提高

大班幼儿在生活自理方面更独立,能选择喜欢的、适合自己的衣服,能用筷子吃饭、夹菜,累了也能自己安静地入睡。对劳动很认真,关心劳动结果,在幼儿园里能做一些力所能及的事情,如扫地、擦桌子、整理自己的用品、种植、喂养、值日生劳动等,喜欢承担任务,并得到同伴的认可,在劳动中表现出一定的责任感。

教师手记

快乐的值日生

大班的孩子都希望能够在某些活动中做"小领袖",每当"值日生"的日子,没有人会迟到，即使生病也想坚持来园，因为他们要负责许多工作，包括：倒垃圾，擦桌子，介绍今天的游戏，给植物浇水等，还可以督促小朋友们安静午睡和收拾东西。每天离园之前，大家一起点评"值日生"的表现，充分肯定值日生的劳动，当然也会产生许多有探讨价值的问题。这时候往往是孩子们最高兴、最热闹的时候。

四、合作意识逐渐增强

大班幼儿在与同伴交往中，开始有了较多的合作行为，他们会选择自己喜欢的玩伴，也能与三五个小朋友一起开展合作性游戏，在冲突和协商中，逐渐明白处理问题要公平、要遵守集体约定的规则，也能向其他小伙伴介绍、解释游戏规则，比如在小舞台表演游戏中，几个小朋友能一起分配角色、道具，能以语言、动作等进行表现，并有一定的合作。

教师手记

建车库

大班小朋友正在开展"建车库"的主题游戏，四人一组共同建造"车库"。俊豪正在认真地搭建"车库"的顶，不小心一松手，已搭成的车库顶就倾斜了，天天看见连忙用手托着，并说："俊豪，我扶着，你去拿柱子。"两个孩子一人拿好材料，另一人来固定。大家齐心协力，车库终于拼搭好了，四个孩子高兴地互相拍手表达成功的喜悦。

五、动作灵活、控制能力明显增强

5岁儿童的走路速度基本与成人相同，平衡能力明显增强，可以用比较复杂的运动技巧进行活动，并且还能伴随音乐进行律动与舞蹈，手指小肌肉快速发展，已经能自如地控制手腕，运用手指活动，比如能灵活地使用剪刀；会用橡皮泥等材料捏出各种造型，还能正确地使用画笔、铅笔进行简单的美工活动。喜欢玩复杂的装配玩具，爱用工具来完成收拾整理工作，喜欢参加多种运动项目组合的游戏，会剪镂空的纸花，用纸盒和多样材料创作自制玩具。

六、爱学好问，有极强的求知欲望

大班幼儿对周围世界有着积极的求知探索态度，他们不但爱问"是什么"，还想知道"为什么"、"怎么来的"、"什么做的"，他们还常常会提出这样的问题："为什么月亮会跟着我走？""为什么鱼可以在水里游？""电视这么小，为什么里面有那么多东西？"有的儿童喜欢把玩具拆开来探索其中的奥秘，有的孩子对自然现象的起源和机械运动的原理产生兴趣，渴望得到科学的答案。

汽车开起来

为了激发幼儿探究磁铁的兴趣,我自制了几辆藏有磁铁的汽车,规定幼儿不能用手碰车,但是要想办法把车送到终点。为了实现目标,有的孩子将磁铁放在自制汽车的前面,想通过手中的磁铁吸引汽车内的磁铁,让汽车向前行驶;有的孩子试着将磁铁的反面放到汽车的尾部,用斥力推动汽车;还有的孩子在汽车经过狭窄"通道"时,将磁铁放到了汽车的旁边,帮助汽车顺利通过。

七、初步理解周围世界中比较隐蔽的因果关系

大班幼儿开始探索事物内在的、隐蔽的原因,从而理解各种现象。例如,乒乓球从倾斜的积木上滚落,幼儿会解释:"乒乓球是圆的,积木是斜的,球放上去就会滚。"能从物体的形状、位置的角度探索产生运动的原因,但是由于周围现象中的因果关系比较复杂和多元,大班幼儿的探究和分析能力还比较初浅,因此,还需要通过一些科学活动、探索活动,让幼儿在观察、比较、记录、反复尝试中增强理解能力,发展探究的能力。

造桥

昊昊想要搭一座"桥",他将四个盒子撑在了纸板下,桥站起来了,可桌子一晃动,桥倒了。昊昊想了一会儿,又拿来胶水将盒子与纸板粘在一起,可位置没放好,桥歪了,他又拆开重新调整,放平了,再一个一个地装。在这个过程中,昊昊不断分析和尝试桥面和柱子之间的关系。

八、阅读兴趣显著提高,能生动、有表情地描述事物

大班幼儿对图书的阅读兴趣浓厚,能较长时间专心地看书,而且对内容的理解能力也较强,开始对文字产生兴趣,当他们在书中或广告招牌中看到自己认识的汉字时会非常兴奋,还常常缠着成人教他们认字,识字的积极性很高,记忆力也很强。他们还常常在自己的绘画作品中写上歪歪扭扭的汉字。到了大班下学期,幼儿会聚在一起边看图书边猜测文字,阅读成了他们很大的乐趣。

大班幼儿的语言表达能力明显提高,他们不但能系统地叙述生活中的见闻,而且能生动有感情地描述事物,在与成人、同伴的交谈中,以自我为中心的表达逐步减少,能依据别人的言语调整谈话内容,看图讲述能力也明显提高。他们在讲述时会根据图片内容想象角色的心理活动,语言表达灵活多样,并力求与别人不同。

教师手记

图书漂流站

我们大二班有一个图书漂流站,每周一早晨,孩子们各自带来一本自己喜欢的书,放到漂流小站,然后可以选择自己喜欢的图书,并进行借阅登记。孩子们特别喜欢到漂流小站借书,拿到书以后不仅看图,也看文字,还会问老师书中讲了什么,几个小伙伴之间也会讨论故事的内容。图书漂流小站也得到了家长的支持,因为我们会提醒家长回到家以后要进行亲子阅读。

九、创造欲望比较强烈

大班幼儿越来越喜欢那些能满足想象和创造欲望的元件组合玩具和多变性的玩具,他们能长时间专注地探索物体的多种操作可能,还会几个人合作搭建熟悉的标志性建筑物,如"天安门""中国馆"等。他们还对创编儿歌感兴趣,会为自己的画、自己的手工作品配上儿歌。在活动中他们也常常会别出心裁,想出独特的玩法,尝试和别人不一样、自作主张的行为。

教师手记

没有重复的画

大班幼儿在讨论用绘画方式表现"世博会"主题,有的说:"我要画很多刷卡机,很多人一起刷卡进园,就不用排队等很长时间了!"有的说:"我要画我在中国馆里看到的文物。"有的说:"我要画穿着好看T恤的志愿者。"有的说:"我要画各个国家的馆,美国馆很好看!"根据孩子们的讨论,我为他们提供了水彩笔、水粉颜料、刷子等工具,最后,班里30名幼儿,有了30张不同的图画,充分表现了自己的创意和理解。

十、象征性游戏趋于成熟

大班幼儿玩角色游戏时,对角色游戏的兴趣比对单个物体的兴趣浓厚,出现了一个主要角色和几个有关的社会角色关系。由于儿童的思维正在进一步向抽象化发展,因此,在游戏中较多出现用语言和动作来代替物体的行为,儿童之间对替代物的一致认同程度提高,游戏中发生争执的情况减少,游戏的主题除了来自儿童的生活外,还来自影视作品。在角色游戏中,儿童能综合自己所经历过的各种生活内容,概括和创造性地再现一般的生活情景。

🔍 教师手记

爱心小·医院

我为大班幼儿创设了爱心小医院的角色游戏情境,孩子们有的扮演医生,有的扮演病人,有的扮演药师,还有的扮演护士,这些角色都是孩子们在游戏过程中逐步筛选出来的,并且分了各个科室,比如外科、内科、儿科,对应设计了给宝宝做手术、打针吃药等活动内容。幼儿结合自己看病的经历,把个人情感融入游戏中,玩得非常投入。

十一 表现与表达方式多样化

这一年龄段的儿童表现欲望强烈,他们会用多种方式表达自己的想法,比如,在美工活动中会用多种工具进行绘画创作,在音乐活动中会通过歌舞、乐器、语言等方式表达自己对音乐的理解。外出参观后,儿童会用绘画、建构等方式反映自己的所见所闻,他们还热衷于戏剧表演。创编性活动增加,喜欢阅读,对文字符号敏感,有兴趣。以已有的知识、概念去探求或发现新事物的过程和结果,表现出专注和兴趣。

🔍 教师手记

竹子的乐趣

幼儿园有一片小竹林,户外活动结束后孩子们便到竹林旁观察竹子的变化。奇奇蹲坐在泥地前朝老师喊:"老师,快来看,这里冒出了一个尖尖的小竹笋。"于是其他孩子也开始寻找起来,乐乐指着一个竹笋头说:"竹笋尖尖像根针。"丁丁马上接上一句:"一节一节像竹梯。"回到班级后,丁丁在美工区画了竹子,奇奇用橡皮泥捏竹子,乐乐则在语言区编起了"大熊猫吃竹子"的故事。

第二章

如何创设适宜的环境迎接孩子

　　《幼儿园教育指导纲要》指出:"环境是重要的教育资源,通过环境的创设和利用,有效促进幼儿的发展。"幼儿园教师经常说"做环境"这个词,其实是指作为教师要为幼儿创设适宜的环境。何谓适宜,一方面是指适合幼儿的年龄特点,满足幼儿的发展需要,尊重幼儿的兴趣爱好,另　方面是指要促进幼儿实现发展的目的,让幼儿通过与环境的相互作用在最近发展区内得到发展。作为年轻教师,可能还不知道创设环境中要考虑哪些因素,可能还不清楚班级中哪些工作涉及环境创设,甚至可能还不擅长动手制作。本章将围绕这三个问题,帮助幼儿教师做好班级环境创设工作。

第一节

将教育要求物化为"会说话"的环境

　　幼儿园教育与中小学教育最明显的不同在于幼儿园通过创设健康、丰富的生活和活动环境来帮助幼儿学习,幼儿在环境中与他人共同生活从而获得经验。教师应该在活动情境中将教育要求视觉化和物化,便于幼儿在环境中主动获得学习经验,引发活动行为。比如,在"娃娃家"入口处贴上三对小脚印,这就暗示着只能有三个人进去,如果小脚印上已经放满了三双鞋,其他人就不能进去,或者要等待有人离开才能进去。这样的方式避免了老师反复诉说,直观形象,幼儿喜欢且便于理解和接受。又如,教师想让孩子理解"1 和许多"的概念,为幼儿自制了装有 1 颗豆豆和许多豆豆的小布袋,这些材料就是幼儿学习的媒介,幼儿在具体的操作过程中不断提升思维能力、实现发展和进步。

　　如果环境"会说话",将活动中必须遵守的规则以物化的方式呈现,那么教师对幼儿的指导就不会完全依靠语言提示、行为暗示,不需要对幼儿反复提出不允许"干什么"或"怎么样",而是在语言引导和环境提示作用下,逐步使教育的外在要求转化为幼儿内在的活动需要,使环境具有提高幼儿活动自律性的意义。

教师手记

如何让盥洗室不拥挤

　　盥洗室是最容易拥挤和滑倒的地方,因为幼儿人数多,他们要么聚在水池旁边你推我挤,要么在小便时争抢同一个位置。为了让孩子们有序入厕,我将盥洗室分为排队等候区、洗手区、入厕区。在等候区贴上小动物有序排队的提示图,并且小动物可以拿下来排序,幼儿在排队的时候可以进行简单的操作,避免消极等待;洗手区则贴上卡通洗手步骤图,在读图、模仿的过程中缓解了幼儿玩水和磨蹭的现象;在小马桶和小便池附近,张贴了宝宝如厕的图片,以生动的形象提示幼儿正确的卫生行为。

　　教师将良好的卫生习惯和有序行为融合于环境设计中,将有童趣、醒目的提示标志贴在幼儿直接面对或一回首、一低头即可看见的醒目位置,吸引幼儿的关注,成功避免了拥挤现象。

如何让孩子喜欢洗手

　　有的孩子嫌洗手麻烦而不想洗手,有的嫌水凉不愿意洗手,还有的因不会撸袖子而不肯洗手,为了培养幼儿便后洗手的习惯,园长批准在转角处的洗手池上安装了呈90度角的镜子,孩子能在镜子里看到两个、三个自己,不同角度折射出的影像吸引着幼儿,于是洗手的习惯也顺理成章地培养了起来。

　　教师还可以尝试将物品管理、自助服务、游戏玩法、安全教育等规则、要求,以图画和文字的方式进行展示,既可以是教师设计的,也可以是幼儿讨论并设计的,还可以是师幼共同设计。将教育要求转变为"会说话"的环境通常有以下三种物化方式。

一、符号

　　符号是指向明确的、易于理解的标记。比如上下楼梯的脚印,蓝色表示下楼,红色表示上楼;又如收纳玩具的盒子以数字符号作为对应标记,培养幼儿有序和良好的行为习惯。

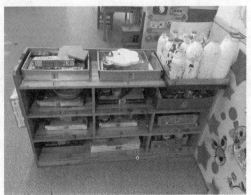

二、图示

　　图示是指简洁明了的图画,可以由幼儿绘制,也可以由教师进行加工。如玩沙活动需要幼儿将物品归位并且把自己的手弄干净,于是教师用幼儿能理解的图画制作了"玩沙规则",孩子玩好以后按照规则的要求自己整理物品,清理小手。

三、情景设置

情景设置是指将教育要求与周围环境融为一体,通过环境来指导幼儿,根据具体的教育要求选择形象、生动的方式。

如在"打气球"的活动中,教师将打气球的步骤用照片拍下来,并按顺序贴在两边,左边是使用针式打气筒给气球打气的步骤图,右边是使用脚踏式打气筒给气球打气的步骤图,中间则是幼儿画出操作过程中的发现,教师通过文字的方式进行记录。有的孩子发现"气球装满气以后,一松手就飞走了",有的发现"快速放气的时候,能听到噗噗的声音",有的发现"脚踩打气筒,踩得次数越多,气球越大",还有的发现"刚开始打气的时候,气球会左右摇摆"。教师将幼儿的便签放在板块中间,抛出一个个有待探索的问题,其实是为下一步的探索和活动延伸做好了铺垫,也便于幼儿互相讨论、交流。这样的环境其实是将教师预设的活动要求和幼儿生成的活动内容有机融合,是幼儿园最有教育价值的环境设置。

可见,"活动要求视觉化,活动问题情景化"能引导幼儿的活动进程,并激发幼儿产生主动行为,促进儿童良好行为和学习品质的养成。

🔍 **教师手记**

如何让孩子找到好朋友

小班教师经常在活动中会提到"请你找个好朋友,一起……",但是受经验和能力的影响,小班幼儿找朋友两两结伴时总有一部分孩子有困难,于是我设计了水果标记贴在每张桌子上,幼儿可以根据喜欢的水果,选择那张桌子上的小伙伴。其实是缩小了结伴的范围,降低了难度,节约了找朋友的时间。作为老师,我能有更多的时间关注结伴之后幼儿之间的协作,再也不用不停地为孩子找朋友了。

🔍 教师手记

宝宝的阅读护照

为了培养小班幼儿的阅读兴趣和习惯,我给孩子们制作了"阅读护照",将图书封面拍下来,缩小后打印出来贴在图书封底,幼儿翻看或讲述完一本小书,就可以取下一个图贴在"护照"上,当然这个过程需要教师的引导,确保孩子确实能说说讲讲这本书。经过一段时间的实施,孩子们都很愿意到阅读区看书,还学着评价自己:《小手帕》书我会讲,《小兔乖乖》书我还不会讲。

🔍 教师手记

两个娃娃家怎么区分

中班的孩子自主意识强,班里有两个娃娃家,两套材料,但是经常会因为幼儿在游戏中的做客而让材料流动,最后会发展为争抢玩具、随意归放,"霸道"抢占。为了解决这个问题,我给两个娃娃家的游戏材料上制作了两套不同的标记,用颜色帮助孩子区分材料的归属。这样,既避免了游戏时争抢玩具现象的出现,也有利于玩具有序归放、整理。

通过教师生动的做法,可以看出如果能够将教育要求转化为环境提示,那么不仅能够让幼儿对图示、符号的理解能力有所提高,还能解决无序凌乱的问题,是培养幼儿良好行为、生活卫生习惯的好办法。如创设"擦香香"操作台,用卡通画的形式让幼儿阅读抹面油的方法、顺序,知道天气冷了,要保护脸上的皮肤,还可以多放置几罐有特色的玩具盒,让幼儿喜欢"取"又不会发生争抢。又如班级盥洗室的卷袖子提示图、包肚皮提示板等,都对幼儿主动尝试起鼓励作用,即使幼儿本来做不到,但有了图示提醒后,他们就明白该怎么把肚皮包起来,不着凉,并且懂得求助老师,对解决问题和能力提升都起到了辅助作用,可以说是服务于幼儿生活,提升了幼儿生活的质量。

第二节

如何制定班级环境创设计划

教师在创设班级环境之前，心中应当有一盘棋，要清楚班级中有哪些地方需要创设环境，创设什么样的环境，为什么这样做，教育意义在什么地方，是单纯为了应付上级检查，是纯粹为了美观，还是让每个角落都有教育价值。要反思自己的工作状态，是不是每天盲目地花了很多时间做环境，但是到头来发现只是无用功，既没有得到园长的肯定，也没有得到孩子的喜欢。如果是这样，那么环境创设计划就能够帮助辛苦的老师找到有效工作的方向。

首先要清楚班级环境创设分为几个部分，一般而言，幼儿园班级环境创设包括：版面、墙面、活动区、吊饰、地面标记等。吊饰、地面标记属于从活动区延伸出来的内容，墙面主要是主题墙，将在第七章进行详细的解说。本节将重点解读如何创设版面和各个活动区的环境。

一、活动版块

班级的活动版块是幼儿园与家长之间的窗口，一般包括：家园联系栏和社会性活动版面。

家园联系栏中，教师应当将月计划、周计划、通知、温馨提示等内容放在其中，作为家园互动的窗口，传递教师的教育理念、宣传幼儿园的教育活动，让家长更了解近期幼儿在园的生活。

还有的教师还设置了"温馨留言"的内容，因为早晨来园的时间很短，难免有家长来不及交

代某些话,这个地方便于让家长写下只言片语。

除了家园联系栏,还有一些版块可以利用,比如"值日生公告"、"新闻播报"、"生日墙"、"幼儿作品展示"等,教师在做环境创设计划的时候可以根据年龄特点进行布置。

小班的幼儿适合放"全家福"、"幼儿园生活剪影"、"我是笑宝宝"等可以让幼儿看看、说说、讲讲、简单动手的版块。

🖊 教师手记

我在教室门口设计了"心情气球",每天早上小班的宝宝来到教室门口,我一面热情地接待他们,一面引导鼓励宝宝动手夹一夹,发展精细动作,同时注意宝宝把照片夹到笑脸的气球还是哭脸的气球,如果宝宝选择了不开心的气球,我会问问为什么,适时与宝宝对话和交流,了解孩子的心声,化解他们心中的焦虑和苦恼。

🖊 教师手记

我在教室门口设计了"活动剪影"版块,不仅家长可以看到幼儿在园的生活,能和自己的孩子说一说,也可以让孩子们互相之间进行讲述,帮助幼儿回顾自己的成长经历。我每

月都更换活动剪影的主题,9月份放的是孩子们在幼儿园的生活活动,表示他们已经适应了幼儿园生活,能够自己吃饭、穿衣、午睡;10月份放的是幼儿户外运动的剪影,体现幼儿身体运动的发展;11月份放的是幼儿学习活动的剪影,表现幼儿在幼儿园的专注和良好习惯;12月份放的是新年活动剪影,表现幼儿园快乐的生活。一学期下来,不仅家长对幼儿园的生活有了更多了解,孩子们也很乐于在照片中寻找自己,说一说照片上大家在做什么,锻炼了幼儿的表达能力。

中班的幼儿社会性和表达能力更为丰富,门口的版块可以更具有个性化,能体现幼儿在班级中的自主性和独立性。比如,可以布置"值日生"、"天气预报"等版块,给幼儿初步的任务意识,还可以增设一些表现个性生活的内容,如"你去哪儿了"、"我家的趣事"等。

🔍 教师手记

我在班级门口设计了一个会滑动的"天气我知道"栏目,以花盆、可以滑动的向日葵为背景,幼儿早晨来园的时候根据天气情况,把向日葵滑到相应的花盆上,操作很简洁。

🔍 教师手记

中班的孩子喜欢表现自己独特的生活,于是我设计了"秀出我自己"的栏目,满足幼儿表现自我的需求,将这个版块交给幼儿和家长共同收集资料,我帮助进行展示,并且鼓励幼儿对大家进行讲解,每周更换1～2次,让全班幼儿都有介绍和表现的机会。每当孩子们走过时,都会互相问问,说说照片里的人在干什么,进行猜测,促进了孩子之间的沟通和交流。

📍 教师手记

中班的孩子已经可以开始做值日生了,比如擦桌子、分碗筷、介绍午餐等简单的值日活动,我们中班组的门口都有一个值日生公告栏,用卡通、直观的形象标注了每天值日的有哪些小朋友,还用孩子的图画表示了值日生的任务,比如扫地、给自然角的植物浇水、帮助老师倒垃圾等。

大班幼儿的活动丰富多样,还涉及幼小衔接的内容,因此,在社会性版块上体现出明显的任务意识,对幼儿的要求也很明确,同时和教育教学内容结合得也更加广泛。例如,"天气预报"更多的是让幼儿自己记录和播报,增加统计晴天、雨天天数的任务;"值日生"内容也会增加幼儿之间互相评价的内容,提升幼儿对任务完成情况的评价能力;除此之外还会有一些重要的团体活动的公告,也适合放在大班的社会性版块中。

教师手记

我设计了"新闻小记者"和"我当小班长"的版块,这与幼小衔接主题活动相关。幼儿轮流当小记者,除了播报新闻之外,还能够自己采访和撰写图文并茂的新闻稿,在版块中进行展示。每周有一个小朋友当"小班长",幼儿口述,家长记录,把当班长的愿望和个人介绍写出来,帮助幼儿明确班长的任务,逐步了解小学生的生活。

教师手记

大班幼儿对于自然气象的好奇心和探索欲望更加强烈,我鼓励幼儿每天回家收看、收听天气预报,或者从报纸、天气软件上了解天气情况,记录下来,第二天带到幼儿园与小朋友分享,并且每个月要进行天气统计,如这个月晴天有几天,雨天有几天。渐渐地,幼儿会发现并概括一些自己对气象的认识,如"夏天晴天多,雨天少;冬天下雨时间长,气温偏低"。

教师手记

针对大班幼儿表现表达的需求,我设计了"星星小舞台"版块,每周五下午是幼儿展示的时间,孩子们可以自由组合排演节目,可以唱歌、朗诵、表演故事,也可以一个人申请报名,在家长的协助下,制作宣传海报,对周五的活动进行预告。最开始只有1~2名幼儿展示,后来,每个周五有5~6名幼儿想展示,最后,发展成了一个班级特色活动。其他的小朋友还设计了简单的评价记录单对展示者进行评价,比如唱得完整没有漏掉歌词、唱得流畅不中断、唱得好听、表现得很大方等,极大地促进了幼儿艺术表现力和评价能力的发展。

🔍 **教师手记**

　　我们班一直进行书香校园、图书漂流的活动，因此在门口版块的设计上，我安排了好书推荐的栏目。最开始是我进行推荐，后来让家长和孩子来做主，由他们把看过的好书公布出来，用图文并茂的方式记录推荐的理由，有的家长写了读书心得，还张贴了亲子阅读的照片，小小的版块，对书香家庭建设、培养幼儿良好的阅读习惯起到了很大的作用。

二、活动区材料创设

　　在活动区，幼儿可以自由选择区域，通过与材料、伙伴、教师的相互作用获得各个方面的经验，实现自身的发展。教师在创设活动区环境时，要根据不同的年龄阶段的特点从以下八种活动区里进行选择。

（一）生活区

　　生活区主要是锻炼幼儿的手眼协调能力和生活自主能力，为人服务的能力，以精细动作操作为主。托小班通常可以投放夹子、串珠、塞花片、喂豆豆等材料，中大班可以投放拉链、钮扣、系鞋带、编织、剥壳、叠衣服等较为复杂的生活材料。

🔍 教师手记

为了锻炼大班幼儿的手眼协调能力、观察力、方位感知能力,我投放了许多编织材料,如毛线编网、十字绣、织毛线、彩带编织、小工艺品编织等材料。幼儿非常愿意到这个区进行操作,男孩子的耐性和坚持力也比在其他活动中有所提升。尤其是当孩子看到自己编织的小工艺品时,心里的成就感和满足感是无法形容的。

(二) 语言区

语言区包括图书阅读和语言讲述两部分,可以进行阅读、讲述和表演、创编或仿编、前书写准备等活动。

托小班以培养良好的阅读习惯为重点,要在图书和书架上贴上标记,方便幼儿选择和归位。教师可以用卡纸、台历等做成便于幼儿反复翻阅的小书。中大班除了图书之外,还可以投放固体胶、透明胶、安全剪刀等材料,让幼儿进行图书修补,也可以将各种图画投放到语言区,让幼儿自由拼贴自编故事。

在讲述材料上,托小班可以投放头饰、纸偶、手偶等,让幼儿在操作过程中说短句、大胆表达;中大班可以投放一定的故事场景的背景图片或者关键信息,便于幼儿按照一定的顺序讲述、续编或者表达。到了幼小衔接的阶段,教师在制定计划的时候要考虑投放登记信息或者"我的读书笔记",让幼儿通过图文信息来记录自己的阅读体会,从阅读图书到再现内容再到表达感受,全面促进幼儿语言能力的发展。

教师手记

在推进书香校园建设过程中,我们大班在阅读区增设了"好书推荐"栏目,幼儿通过绘画的方式,画出喜欢的图书内容或者主要特点,做成推荐海报张贴在橱柜上。除此之外,为了促进大班幼儿的前读写能力的发展,我设计了"幼儿读书笔记",引导幼儿根据图画书内容进行简单的记录,培养幼儿良好的书写姿势和对记录的兴趣。

阅读区小贴士
◆ 将阅读角放在教室中比较安静的地方。
◆ 将阅读角的人数控制为 4 个孩子左右。
◆ 经常翻看图书以检查是否需要修补。
◆ 定期增加新书(每两周一次)保持幼儿的兴趣。使用能补充教学内容的书。把幼儿厌烦的书撤掉。有些书比其他书受孩子们喜欢,整整一年都感兴趣。
◆ 把书的封面展示出来。这样能帮助幼儿记住图书,并增加他们对图书的兴趣。
◆ 将不经常使用的图书拿走。

- 考虑在阅读角有一个听力站。
- 如果阅读角放了枕头,定期清洗。
- 提供一些小毛绒动物,幼儿可以给它们讲故事。

书写区小贴士

- 提供纸、铅笔、绘图笔、信纸、蜡笔、旧的打印机鼓励幼儿尝试书写。
- 在书写区放一张字母表便于幼儿使用。
- 为那些想把"信"和艺术作品寄出去的幼儿提供一些信封。
- 用节日贺卡或生日卡作为幼儿书写的范例。
- 在附近放一个公告板,便于幼儿展示他们的书写作品。
- 提供一些简单、有大字的图书,幼儿可以抄写。
- 提供一些样板供幼儿描红。
- 做一张信息板张贴给幼儿的通知。教师的书写能增强幼儿书写的愿望。

(三)益智区

益智区是发展幼儿思维能力以及数量、形、空间、时间等概念的区域。在这类区域中,可以进行数学操作活动、思维拓展活动,以及棋类游戏活动。

教师可以查阅有关的教师用书或《3~6岁儿童学习与发展指南》根据不同年龄阶段幼儿的关键经验,设计和制作有关的益智操作材料。

📍 教师手记

在幼儿已经掌握测量长度的基础上,我设计了比较面积大小的区域材料。首先,幼儿通过观察示意图,将三种颜色的方块拼在底板内,然后尝试用白色正方形进行测量,了解三种颜色是由几块正方形组成,最后比较大小。幼儿在个别操作和学习的时候,需要认真观察图纸培养良好的观察力,还需要对数量大小进行比较,形成面积的概念,促进幼儿的经验迁移。

📍 教师手记

为了让幼儿了解统计方法、提升图形分类能力,我设计了"披萨饼"的材料。"披萨"圆盘上有四种形状的嵌入式积木,代表了披萨上不同的配料,如:水果、青菜等。幼儿可以在嵌入相应的图形后,按形状或者颜色统计数量,并进行记录。

在统计表上，我融入了二次分类的概念，如先统计"圆形"有多少个，再统计"绿色圆形"、"黄色圆形"分别有多少个，或者先统计"绿色"有多少个，再统计"绿色的圆形"、"绿色的三角形"分别有多少个。

教师手记

　　为了改变以往单一方向数数的模式，我设计了从不同起点进行数数的益智材料，例如，"以小鸭为起点，向上数两个小动物，再往旁边数两个小动物，是谁呢？"幼儿根据箭头提示，从上下左右四个不同方向进行数数，确定正确位置。另一种玩法是确定起点和终点，让幼儿自己编出不同的方向策略和步骤，从而促进孩子逻辑思维能力的发展。

　　上面这几个数学操作材料可以发展幼儿的观察、方位、统计、分类以及经验迁移等能力。材料的呈现方式包括绕、摸、嵌、插等，让幼儿与材料互动，既能增进他们的学习兴趣，也能促进小肌肉的发展。

　　迷宫和棋类游戏也是幼儿非常喜欢的材料，可以投放在益智区。除了购买的材料，还可以自制一些棋的玩法，制订规则。

益智区小贴士

◆ 这个区可以有 3 至 4 个孩子。

◆ 选择符合班级幼儿年龄的适宜材料。如果材料对幼儿来说太小了，可能会呛住，要把它们撤掉。

◆ 给同一幅拼图标记上相同的数字符号（如，一幅拼图里所有的拼块都被标上了数字 12）。

◆ 确保每幅拼图的完整。如果有缺失，要撤掉这幅拼图。

◆ 定期更换拼图或操作材料，确保对幼儿有一定的挑战性。

（四）科学探索及自然角

这个活动区能满足幼儿的好奇心，培养幼儿科学精神与态度，获取生物、自然现象的知识，感知不同的材料和性质，尝试使用工具和技术。教师可以根据不同年龄阶段幼儿的认知水平设置科学探索和实验活动，在自然角进行种植、饲养、观察等活动。

在自然角要避免只是摆放一些绿色植物却不做任何引导和教育提示。教师可以自制下图所示的小贴士，引导幼儿学会观察植物生长，了解植物生长习性，还可以就某个主题进行提示，如"蚜虫大作战"，提出几个问题，引导幼儿深入思考，让幼儿把观察到的植物生长过程画下来。

🔍 教师手记

　　我将科学区的场地扩展到了走廊上,大班幼儿已经对沉浮概念有了一定的了解。为了让幼儿对事物的变化有更深入的探索,我在创设环境的时候给幼儿提出了几个问题"沉下去的东西怎么浮起来?""浮起来的东西怎么沉下去",还给幼儿提供了饮料瓶、围棋子、雪花片、记录单,让幼儿自己尝试,并记录下来,把自己的发现张贴在展板上。

（五）建构区

　　培养幼儿对形状、空间关系和逻辑关系的认识和理解,包括大型建构区和小型建构区,托小班以垒高和简单的造型为主,中大班可以按照图纸建构,甚至按照主题进行大规模的建构。

　　教师在创设环境的时候除了可以投放积木成品,也可以用废旧材料,如饮料罐、纸盒等,让幼儿感受不同材质形体的重心和结构。

教师可以在建构区提供一些基本造型的步骤图或样品,以满足幼儿的不同发展水平,有的可以按照步骤图进行搭建,有的则可以发挥创造力。

教师可以根据主题活动内容,创设建构区的搭建内容,如在开展"我们的城市"主题活动时,可以在建构区围绕着"立交桥"、"城市的楼房"等进行建构。

建构区小贴士

◆ 将建构区幼儿的人数控制在 5 至 6 人。

◆ 如果用的是木头积木,定期检查是否有损坏,把有损坏的拿走,否则容易伤害到幼儿。

◆ 建立规则:谁也不能破坏别人搭的积木。

◆ 幼儿可能搭的积木跟他们一样高(如果使用的是纸板积木,这条规则不需要),提醒幼儿用适宜的方式拆掉他们搭的积木。

◆ 鼓励幼儿在搭积木的时候进行群体合作。

◆ 定期拍下孩子们搭积木的照片与家长分享或者张贴在公告板上。

(六) 美工区

在这里,幼儿可以运用色彩、线条、立体造型等个性化地表现经验与情感。教师应当投放丰富的美工材料或半成品,让幼儿熟悉、运用并创造性地综合使用各种材料。美工区的活动,大致包括绘画、泥工、纸工、色彩、手工制作等。教师需要根据不同年龄阶段的发展水平有层次地投放材料。如小班可以投放撕贴、粘贴、拓印、刷画等材料,中班可以投放各类半成品和工具,大班幼儿可以进行实物写生的水粉画,还可以尝试欣赏沙画,掌握简单的沙画技巧。

　　除了各类材料，为了发挥美工区环境会说话的功能，教师可以提供适当的操作步骤图，如折纸步骤，还可以用简笔画的方式，画出材料的使用方法。如下图所示，幼儿借助图示便能知道，下面两个材料分别是用通过撕贴装饰纸盘，在小勺子上进行装饰。

　　教师在创设美工区环境的时候,还应考虑到幼儿作品的展示,让幼儿感受美、体验美,处处透露出艺术的气息,如橱柜上、墙面上,都可以作为美工区的展示空间。

美工区小贴士

◆ 将美工区安排在离水源近的地方。

◆ 将美工区安排在便于清洁的地板上(例如,安排在砖地或者地板革上,而不是地毯上)。

◆ 根据活动决定美工区的人数(例如,玩黏土或记号笔、蜡笔画画可以有六个孩子)。

◆ 根据画架的数量限制参与绘画的幼儿人数。

◆ 在画架下铺上画画丢弃的衣服或塑料台布。

◆ 为每个画画的幼儿提供一件工作衣。

◆ 指导幼儿使用绘画和其他美工材料。

◆ 提供一个干燥的架子给幼儿,供他们画完以后使用。

◆ 为幼儿提供一个展示作品的地方。

◆ 鼓励幼儿在美工活动结束后,把自己和工作区域整理干净。

(七)表演区

在表演区,幼儿可以进行歌舞表演和戏剧表演等活动。用自己喜欢的方式表达对音乐的感受,在戏剧表演中再现或创造性地表演他们感兴趣的人物表情、动作、情节和活动场面,体验表演的乐趣。

教师手记

前段时间电视上热播着《中国好声音》节目,孩子们都对这个节目非常熟悉,并且非常感兴趣,于是我创设了"中国好声音"的表演区:小演员们登台演出,自选分工,有的唱歌,有的伴奏,有的伴舞,有的当观众,有的当评委,还有售票员和主持人。这样就包含了计算、评价、表现表达、交往等活动内容,基本适合大班幼儿的发展需要。

表演区小贴士

◆ 将表演区的幼儿人数控制在 4 至 5 人。

◆ 确保该区的服装清洁并且修补好。

◆ 定期清洁服装确保卫生。

◆ 鼓励幼儿在美工区制作道具,在表演区使用。

◆ 确保道具不会变成幼儿的武器伤害别人。

角色区小贴士

◆ 幼儿人数控制在 4 至 5 人。

◆ 经常更换道具,鼓励幼儿开展综合扮演活动。

◆ 使用代表不同文化的玩具和玩偶。

◆ 确保道具的清洁和完好。

(八) 角色区

在角色区,幼儿可以进行角色扮演,以语言和社会类活动为主。小班的角色区以家庭角色扮演为主,如"娃娃家",满足幼儿情感依恋的需求,中班和大班的角色区以社会角色体验为主,如"小超市"、"小车站"、"邮局"等。教师在创设角色环境的时候,可以根据主题活动内容,选择2～3种游戏场景,如大班语言活动"给大树妈妈的一封信",从而延伸出邮局的角色游戏场景,幼儿体验购买邮票、写信、寄信、送信的乐趣,还可以尝试快递包裹的游戏。

◆ 根据班级进行的学习内容增加道具。

◆ 考虑可以发展语言的道具,如电话本、食谱、杂志、报纸和目录等。

◆ 如果道具是布做的,应定期清洗。

◆ 将角色区与其他活动区串联,鼓励幼儿扩展游戏经验。

除了以上基本的活动区之外,可以根据幼儿兴趣和主题学习创设特别活动区,给幼儿私密的活动空间、说悄悄话的地方、发泄不满情绪的地方等,满足幼儿独处的需要。如教师创设了一个说悄悄话的小屋,两个孩子可以在里面聊天说悄悄话,也可以对着一个小信箱说出心里的话,把自己的心情记录下来。

第三章

如何坦然地与家长沟通和交流

　　沟通和交流是幼儿园家园共育的永恒话题,现代社会家园沟通的方式多种多样,几乎每个幼儿园都有网页、qq 群、微信群、家园通等信息化沟通工具,这些能快速便捷地实现信息传递。很多年轻的幼儿园教师习惯了网络交流,反而对于面对面的沟通感到畏惧,因为网络交流的时候,如果家长提出一些自己不明白的问题,可以随时搜索和查找资料。但作为年轻教师,坦然地、面对面地与家长沟通既是对自身成长的考验,也体现了对幼儿及其家庭认真负责的态度。本章将介绍家访和家长会这两种面对面沟通和交流的方式。

第一节

不可缺少的家访工作

家访是教师和家长沟通思想、联络感情的重要途径，通过家访可以了解每个家庭的教育环境以及幼儿的个性，还可以深入了解幼儿在家和在园不同环境中的表现和特征，也便于与家长有针对性地探讨教育方法，取得认识和行动的一致，实现促进幼儿健康成长的目的。

通常，家长接到教师的电话说要来家访，都会觉得这是一件大事，因此每个家庭成员都会非常重视，希望给教师留下好印象，而且上门家访时间充分，如果有什么意见和建议，也可以畅所欲言，不用有其他的顾忌。

一、家访之前要做好充分的准备工作

教师手记

要不要家访

我班上的家长都很年轻，有不少是 1985 年以后的年轻人，她们提出老师不用家访，尤其是 9 月份开学前后，甚至有家长毫不客气地说，"社会上有不良的风气，家访就是给老师送礼的好机会，我们拒绝家访，拒绝歪风邪气"。而有的家长平时工作很忙，没时间接送孩子，连亲子活动、开放日都很难请假参加，他们很期待家访，希望能够和老师聊一聊孩子在幼儿园的情况，我该怎么办呢？

这位教师的困惑，其实有两个问题，第一个问题是关于师德的问题，即不以任何形式收受家长的礼物，第二个问题是如何把家访做好，让家长了解家访的内容和重要性。

针对第一个问题，首先，教师可以给家长出一份《师德承诺书》，张贴在班级门口，让所有家长明白教师拒绝任何形式礼物的立场。有的幼儿园还会让教师集体签名形成一种杜绝歪风邪气的氛围，以工作制度的形式接受家长的监督。有的幼儿园会鼓励家长带孩子一起自制贺卡、小手工，用一句问候的话、一个拥抱等作为节日的问候。除了师德承诺之外，还可以制定一份

师德承诺书的家长评价表,让家长对教师的师德进行评价,只有提升到制度层面,接受家长的评价,才能真正起到监督作用,并且让家长感受到教师的坦荡和无私。

教师手记

教师师德承诺家长评价表

班级:＊＊＊班　教师:曹老师　日期:2014年9月1日

教师做出了师德承诺,恳请家长进行监督、评价。您对本人在以下承诺方面的落实是否满意,请写下您的意见和建议。

编号	内　容	请您做出评价打"√"		
		非常满意	满意	不满意
1	依法执教,忠诚教育事业,热爱幼儿教育工作			
2	爱岗敬业,勤奋务实,热爱幼儿园,精心教学,悉心指导			
3	尊重幼儿的人格,平等、公正关爱每一位幼儿,重视个体差异			
4	严谨治教,精益求精,刻苦钻研业务,积极开展教育科研,不断创新教育思想和教学方法			
5	廉洁从教,洁身自爱,不向家长索要礼物,遵纪守法,自觉履行幼儿教师职业道德规范			
6	尊重家长,密切联系,树立全心全意为家长服务的意识,热情接待家长,耐心回答家长的疑问,认真对待家长的评价,家园配合,共同育儿			
7	团结协作,顾全大局,教师之间彼此尊重、团结互助、取长补短、配合默契、互勉共进			
8	关注安全,正确引导,加强安全教育,提高幼儿自我保护意识,防微杜渐			
9	终身学习,不断进取,确立"边学边干、终身学习"的观念			

您的其他意见和建议:

第二个问题,可以做一个家长问卷调查,征求家长的意见,统计调查结果,用数据说话。

教师手记

家访问卷调查表

幼儿姓名：_____ 家长姓名：_____ 班级：_____

1. 您了解家访的内容吗？如果了解，请您写下来。

2. 如果教师上门家访，您想了解哪些情况？

（　　）幼儿在园一日活动中的表现，如行为习惯、社会适应、人际交往等。

（　　）老师总说孩子表现很好很能干，可是在家却什么不愿意做，我很困惑。

（　　）如果孩子在幼儿园受伤了，被欺负了，我该怎么办，老师会帮我做主吗。

（　　）我想知道老师的教育方法、教育理念，以及对我孩子的评价和指导。

（　　　　　　　　　　　　　　　　　）其他您想知道的情况可以写在这里。

3. 您需要教师上门家访吗？

（　　）需要，我想了解更多孩子在园的情况，和老师进行交流，做好家园共育。

（　　）不需要。

在家访之前，让家长填写问卷，通过对问卷结果进行简单的统计，便可以归纳出家长对家访的接受度，哪些家长需要家访，家长关心的内容是什么，以便提前做好准备工作，上门家访的时候才能有的放矢地进行沟通。甚至细心的教师会准备许多孩子的照片、录像等，作为辅助的说明材料。这些细致的工作都会赢得家长的信任和尊重。

每一次家访都应该保留文字资料，请双方签字确认，因此，针对不同类型的家访内容，要准备不同的材料。

1. 新生入园

新生入园通常填写的信息会比较多，但这是为以后的工作提供方便，教师也要请家长理解。教师可以参照下面的表格进行调整和修改，为每个幼儿建立一份家访档案。

幼儿基本信息登记表

姓名		性别		出生年月		
家庭成员	姓名及关系	联系电话		工作单位		照片
	父					
	母					
其他养育者					主要接送人	
家庭住址					宅电	

续表

入园前幼儿情况说明	身体状况	（　）健康；（　）正常；（　）体弱；（　）肥胖。 请您如实填写曾患病情况,这对您孩子的健康很重要： （　）哮喘；（　）气管炎；（　）肺炎；（　）癫痫；（　）高烧抽筋； （　）习惯性脱臼；（　）传染病；（　）其他疾病 _____
	进餐情况	（　）食量大；（　）食量小；（　）食量适中 （　）不挑食、偏食；（　）挑食,偏好何种食物 _____ ； （　）完全独立进餐；（　）偶尔独立进餐；（　）完全要人喂 （　）对何种食物过敏 _____ 您的孩子在家中最喜欢吃哪些菜,请列举1～3个菜名 _____
	作息时间	起床 _____ ；早餐 _____ ；午餐 _____ ；午睡 _____ ； 排便 _____ ；晚餐 _____ ；其他 _____
	午睡习惯	
	性格特征	
	喜欢的玩具及书籍	
	喜欢的亲人及形象	
	家庭教育的内容	
	家庭教育的方式	
您的建议及要求		
备注		

　　下面就要准备具体的家访记录表,用于记录每次家访的情况。这种方式能让家长感到教师是非常想了解孩子的,对每一个细节都很在意,容易赢得家长对教师的信任。

家访记录表

家访时间：	幼儿姓名：		家庭成员：
幼儿基本情况			
家长关注的问题			
教师的建议反馈			
综合分析与小结			

　　新生入园一段时间后,教师应该把家长关注的问题进行整理,及时对家长进行反馈,比如制定每日情绪反馈表、每周适应情况反馈表等,让家长了解幼儿的适应情况,及时采取教育措施,顺利度过入园适应期。

教师手记

新生宝宝入园反馈表
第一周～第二周

宝宝姓名：_____ 记录人：曹老师

☆ 宝宝入园第一、二周活动记录表

项目	时间	星期一	星期二	星期三	星期四	星期五
来园情绪	第一周	C	D	B	C	B
	第二周	B	A	C	B	A
户外活动	第一周	C	C	C	B	B
	第二周	B	B	B	A	A
手指游戏	第一周	C	C	B	B	A
	第二周	A	B	A	A	A
宝宝午餐	第一周	BC	BC	BC	BD	AC
	第二周	AC	AC	AC	AC	AC
宝宝午睡	第一周	C	C	B(50分钟)	B(60分钟)	B(75分钟)
	第二周	B(60分钟)	A(55分钟)	A(40分钟)	B(90分钟)	B(65分钟)
宝宝生活	第一周	AC	ABC	AC	AC	ABC
	第二周	ABC	AC	AC	AC	AC

来园情绪：

    A. 开心

    B. 家人离开哭了一会儿

    C. 看到别人哭宝宝也哭了

    D. 想念家人宝宝哭了

户外活动：

    A. 喜欢到户外做游戏、玩滑梯

    B. 在老师的鼓励下愿意玩一会儿

    C. 跟在老师身边看着别人活动尚不敢尝试

手指游戏：

    A. 能跟随教师做、说完所有手指游戏、儿歌

    B. 能跟随老师做完一半以上手指游戏、儿歌

    C. 能参与到手指游戏活动中

    D. 拒绝参加

宝宝午餐:

    A. 自己用勺子吃饭

    B. 需要教师和保育员喂

    C. 全吃完

    D. 吃饱了剩一点

    E. 没吃完

宝宝午睡:

    A. 安静平和地自己睡着了

    B. 教师和保育员安抚后睡着了

    C. 只睡了一会儿

    D. 没有睡着

宝宝生活:

    A. 今天我在幼儿园小便了

    B. 今天我在幼儿园大便了

    C. 今天我喝了很多水

    宝宝适应性情况纪录:

    第一周:宝宝刚进入幼儿园,要适应幼儿园的环境、教师和一日生活,并且要面对与家人的分离,因此情绪出现反复,表现出哭闹,这是正常的,宝宝能接受老师的安抚,慢慢信任老师。

    第二周:有了前一周的基础,宝宝已经熟悉了老师,和家人告别的时候稍微有一点情绪波动,后来就能够在班级中平和愉快地活动了,宝宝喜欢幼儿园的生活,乐于和老师一起活动,模仿老师的动作。

2. 其他情况

除了开学前的家访以外,在学期中间也可以根据情况进行家访,比如有些孩子的父母长期在外地,当父母回来的时候,想和老师进行交流,可以安排一次家访。又如有些家庭比较贫困,不想让老师到家里来,也可以约见到其他地方进行交谈。单亲家庭的孩子,教师也要格外关注,在学期中间多与家长进行各种形式的沟通和交流。还有一些孩子生病在家,教师也需要进行家访,尤其是住院或休息很长时间,幼儿容易对入园产生畏惧,更需要教师上门探望和鼓励。教师应根据幼儿的具体情况与家长进行深入的交流,探讨解决问题的教育策略和家园共育办法。

二、提前联系家长,安排路线

教师可以根据幼儿的住址情况合理安排路线,以免走冤枉路浪费时间。最好是两位教师一起家访,曾经有教师尝试每人家访一半的幼儿,这样做容易让家长对另一位没来家访的教师产生不信任。家访之前和家长通电话,确定时间,不要迟到,衣着整洁大方。

三、家访过程中需要注意自己的言行

来到幼儿家中,首先要善于观察家庭环境,感受家庭氛围,观察幼儿的语言、行为以及与家人的互动情况。谈话中,教师要营造宽松的氛围,避免使用过于专业的术语,如果家访中出现了一些突发情况,比如不友好、打骂孩子、包庇、纵容等,教师要理解和尊重家长,暴露出的问题正是需要教师去研究和解决的,可以在后期逐步与家长沟通和解决。通常家长会询问一些和幼儿园有关的问题,教师要积极应答,不能回答的要表示一定反馈给园长。

🔍 教师手记

我是一名新教师,对于家访,我完全陌生,不知道该和家长说什么,问什么,幼儿园给我提供了一本小册子,叫《家长一百问》,里面有关于幼儿园课程、保育、教育等各方面的细节问题,园长让我熟读背诵。后来再去家访的时候,家长提出的问题只要是"一百问"里的,我都可以对答如流了,有了这些基本问题的铺垫,家长再进一步提出一些和孩子有关的个性化问题,我也能够举一反三,不再害怕了。

四、家访回来以后的分析

家访回来以后要对所见所闻进行分析和记录,把家访资料作为制定教育计划和策略的参考依据。作为教师还要注意,不能将家访过程中获取的家长和幼儿的隐私随意泄露给其他人。

五、约谈

家访还有另外一种方式叫约谈,也就是根据幼儿在园的生活、学习等情况,有针对性地约见个别家长进行访谈。当孩子出现异常情况或者在某方面出现问题,教师可以与家长共同分析问题症结所在,以便及时矫正。如有的孩子突然对周围的同伴充满攻击性,几次伤害其他小朋友,这时教师要与家长进行约谈,共同分析和解决问题。

教师每学期都应该为家长提供一次以上的约谈机会,可以利用下午时间,通常 15～20 分钟即可。约谈之后教师要填写《约谈记录和分析》,可以用表格,也可以用教育笔记的方式进行记录,如从原因分析、教育策略、追踪观察、效果分析等方面进行追踪记录。

个案观察记录表

姓名		性别		年龄	
个案描述:					
原因分析:					

续表

指导策略	观察时间：	策略与评价
	观察时间：	策略与评价
	观察时间：	策略与评价

效果反馈：

第二节

有准备地召开家长会

　　家长会是家园沟通的重要形式之一，把所有家长召集在一起，具有效率高、受众广的特点。家长会一般而言包含两部分内容，一是教师讲述、介绍，二是家长和教师互动问答。家长会有两个层面，即园所层面和班级层面，园所层面由园长召开，班级层面由教师主持和召开。

一、家长会的类型

　　幼儿园和教师一定要做好充分的准备，从而展现自己的专业性和对家长的尊重与信赖。事先要充分考虑时间、场地、内容、形式等问题，根据不同的家长会内容做出相应的方案。根据不同的内容，可以将家长会大致分为以下三种类型。

1. 新生家长会

每年9月,幼儿园都应该针对新入园的幼儿家长召开一次新生家长会,全面而系统地向家长介绍当前幼儿园的保教工作、班级情况、家园共育要求,让家长心中有数,做好充分的思想准备,和孩子一起顺利度过入园适应期。可以是园长集中为新生家长主持和召开,也可以以班级为单位分别召开,以班级为单位的新生家长会能让家长有更多的时间和本班教师沟通、交流。

📍 教师手记

面对刚入园的托班或小班宝宝,召开家长会需要和家长交流以下内容:班级老师自我介绍、幼儿人数和基本情况简介;幼儿园教学目标和教育理念;幼儿园保育工作、卫生消毒工作,幼儿食品安全、营养搭配;新学期工作,包括培养幼儿养成良好的生活习惯和行为常规,幼儿园一日活动流程,学期目标,教育教学活动的组织等。

📍 教师手记

托班下学期家长会发言稿

各位家长:

下午好!首先感谢各位家长在繁忙的工作中抽出时间来参加今天的家长会。这次家长会是我们托班第二次召开,在这里,先谢谢各位家长对我们工作的支持和理解。虽然是第二次开家长会,但是我们班来了很多新的小朋友,有很多新面孔,所以呢首先我还是介绍一下我们三位教师,我是李老师,本学期担任托班班主任,这位是高老师担任配班老师,还有龚老师负责孩子们的生活及保育工作。希望各位家长,不仅可以把我们当成孩子的老师,更把我们当成你们的朋友,大家能畅所欲言,一起来关心孩子的健康成长。

一、班级情况分析

我班现有幼儿19人。男生10人、女生9人。我们这学期有11名新生,通过一学期的相处,新来的小朋友我们也有了一个月的相处,我们对孩子在身体、认知、社会性等方面的发展有了一定的了解。

情绪情感方面:幼儿刚刚离开熟悉的环境、亲人,来到一个陌生的地方,看到的是陌生老师和小朋友,他会感到恐惧,整天哭,有的幼儿甚至不吃、不喝、不睡。我们都以极大的耐心、责任心,去搂抱、亲近每一个幼儿,让他们感觉到老师是喜欢和关心他的。同时,用新颖、多样的玩具吸引幼儿的注意力。家长也可以给孩子带一个他平时喜欢的小玩具,可以缓解紧张的情绪,减轻哭闹。

生活方面:我们班鸿鸿、骏骏、文文小朋友吃饭特别好,不挑食,不偏食。羽辰、津玮、阳阳小朋友现在能主动地喝水。雅文睡觉时间很长,但是入睡较慢。查理,子涵,孔孔小朋友午睡时要在老师的陪伴下才能安然入睡,午睡中途容易醒。老师也会经常提醒幼儿喝水,我们有固定提醒喝水的次数一天七次,另外还有幼儿按需喝水的时间。我们会按时提醒小便,让幼儿在心理和生理方面都得到满足。

行为习惯:我们班有一些孩子行为习惯比较好,如静静,怡然,宇辰小朋友每天早上都会精神饱满的准时入园。俊熙、怡然小朋友吃饭睡觉特别有规律。孩子的行为习惯的养成一直是幼儿园基础教育的重点。

口语表达:在这短短的时间里孩子们也有了很大的提高,如晓嫣小朋友现在语言表达上有了很大的进步。

好奇心:班上大部分的孩子都比较活泼好动,对于新事物都表现出极高的兴趣。

注意力:孩子的注意力是非常重要的学习品质,托班的集中教学活动时间是十至十五分钟,研究显示,2～3岁的孩子平均能有7分钟的注意力集中时间,当然这也是因人而异的。我们班就有部分孩子注意力集中的时间比较长,如可可小朋友在听故事的时候特别专注。晨晨小朋友在音乐游戏中都特别的积极,也有的孩子需要老师的提醒。

动作发展:是体现幼儿全面发展的方面。我们班羽晨、怡然小朋友在跑、跳、钻大动作上有很大的进步;晓嫣、龙龙小朋友在动作的灵活性方面特别好。金金、林林小朋友精细动作发展方面很强,我们的区角玩具中有一个穿珠的游戏,特别喜欢玩。

基于以上情况,本学期我班重点将是继续丰富各项活动内容,从孩子的情感、亲情着手,提高幼儿各方面的能力。

二、一日生活常规安排

早上7:40～9:00是晨间入园接待时间。7:40入园后幼儿进行一些活动,如:搭积木、看图书、室内活动等。8:00开始早饭,请吃早饭的幼儿的家长能8:20之前把幼儿送来幼儿园吃早饭,不然早饭会变凉,早点时间是9:20。

9:00～9:50是区角游戏时间,我们为幼儿提供了许多操作材料,投放在各个活动区,如建构区、美工区、益智区、生活区等。

9:50～10:05是集中学习活动的时间。一般是以语言、社会、科学、艺术、健康等领域内容组成。一次游戏活动:中间间隔小朋友的休息时间,让孩子们喝水、入厕。

10:05～11:00是户外游戏和户外运动的时间,带领幼儿在户外做律动操、玩大型体育器械、组织运动游戏等。因为我们是托班,托班幼儿年龄较小,户外活动我们一般安排一些小型的体育游戏,如小兔跳、爬爬垫、拉小车、飞盘、沙包等游戏,玩后组织孩子们入厕、洗手、喝水、听音乐、听故事等。

11:00～11:30是进餐时间。我们会要求孩子学会独立用餐,还要求幼儿不挑食,不把饭粒撒在桌上、地上,能干净地、安静地吃完自己的一份饭菜,鼓励孩子来添饭。

11:30～12:00是饭后的一些活动。一般我们安排在园内散步,有太阳的时候晒晒太阳,去户外进行一些安静的游戏,再进行睡前准备。

12:00～2:30是午睡时间

2:30～2:40是起床时间

2:40～3:00是吃点心、喝水。点心很丰富,一星期不重复,且均为食堂自制,不含添加剂。

3:00～3:40是下午的一个活动,一般是各类游戏、艺术活动等。

3:40～4:30是户外活动时间。

4:30～5:30是离园时间,这一段时间,您来接孩子,您可以利用这段时间看看我们班级门口的家园联系上的内容,和老师沟通一下孩子近期的表现。

三、家长配合工作

第一,新学期刚开学时,孩子又会有一个情绪波动期,但是只要孩子不生病,就应当坚持每天送孩子来幼儿园,不要因为家里有人看就时不时地不上幼儿园,这样会让孩子更不愿意上幼儿园,而且不利于孩子的情绪稳定。如果有事一定要请假,发个短信或在Q上留言,老师会在副班时回复的,因为我们主班时不使用手机,避免影响到孩子的活动。

第二,这学期我们会以角色游戏为主,结合五大领域的教学以及特色课程,让孩子们有丰富的活动。有时会请家长配合我们的各类活动收集一些材料,协助孩子准备,我们会以群内发信息和班级门口贴通知的方式通知大家,希望家长大力支持。就像上学期请大家带废旧的牛奶箱子,我们班的家长很棒,孩子们玩得特别开心。

第三,安全问题是我们不可疏忽的一部分,安全工作,警钟长鸣。因此我想把安全工作特别强调一下。每天入幼儿园前请您检查一下孩子的口袋,不要让孩子带有危险的东西(如:硬币、刀片、弹珠等),不要给孩子佩戴首饰、玉佩、小金锁之类的物品,这些光鲜耀眼的东西往往暗藏着危险,被人拉拽或者挂到滑梯等处会带来极大的伤害,同时也容易丢失。

第四,每天送孩子时,一定把孩子亲手送到当班老师的手上,下午接孩子时也一定要跟老师打招呼,这样既能养成孩子的礼貌习惯,又能让老师了解孩子的动态。因为我们班家长接孩子时间比较集中,所以家长一定要做到这一点。同时,为了孩子的安全请大家相互配合,并且尽量不要随意叫别人来接。如果有特殊情况,请您及时与班内老师联系。

第五,到了春季,随着季节变化,孩子有可能会不舒服、生病,如果条件允许,尽量让孩子在家休息,避免交叉感染,但如果不是传染病,在家又没人带,孩子可以送到园里。不过,一定要向老师交代好,哪里不舒服,这样老师好加强观察。带药到幼儿园来的,要和大门口的保健医说明服药的时间和剂量。如果是传染病,请一定要在家休息,并且及时与老师沟通,比如我们班两例手足口的情况,家长非常好,能主动和老师说,幼儿园第一时间采取处置措施,包括向上级汇报、做好强化消毒工作,而且也能让家长们关注,注意观察孩子,早发现、早隔离、早治愈。早上来园时不要忘记领取晨检卡,并插在班级门口的晨检袋里。晨检卡分两种,健康的是红色,吃药的是绿色。

第六,我们班新来的好多小朋友,请您在给宝宝带来的物品上做上记号(写上姓名),便于老师查找。

第七,送幼儿入园时,尽量能多让幼儿锻炼一下,比如自己走走路、上下楼梯,教育孩子注意安全。

第八,在家配合做好孩子自理能力的培养:托班孩子正好处于自主意识发展阶段,孩子们乐意自己的事情自己做,但是因为手部动作还处于发育阶段,有时做得比较慢,或者没有掌握正确的方法,成人就会帮忙了。我们主要是加强孩子的自理能力的培养,比如如何穿衣、脱衣,吃饭应注意的事项,洗手怎样洗等,涉及的内容很多,在此希望家长们在家里也能督促一下自己的孩子,只要你放手让他做,也许刚开始衣服穿反了,扣子扣错了,只要你能坚持下去,他的小手一定会非常灵巧的,千万不要因为自己的孩子小,就一味地包办代替。你应该知道,集体中,每个孩子都是差不多的,也许正因为你的包办代替,才让你的孩子在各方面的生长发育不如别的小朋友。所以在此我要请家长放手,让我们的孩子自己去尝试,错了可以改正,对了让他尝到胜利的果实。当然,对于需要帮助的孩子,我们也会耐心的及时进行帮助。

第九,养成良好的行为习惯:家长要教育孩子养成收拾玩具的习惯,自己的玩具自己收拾、物归原位;借用别人的物品时要友好地协商,用完后要记得及时归还,并表达感谢。

四、自由交流时间

你们的满意是对我们工作的肯定,更是对我们工作的支持,接下来的时间让我们敞开心扉,说说建议和意见,或是有疑问也可以提出来,我们就像家人朋友一样的聊聊天,共同探讨一下教育孩子的良方。

李老师　高老师
2015.3.20

2. 每学期家长会

每学期开学和期末,教师可以集中本班的家长,举办两次家长会。开学初的家长会以介绍本学期的学期计划、大项工作以及需要家长参与的事件为主。和前面的新生家长会类似,期末家长会可以开展多种形式的总结,如把一学期以来幼儿的成长发展做成录像、ppt进行讲解和播放,可以组织幼儿进行亲子游戏,在互动中感受幼儿的成长进步,还可以通过家长沙龙的形式回顾一学期的班级工作。

🔑 教师手记

托班期末汇报活动方案

活动目标

1. 从主题活动、特色阅读、动作协调、情境探索、益智操作、宝宝过节六方面向家长讲解和展示本学期的教育内容、宝宝的收获,让家长发现宝宝在各方面的成长,了解本学期教育和保育工作的主要内容。

2. 通过观看录像,与家长分享宝宝在晨间个别学习活动、户外运动、户外游戏、春游、端午节、六一节等重大活动时的点滴,让爸爸妈妈更了解幼儿园对宝宝的记录。

活动过程

一、观看ppt,讲解班级教育和保育工作内容

1. 主题活动:结合宝宝照片和成长档案,向家长介绍本学期开展的主题活动内容和环境创设,按照月份顺序重点介绍宝宝在主题活动中参与活动的积极性、收获。

2. 特色阅读：结合照片和成长档案，向家长介绍本学期分阶段培养宝宝的阅读能力、阅读习惯，展示宝宝在开口阅读、语言表达上的发展。

3. 情境探索：结合宝宝成长档案，向家长展示这学期宝宝的动手能力、观察能力的发展，在情境中积累了基本经验。

4. 动作协调：分精细动作和大肌肉动作，向家长介绍本学期分阶段发展宝宝的精细动作和手眼协调能力，并且提供了许多户外活动材料锻炼宝宝的跑、跳、投、掷等能力。

5. 益智操作：结合照片和成长档案，展示分阶段培养宝宝动手、动脑能力，促进宝宝思维发展的教育效果。

6. 宝宝过节：结合录像、照片，展现宝宝在幼儿园度过的丰富而有意义的节日，让宝宝过节体现出民族文化的内涵。

二、观看录像，展示宝宝成长精彩片断

播放已经制作和剪辑完成的录像，向家长展示宝宝在晨间个别学习、运动、游戏、生活、活动等方面的精彩瞬间。

三、交流与对话

1. 将每个宝宝的照片和录像材料分发给家长收藏和留念。

2. 预留个别交流和对话的时间，以满足个别家长想和老师进一步交流的愿望。

3. 专题家长会

围绕某一主题召开的家长会，例如：幼儿园即将进行装修，这时需要召开家长会，征求家长的意见，采用何种方式进行装修，提供集中方案供家长选择，事前通知家长，征询意见，以减少对幼儿园的不满，共同商讨出适合的方式。

幼儿园要扩班、并班、更换教师等重大事件，也需要召开专门的家长会，让家长有思想准备，取得家长的谅解。

以幼儿专题活动为基础，开展讲座式、头脑风暴式、座谈式家长会，具有比较明显的学习性质。

🔍 教师手记

小·班幼儿发展专题家长会

一、汇报形式

观看ppt的形式，ppt中用文字和照片相结合，介绍本学期的班级特色工作、保教重点工作和宝宝的成长情况。

二、汇报内容

（一）入园适应期（2分钟）

1. 入园适应三阶段的教育措施。

2. 宝宝适应情况分析。

（二）按照宝宝成长档案的内容分板块介绍（6分钟）

1. 介绍《宝宝成长档案》的价值和作用。

2. 分板块介绍

（1）教师设置的区域学习材料和宝宝的个别学习观察。

（2）教师设置的情境版面和宝宝操作情况记录。

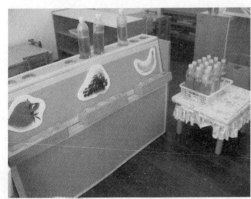 

（3）教师创设的温馨阅读区和宝宝语言发展的情况。

（4）教师组织的共同活动和宝宝共同学习的情况。

（5）教师开展的保育活动和宝宝生活自助能力的发展。

（6）教师组织的户外运动和宝宝运动能力发展的情况。

（三）简单介绍班级档案的主要内容（2分钟）

简单介绍班级档案中的特色工作和保教重点工作。

（四）与家长交流照片和个别接待交流

一名教师将宝宝一学期的照片分别拷贝给家长。

另一名教师与家长个别交流和答疑。

📍 教师手记

中班幼儿个别化学习专题家长会

各位家长：

我们将分以下三个部分向您介绍幼儿个别化学习：幼儿个别化学习的作用；幼儿个别化学习的价值；我们班如何开展个别化学习。

一、个别化学习的作用

个别化学习活动是幼儿园课程中的一个重要组织形式。它由教师从幼儿的兴趣出发，提供精心设计的环境和材料，它可以使不同发展水平的幼儿进行高效的学习并获得相应的发展。

二、个别化学习的价值

个别化学习中幼儿能自我学习、自我探索、自我发现、自我完善。

个别化学习活动是最大限度地促进儿童自主性和主动性发展的最好途径。

三、我们班如何开展个别化学习

材料的提供要适宜儿童的兴趣。

材料的提供要具有层次性。

材料的提供要涵盖各种智能。

（一）阅读角

在阅读区提供了大量故事情景操作材料、自制图书。引导宝宝逐页翻书，在操作、翻阅中讲讲说说。

如：白云是发条，一经转动书就会"唱歌"；以教室环境设施为内容的环境书，让宝宝在翻看的同时，能尽快熟悉新教室的环境。

教师自制翻页书，可对幼儿读物"取精华、去糟粕"，同时也养成宝宝逐页翻书的好习惯。

还有操作性自制书,如电视机书、转盘书、小舞台书。

（二）小小粉刷匠

提供各式刷子、颜料和调色盘,让宝宝自由地在纸上玩色,在玩的过程中体会到各种工具的不同作用和产生的不同效果。

各类玩色工具。

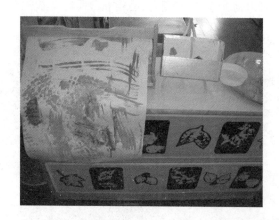

幼儿的玩色作品。

宝宝选择自己喜欢的底板样式,用各色印章蘸取对应颜色的印泥,在底板上敲印章。

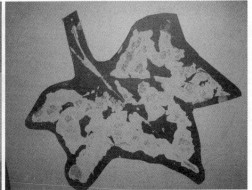

孩子的作品可以做成树叶书。

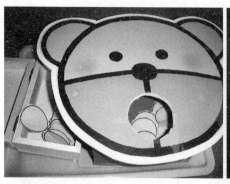

喂图形饼干

创设情景,使宝宝乐于尝试使用安全剪刀沿黑线轮廓剪下图形。锻炼宝宝的精细动作,促进小肌肉发展。

(三) 生活区

创设小手真干净、纽纽扣、娃娃洗澡、绕毛线、暖暖屋等活动场景。随着季节变化培养宝宝初步的生活自理能力。

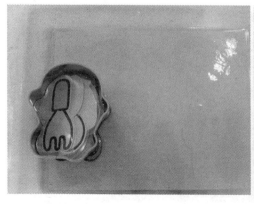

小动物转转乐

根据小动物头像,选择相应的"食物"(食物上有扣洞),并将食物扣在该小动物的衣服纽扣上。

猫咪糖果屋

在猫咪小布袋中的拉环上藏着一颗糖果，宝宝要完成打开按扣、拉拉环、解下糖果、抽拉绳、按上按扣等一系列动作，体会成功拿到这粒糖果的自豪感，锻炼手部的精细动作。

小手真干净

模拟洗手场景，提供手模、三种洒水壶、毛巾、肥皂、水斗、五步洗手图，让宝宝在亲水游戏的过程中，进一步熟悉洗手的正确步骤。

绕毛线

结合季节变换呈现的趣味绕毛线材料,可以提升宝宝的基础生活经验,锻炼宝宝的手部小肌肉和手眼协调能力,培养宝宝的耐心。

(四)益智区

分层次呈现各种分类排序材料。

"大熊、中熊和小熊"这类感知物体间相对大小的材料。

"喜洋洋和灰太郎"这类感知上、下、前、后、里、外等空间概念的材料。

小动物搬家,根据左边已有的范式,将无序摆放的小动物头像搬入右边相应的空格中,提升宝宝——对应的经验。

分类排序系列

我们将整个玩具橱辟出,摆放分类排序系列的活动材料,让宝宝根据操作材料的颜色、形状进行分类和排序。

喜洋洋和灰太郎

创设宝宝喜闻乐见的喜洋洋和灰太郎活动场景,通过将卡通形象玩偶摆放在场景中的不同地方并说说讲讲,感知上、下、前、后、里、外等空间方位。

快乐工程队

创设工程队搬运货物的情景,让幼儿根据"任务卡"的内容,搬运相应图形和数量的积木,提升幼儿图形对应的经验。

各种感知物体大小、长短、厚薄、整体部分的益智材料。

按每月的进度分层次提供拼版,在找找拼拼中,培养宝宝的观察能力。各类拼版创设不同形式、不同数量组合的拼版(分割成四块、五块、六块……十块的拼版),由易到难,宝宝通过不断尝试,培养对图形的组合和整体感知能力,培养耐心。

影子配对

根据物体的"影子"找到相对应的实物图片,培养宝宝对形状的感知能力。

　　宝宝的点滴进步老师都细心发现了,通过各种方式老师将它们都记录了下来。同时,围绕宝宝的成长需要,幼儿园成功开展了许多活动,这都离不开家长的支持与配合。在此,向各位表达我们衷心的感谢。并预祝大家新年快乐,合家幸福!

二、家长会的准备

无论是哪一种形式的家长会,事前都要做好充分的准备工作。

以开学家长会为例,年轻教师要写讲稿,把会议议程列出来,每一部分说哪些话,以文字的方式呈现,并请年级组长、园长审阅把关,还需要反复试讲几遍,控制时间,以免超时。这些细小琐碎的工作,看上去很繁琐,但是只有经过这样的磨练,才能让教师成长,能够坦然、自信地面对家长的目光,从容应对家长的提问,体现一名幼儿园教师的专业水平。

🔍 教师手记

家长约谈调查表

1. 在和老师的交流活动中,你最想了解孩子哪些方面的事情?

2. 一周中哪个时间段你最方便与老师交流?(请在括号内打勾)

周二上午 8:15~9:15(   );周二下午 3:45~5:15(   )

周三上午 8:15~9:15(   );周三下午 3:45~5:15(   )

周四上午 8:15~9:15(   );周四下午 3:45~5:15(   )

周五上午 8:15~9:15(   );周五下午 3:45~5:15(   )

为了避免逐一接待出现等待现象,因此我们将根据家长的不同需求进行统计与安排,最后确定与每个家长沟通的具体时间。

(一)提前通知,调动家长参与的积极性。

家长会切不可临时通知,因为每个家长都需要时间去安排工作生活,调整时间,因此如果召开家长会,需要提前通知,印发邀请函,更人性化的做法是调查家长的空余时间,做出合理的安排。通常家长的顾虑是一个人来参加家长会,还要接孩子,难以兼顾,如果再安排一个成人接孩子,家里又没有这样的人选,因此,教师可以把家长会的时间定于放学前一小时,控制家长会的时间在 1 小时左右,这样会议结束的时候,家长可以把孩子接走,不给家长增添负担。如果有家委会,也可以提前借助家委会的力量,收集家长关心的问题,以便在会上解决。

🔍 教师手记

家长会邀请函

亲爱的爸爸妈妈:

感谢您百忙之中抽出时间,担任我们"大一新闻坊"的评委,"大一新闻坊"活动中,孩子们按照自己的意愿和同伴结伴成立小组,小组自己讨论、策划表演的方式,自己商量表演中大家的分工,整个节目都是孩子在计划书的提示下,自主排练而成。孩子的表演可能有些粗拙，但孩子通过和同伴共同完成一件事情的过程，积累了与同伴友好交往的经验和技巧。希望爸爸妈妈能根据老师的评价提示，给予我们小组的表现投上公正的一票。谢谢！

爸爸妈妈当评委
——活动观察记录表

		孩子在演播活动中的观察重点
大一新闻坊	小组合作	能和小组成员一起密切配合，演播时衔接自然。（请根据你孩子在活动中的表现进行简单描述）
	表现表达	能在集体面前大方地表现自己，演播时语句连贯，声音响亮。（请根据你孩子在活动中的表现进行简单描述）
	演播创意	道具的准备，与众不同的演播方式，等等（请根据你孩子在活动中的表现进行简单描述）

📝 教师手记

家长会邀请函

亲爱的家长：

您好！经过了一学期，您对自己孩子在幼儿园的表现、情况、发展等各方面都希望有一个全面地了解。这次我们通过看PPT集体家长会的讲述形式，与家长进行交流，真诚地与您零距离的交流您需要了解的共性中的个性问题，以及您的孩子在幼儿园的一日生活活动。特邀您参加！

（二）准时召开，体现家长的主体地位。

家长会切莫让家长等待，时间到了，就开始，对于迟到的家长也是一个提示，下次就不要迟到了。活动中除了教师介绍的内容之外，还应该留出家长提问的时间，教师可以用商量的口吻回应家长提出的问题,尽量不要造成教师和家长的对立情绪。以接受、支持的态度,创设宽松、和谐的谈话氛围,教师要避免对家长的行为进行价值判断,而是用启发性的问题引起家长之间的互动,让家长互相学习。例如,大部分家长都很关心幼儿的进餐情况,有的会提出"孩子在家是大人喂,希望在幼儿园老师也能喂,怕孩子吃不饱",如果教师说"我们不喂饭,鼓励孩子自己吃。"那么家长很可能担心孩子吃不饱,换言之,教师如果说"我们鼓励孩子自己吃一点,但是孩子会累,会分心,这时候,教师会帮助孩子,适当喂饭,希望在家里大人也可以逐渐放手,我们配合着培养孩子独立进餐的好习惯。"相信家长听了这样的话不仅很放心,也很愿意配合教师的工作。

(三) 会后反思和总结。

每次家长会之后,教师要把家长的要求和建议进行整理,可以满足的,应当满足,让家长放心,不合理的要求,则需要做出合适的引导,让家长信服并配合,这样才能让家长感到幼儿园对家长的意见非常尊重,能帮助家长解决实际问题,不是浪费时间和精力的事情。

第四章

如何制定班级计划有序开展工作

　　幼儿教师经常会问:"为什么要做计划呢,只管埋头工作不可以吗?"其实,凡事预则立,不预则废,只有做好计划,才能有步骤地实施和开展工作。制定计划之前,教师要问自己四个问题:我准备做什么? 每项内容该怎么做? 怎样才能把这些事情做好? 如果发生了变化,我该如何调整?

　　幼儿园通常有两个层面的计划,即园所层面和班级层面的计划。园所层面的计划一般是园长来制定并撰写的,包括五年规划、三年规划、学期计划等。对新教师而言,重要的是掌握班级层面的计划,从时间段上看主要包括学期计划、月计划、周计划和日计划四种,这四种计划是递进且相关联的整体。

第一节

制定学期计划

工作计划是幼儿园教育工作的重要环节,是教师开展班级日常工作的依据和具体行动的规划,能有效促使教师将发展培养目标清晰、有目的地落实到幼儿身上,减少教师工作中的不确定性,让教师找到方向感。

一、学期计划的结构

(一)计划的标题

任何计划都应该有标题,让人一看就知道是哪个单位、哪个班级的何种计划,例如:

京狮青阳路幼儿园大二班班级计划
(2014 年 2～6 月)

即表明了园所和班级,也表明了计划的类型是班级计划,还注明了期限,让人一目了然。

(二)计划的主要内容

班级学期计划中通常包含以下几方面的内容:

1. 情况分析

情况分析是很有必要的,是制定计划的依据。制定计划之前,要分析班级幼儿的现状,如幼儿各个方面的发展水平,优势是什么,不足之处是什么,重点要加强的是哪方面,下一步工作是在什么基础上进行的,是依据什么来做这个计划的。只有充分考虑幼儿发展中的问题,才能制定出切实可行的方案,这一步是要明确"为什么要这么做"。

2. 工作任务和要求

在分析了现状的基础之上,教师才能结合整个学期的大项工作来制定工作任务和发展目标,明确这一学期要做哪些方面的工作,根据现实需要和可能性,规定出一定时期内所应完成的任务和应该达到的工作指标。一般来说,先定大的目标,再定具体策略。这一步明确了"要做什么"。

3. 实施步骤和措施

教师根据主客观条件,以月份为线索或以内容为线索明确工作的方法和步骤,采取什么样的措施,保证目标和具体事项的完成,也就是"怎么做"。

学期计划是指导一个学期班级各项工作全面、有效开展的规划,内容上除了包括班级日常教育教学工作外,还应该包括家长工作、环境创设等方面的内容。

教师手记

＊＊＊幼儿园大二班班级工作计划
(2014年2～6月)

一、班状分析

本班幼儿40名,男生17名,女生23名。经过大班上一个学期的培养,我班幼儿已经形成了一套良好的学习、生活常规。

在健康方面:幼儿通过各种游戏和户外活动,身体各方面的技能都得到了良好的发展。

在语言方面:能有表情地复述故事,并能大胆地在集体面前播报新闻。

在社会方面:知道遵守交通规则,注意交通安全。学会了与人分享和与人合作。

在艺术方面:感受民族音乐,增进对民族音乐的了解,会用跺脚、拍手、拍腿等动作来感受音乐节奏和旋律。

存在不足:(1)科学探究活动开展不够多,幼儿主动发起问题机会少,缺少观察、探究的意识。(2)部分幼儿交往主动性不强,幼儿间交往的策略还欠缺。

因此,这学期的重点工作是丰富科学操作材料,加强科学领域活动的组织,培养幼儿良好的探究意识,掌握简单的探究方法。

二、教育教学工作

(一)保持优势,弥补不足

在教育教学上我班幼儿在艺术、运动、语言等领域具有优势,这学期继续保持。重点加强在科学活动中的幼幼互动,引导幼儿观察、讨论、解决问题,一方面重视每一次科学活动的准备工作,从教具到环节设计,都深入思考,另一方面注重活动后的反思,提升活动效果。同时,每月都投放并更新科学、数学方面的材料,引导孩子自己统计和记录,大胆尝试各类小实验。还需做好观察记录,及时调整材料。

(二)围绕幼小衔接,开展一系列主题活动

1. 加强生活自理能力的培养

小学有严格的作息制度,要求儿童必须遵守,老师布置的作业必须独立、按时完成。因此,这学期将开展"书包整理"、"学习用品管理"、"课间十分钟"、"每日小任务"等活动,让幼儿学会整理、保管好自己的学习用具,按时完成教师布置的学习任务,愿意参加班上的集体活动,在家长的配合下养成早睡早起、按时入园的好习惯等。

2. 良好学习习惯的培养

运用多种鼓励形式,激励幼儿在集体活动时严格要求自己不说话、不做小动作,学会倾听别人说话,老师布置的任务要独立完成、按时完成等,从而养成良好的学习习惯。

3. 进行读、写能力的培养

组织幼儿进行阅读活动,掌握一些阅读规则,并在班上开展读书比赛,增加幼儿对读书的兴趣,养成阅读的良好习惯。

4. 社会适应能力的培养

本学期,还将创设相应的环境,开展相应的活动,增加幼儿交往的机会,以培养幼儿的社会适应能力。

三、保育工作

本学期将按照幼儿园的保育制度做好各项卫生保健工作,培养幼儿的一日常规,为幼儿下学期进入小学打下坚实的基础。保育员做好每日的打扫卫生、消毒工作,照顾好每一位幼儿的起居饮食,照顾好生病的幼儿,特别是体弱的幼儿。做好疾病的预防工作,根据季节的变化提前做好疾病的防备,把疾病的发生减少到最低。5月底到6月初期间联系区级保健站人员为全园幼儿体检。

四、家园共育

在2月底3月初召开一次家长会,向家长介绍本学期的工作目标、每月的活动安排,特别是向家长介绍幼小衔接工作,让家长更好地支持我们。这学期有几项特色工作如下:

(1)家长开放周活动,让家长来园参加活动,与幼儿共同体验集体生活,也让家长进一步了解幼儿园的生活,做好幼小衔接工作。

(2)每月家长谈心日,提前与家长做好预约谈心的工作,及时向家长反馈幼儿的学习生活情况。充分发挥小字条、飞信、QQ群及家园联系栏的作用,有什么信息及时与家长沟通,取得家长的支持帮助。

五、具体措施

2月份

(1)搞好班级卫生,迎接幼儿回园;

(2)制定班级工作计划和学期教育教学目标;

(3)做好新学期开学准备,开展正常的教育教学工作;

(4)编排本学期的新操,布置环境,增添更换区角材料;

(5)召开本班本学期的家长会。

3月份

(1)参加幼儿园的早操评比和环境布置检查;

(2)做好"三八妇女节之送礼物活动"的组织;

(3)商讨"六一"活动和内容确定;

(4)积极组织亲子植树活动。

4月份

(1)幼小衔接每周一主题;

(2)园内亲子自制小书比赛;

(3)带幼儿到小学参观。

5月份

(1)做好准备活动,迎接家长开放周;

(2)继续开展幼小衔接主题活动;

(3)组织全班幼儿照毕业照。

6月份

(1) 准备毕业典礼；

(2) 园内亲子创意泥大赛；

(3) 做好幼儿毕业前的准备工作；

(4) 做好幼儿毕业手册的发放工作；

(5) 做好期末总结工作。

这一份班级学期计划言简意赅,在情况分析的基础上找到了班级工作的重点,即"科学领域"和"幼小衔接",从教育教学、保育工作、家长工作三方面梳理了学期目标,最后逐月进行安排,落实各方面的工作目标。

二、班级学期计划的撰写

(一)如何进行班级现状分析

有不少教师在制定学期计划时,不会进行班级现状分析,一般而言,可以从以下三方面进行:对照上学期的总结,分析幼儿上学期发展状况和教育目标完成的情况;对整体情况分析,再按领域和项目依次进行分析;为了保证分析的真实准确,既要兼顾整体又要兼顾个体。此外,新生班级可以结合"幼儿年龄特点"和"教师以往的经验"进行分析。

教师手记

整体分析:本班共32名幼儿,其中15名女孩、17名男孩,经过一学年的学习生活,班级整体呈现宽松融洽的氛围,幼儿在各种活动中比较积极主动。由于班级特色活动的开展,本班孩子在三方面表现突出:(1)图书阅读(对图书的兴趣、阅读的方法等)方面表现突出,2/3的孩子能独立阅读简单的图书;(2)孩子们喜欢绘画活动,绘画技能提升很快,有了初步创造性表达的意识;(3)各种运动技能发展较好。存在的不足:(1)科学探究活动开展少,幼儿主动发起问题机会少,缺少观察、探究的意识;(2)部分幼儿交往主动性不强,幼儿间交往的策略还欠缺。

科学领域分析:孩子们对周围的事物有了初步的兴趣,但还不善于主动发起提问;喜欢饲养小动物,对本班饲养的小鸡热情很高,能在教师的引导下观察、表达自己的发现,记录能力还欠缺。喜欢玩沙、玩水,但深入探究的意识不强。大部分幼儿能手口一致地点数5以内的数量,分类,比较大小、多少方面掌握较好;时间观念还需进一步巩固。在数学作品完成方面,幼儿理解画面的能力还需增强,部分幼儿按照物体大小、长短等方面特征进行排序的能力还需提高。

教师手记

某某幼儿园小·五班班级情况分析
(2014年9月~2015年2月)

小五班共有幼儿27名,男孩16名,女孩11名。其中25名幼儿由托班升入小班,新进幼儿2名,现就幼儿的情况进行分析。

内容	现有状况	原因分析
情绪情感	大部分幼儿能愉快来园,并在老师的引导下,熟悉新老师、新教室和新园舍,乐意参加各项活动	经过一个暑假,幼儿对幼儿园集体生活和升入小班有所向往,且老师在假期中有过两次家访
生活能力	在老师的辅导下,幼儿逐渐能自主使用小托盘进行午餐和摆放餐具。46%的幼儿的进餐较上学期有进步,基本能独立完成;30%的幼儿进餐时需要老师的帮助;24%的幼儿维持托班期末时的原状,个别幼儿存在挑食的现象	假期中,许多幼儿都是家长喂食,造成个别幼儿存在依赖心理,不愿自己动手吃饭
行为习惯	幼儿能主动、有礼貌地向老师问早、说再见。知道玩具玩好要送回家,初步懂得要爱护玩具。区域活动中,幼儿能自主选择操作材料,玩好会简单整理材料并送回家。在老师提示下,幼儿基本能遵守各项活动规则,但个别幼儿在活动时需要老师的提醒	个别幼儿对活动的指令规则尚不能理解
交往能力	升入小班的幼儿有了与同伴交往的需要,大部分幼儿乐意和同伴进行简单的交往,约1/3的幼儿愿意交换玩具。幼儿会选择自己认同的同伴一起玩,但不太在意同伴之间的沟通和商量,往往是各玩各的。愿意与同伴共同使用玩具材料,但个别幼儿喜欢独占玩具或独自游戏	幼儿刚从托班升入小班,缺乏与同伴交往的经验,因此幼儿还存在各玩各、独自游戏的现象;幼儿开始有与同伴分享的意识,但是分享的方法还不是很明确

(二)如何制定学期目标

制定学期目标时,要考虑每领域的关键经验、幼儿的年龄及发展特点、班级幼儿实际水平,从而确定班级本学期各项重点目标。可以按领域或项目依次进行撰写。

教师手记

中班第一学期科学领域目标

（1）乐于提出问题，能围绕简单和感兴趣的问题及身边的科学现象主动进行探究，体验猜想、验证、记录、表达的过程。（光、电、运动、摩擦）

（2）认识秋冬季的明显特征，了解冬季人和动植物的过冬方式。

（3）学习用简单的符号记录天气变化，尝试用语言和操作材料表达自己对天气的感受和认识，感知风、霜、雪、雾等天气的明显特征。

（4）知道声音有噪音和乐音之分，了解噪音的危害。

（5）学习运用简单的材料、工具进行制作活动。

教师手记

大班第二学期保教目标

（一）本学期保教目标

（1）优化班级一日流程，合理划分活动空间，力争合理、整洁。

（2）预先告知当日活动安排，做好每个活动环节前的各项材料、场地准备。

（3）营造利于幼儿小群体合作的活动氛围，设计一系列有序的活动，帮助幼儿在活动中学会正确评价自己和同伴的行为，掌握粗浅的与他人沟通、友好交往的技巧。

（4）设计各种幼小衔接活动，从各个方面帮助幼儿了解小学生的生活和学习，养成良好的学习和行为习惯，为成为小学生做好准备。

（二）本学期各阶段目标

第一阶段：

积极参与班级的各项活动，并能认真执行对小组所做出的承诺，特别是班级公共物品的整理和管理。

能根据"安全承诺"系列提示语约束提醒自己，养成良好的行为习惯。

第二阶段：

通过开展"学当小班长"等活动，激励幼儿积极参与班级管理活动，并在活动中学会公正地评价自己和同伴的行为。

开展一系列小组合作活动，如"世博宣传小队"、"春之声儿歌创编小队"等，帮助幼儿在活动中获得与同伴合作、沟通的经验。

第三阶段：

开展一系列幼小衔接活动，帮助幼儿感受当小学生的乐趣，并在活动中养成良好的行为和学习习惯。

教师手记

托班第一学期保教目标

（1）创设适应宝宝动作发展的情境化操作版面和区域材料,通过创设有层次、有顺序的操作材料,引发宝宝的操作兴趣,让宝宝在与环境互动的过程中培养秩序感,并且增强幼儿的手眼协调能力,加强幼儿小肌肉动作的灵活性和稳定性。

（2）开展有序的一日生活,优化活动流程,让一日生活的各个环节都对幼儿有价值,形成良好的倾听、阅读习惯,养成礼貌待人的行为习惯,在一日生活中通过洗手步骤、进餐顺序、午睡步骤、擦鼻涕步骤等生活环境和生活指导,帮助幼儿提高生活自主能力。

（3）按照季节顺序开展主题活动,帮助幼儿感知春夏季节特征和变换顺序,丰富幼儿的生活经验。

（三）如何撰写具体措施

具体措施是指教师通过哪些手段、途径、形式实现所列举的教育目标。教育活动实现的目标很可能是多元的,超出原有的预期,也有可能实现的是其他的目标,这就是"措施"与"目标"间的不完全对应性和关联性。例如,想要培养幼儿的"秩序感",实现这一个目标可以通过有序的一日活动流程、有序的环境设计等措施去实现,但为幼儿提供有序的操作材料不仅可以培养秩序感,也能促进幼儿精细动作的发展,还可以丰富幼儿对颜色、数量等的认知。因此,在做计划的时候可以根据对幼儿的了解和年龄特点、兴趣需要设计尽可能丰富的措施。

计划的落实还需要具体内容,具体内容不一定要列在班级计划中,根据教师的经验和工作重点,既可以写在月计划中,也可以提纲挈领地在班级计划中写出主题框架或者与目标和措施相对应的各种具体活动。教师可以根据对目标的理解、以往的工作经验、现有的参考教材选择确定。需要注意的是,计划并非一成不变,要根据实际情况进行调整。

 教师手记

大班第二学期围绕阶段目标的活动设计

（一）运动类

名称	活动实施要点
队列大集训	1. 学会小组队列报数、出列、快速集合与分散。 2. 根据不同的信号变化队形,知道个人动作与小队动作之间的关系。 3. 齐步走、稍息、立正、向左转等动作有力、整齐。

续表

名称	活动实施要点
运动擂台赛	1. 采用竞争的擂台赛制,推出"跳绳冠军"、"军事游戏"、"运球障碍赛"等活动,激发幼儿的运动热情。 2. 以小组合作的形式设计各项体育游戏,如:跳长绳、两人合作运球,并按计划展开活动。 3. 商讨"大比拼"评选要求,推出"最佳合作奖"。

(二) 主题活动类

活动名称	活动实施要点
学当小班长	1. 讨论"班长"的职责。 2. 自主选择为大家服务的日期,积极报名。 3. 制订服务计划书,能按计划实施服务内容。 4. 创设各种评价方式,帮助幼儿扩大、丰富班级管理内容。
成语故事小擂台	1. 通过成语故事比赛,为孩子提供同伴之间互相借鉴词汇的机会。 2. 鼓励幼儿大胆自信地进行讲述。
我要上学了	通过参观小学、模拟小课堂等活动,丰富幼儿相关经验,为入学做好准备。 推出"我要上学了"模拟小课堂活动。 (1) 天天背上小书包。 (2) 小组商量、制订活动展开的计划。(活动内容、活动准备、活动场地安排等) (3) 能遵守活动中大家约定的规则并合理评价自己和同伴的行为。

(三) 探索活动类

名称	活动实施要点
我看世博	1. 创设问题性情境和环境。 2. 收集、公布有关世博的问题,学习筛选和汇总的方法。 3. 展开世博宣传语 pk 赛。 4. 通过相邻班的小调查,提供锻炼幼儿胆量的机会。 5. 成立世博宣传小队,向弟弟妹妹宣传好行为。
春天来了	1. 能将自己对春天特征的探索结果用自己认可的方式进行公布。 2. 成立"春之声"儿歌创编小队,能积极提出自己在创编中碰到的问题,并能尝试使用多种办法解决。 3. 提高小队的合作能力以及小队的责任感。

教师手记

小·班第一学期各阶段保教目标和方案

第一阶段保教目标及方案

保教目标	方案		
	教育活动	环境创设	人员配备
1. 营造宽松、温馨的家庭氛围，关爱宝宝，表达对宝宝的喜爱，满足宝宝的安全和依恋需要。 2. 提供丰富、有趣、可操作的环境和材料来帮助幼儿建立新的安全依恋，适应并喜欢幼儿园，喜欢老师和小朋友。	主题活动： 1. 高高兴兴上幼儿园 2. 我和好朋友 3. 小手真能干	盥洗室环境： 1. 站位标记 2. 小便池标记 3. 洗手指示图	针对教室在二楼的实际情况，教师、保育员分前、中、后三段站位，从而保证每个宝宝的安全。

第二阶段保教目标及方案

保教目标	方案		
	教育活动	生活指导	环境创设
1. 培养幼儿基本的生活能力，自己动手做简单的事情。 2. 通过提供隐含生活指导的信息和念儿歌做动作的方式，引导宝宝自己洗手、自己拉裤子。 3. 提供丰富的符合年龄特点的活动环境及活动材料，引发宝宝与环境的互动，促进宝宝的动作发展。	主题活动： 1. 可爱的秋天 2. 我爱我的小手帕 3. 我们爱吃的食物	说说讲讲： 1. 老师请帮忙小猪来洗手 2. 儿歌：学洗手 3. 自编故事：洗手洗得真干净 4. 情境模仿：我学小兔来洗手等	系列环境创设： 1. 小兔来洗手的环境 2. 小兔擦汗的环境 3. 乖宝宝要睡觉的环境

第三阶段保教目标及方案

保教目标	方案		
	教育活动	生活指导	环境创设
1. 通过个别化生活场景,帮助幼儿获得自我意识,尝试自己拉脱裤子、洗脸等。 2. 通过创设情境,开展游戏活动,在活动中发展幼儿的动作能力,获得关于季节、身体、节日的初步经验。 3. 有序地提供自制的阅读材料,开展个别化阅读的指导活动,培养幼儿的阅读兴趣。	主题活动: 1. 宝宝自己走 2. 过新年了 3. 冬天来了	1. 情境故事:小手脱脱脱 2. 顺口溜指导:小手脱裤子 3. 儿歌:洗洗脸 4. 生活故事:我会洗脸了 5. 动作模仿:洗洗脸	系列生活图示: 1. 小兔会穿裤子 2. 小脸真干净 3. 宝宝餐后擦脸

除了表格形式,也可以通过文字的方式来撰写。

教师手记

中班下学期培养幼儿阅读习惯的措施

上学期本班以培养幼儿的阅读兴趣和良好的阅读习惯作为重点内容,本学期将继续开展阅读习惯培养,在内容和程度上都有拓展。

第一阶段:在上学期初步学会了一页一页翻书的基础上,进一步培养幼儿按照顺序翻阅书的习惯,本学期将为幼儿提供便于抓握的"洞洞书"系列,包括《捉迷藏》《我来帮助你》《聪明的小老鼠》《摸摸》《大海里有一座岛》等13本图书。图书用钙塑板制作,有一定的厚度,并且很立体,在书页下脚挖洞,每本书贴上同一系列的粘贴纸(宝宝非常喜欢的卡通形象),宝宝可以抓着小洞洞进行翻阅,符合幼儿爱动手的年龄特点,同时教师以"小书虫开始看书了"引导宝宝用食指当"小书虫"一页一页"啃"下去,"啃"完一页,再"啃"下一页,养成按顺序阅读的良好习惯。

第二阶段:由于本班幼儿在语言表达上有优势,大部分幼儿都愿意开口说话,因此,本学期的重点工作还包括加强培养幼儿语言表达能力,愿意跟着老师复述故事中的短句,能够讲讲说说简单的故事,结合录音磁带制作《花脖子》《小猪打喷嚏》等图书,给幼儿提供听、说的多种刺激,让幼儿听听说说讲讲。

第三阶段:本学期将结合课程中的主题内容和教育活动,自制和投放系列图书,如刚开学与寒假衔接的《新年书》、《红包书》,以丰富幼儿的过年经验,结合主题"我爱我家"投放《宝宝的一家》,结合"好玩的玩具车"投放《轱辘轱辘转》图书,培养幼儿对语言材料的阅读兴趣,养成良好的阅读习惯,愿意开口表达,促进口头语言的发展,提高语言表达能力。

除了班级情况分析、保教目标、各阶段目标和措施,班级计划中还可以包括家长工作、环境创设、游戏活动等内容,教师可以根据园所的要求和实际情况进行撰写。

教师手记

小班上学期班级计划中"家长工作"内容

1. 用数码技术捕捉宝宝的活动轨迹,学期末制作成光盘发给家长。

2. 针对幼儿实际,与家长协同设计成长档案,资料详实(内容有:天天日报、宝宝日记、午睡日报、宝宝入园情绪反应、宝宝活动兴趣记录表、宝宝自理能力系列记录、宝宝主题活动学习记录等),全面反映宝宝在幼儿园的生活点滴。

3. 通过"公示栏"的形式向家长提供每周保教信息及需要家长协同的事项。

4. 定期让家长阅览宝宝成长档案,并发放调查问卷,从问卷了解家长的需求,以及对宝宝行为的评价和对老师保教工作的建议。

5. 及时与家长沟通,了解幼儿在家中的现有发展情况,根据幼儿园教育活动安排、幼儿生活能力发展情况,对家长进行教育指导,以达成家园教育力量的整合。

教师手记

大班第二学期班级计划中"家长工作"内容

1. 本学期的家长工作我们将继续延续上学期一些好的工作方式,如"大三邮箱"、"特色活动留言板"等,向家长宣传班级近期的活动信息。

2. 推出"家园安全承诺"活动,幼儿园和家庭每周各推出一个安全承诺,通过孩子的自评、家长的观察点评,帮助幼儿建立良好的安全意识和行为,成立家长安全巡防队,每周进行班级安全巡防,协助老师共同做好班级安全工作。

3. 幼小衔接指导家长系列活动

让幼儿自信地跨进小学——讲座;

小学教育与课程改革——讲座;

一年级学生入学前准备——咨询、专题;

"关心孩子、了解孩子、鼓励孩子"家园活动；

授园徽仪式——"我们长大了"亲子活动；

毕业典礼。

4. 推出"家长接待日"，每月末周五下午 3:45～4:30。由家委会代表与空班老师共同接待。接待内容包括：解决家长心中疑虑，家庭教育问题咨询，班级共性问题的解决办法，班级亲子活动。

5. 继续发挥家长寻访团的有效作用，支持他们共同参与班级活动的策划与实施，使家长融入班级的各项活动中，真正与班级产生互动。建立并制定《班级保育工作协商制度》，认真完成《班级保育工作协商记录》和每月《班级保育工作自我评价表》，并定时请家长参与监督和评议。

班级计划的写法灵活多样，教师可以尝试不同的方法，将班级工作重点、大项工作等清晰有条理地表述出来。

第二节

制定月计划

月计划是学期计划的下位分解计划，主要是在总结上月执行情况的基础上，提出实现学期目标计划的实际步骤，包括上月情况分析、本月各领域重点目标、主要活动措施及活动内容等要素。

有些幼儿园为了减轻教师的案头工作负担，已经将月计划合并到班级计划中，以月工作重点的方式表述。对于新教师，月工作计划还是有必要的，可以帮助教师对本月的工作有清楚的认识。

下面为推荐几种月计划常用的写法，供教师参考。

_____幼儿园_____班____月工作计划

教育重点	保育要点	集体活动	环境创设	游戏活动	家园共育
		主题活动： 特色活动：	主题墙： 版块： 区域材料： 运动器械：	区域游戏： 角色游戏： 民间游戏： 体育游戏： 其他游戏：	
生成与调整					

教师：　　　　　保育员：

更简单的写法是按照领域将本月开展的各类活动罗列出来，教师可以提纲挈领地结合《3～6岁儿童学习与发展指南》将各领域发展目标和相应的学习活动、游戏活动、生活活动都列出来，见下表。

_____幼儿园_____班___月工作计划

本月主题		
月工作重点		
领域	目标	活动内容
语言		
艺术		
科学		
社会		
健康		

_____幼儿园_____班___月工作计划

上月情况分析		本月工作重点	
本月大项工作			
学习活动： 游戏活动： 生活活动： 运动活动：			
家长工作			

第三节

制定周计划

　　周计划是一周之内全部教育活动及相关工作的具体方案,是当月工作计划中某些内容的具体化,是保证月教育目标和周工作目标顺利实现的必要条件,也是日教育目标与方案设计的依据。

幼儿园通常采用表格的形式来表示周计划,下面提供几种周计划的写法,教师可以根据幼儿园的实际情况进行选择。

＊＊＊＊幼儿园周计划(第2周) 2014年9月7日~9月11日
班级:小班 教师:曹老师 王老师

保教工作目标		1. 创设安全、温馨、舒服、安逸的活动环境,引起宝宝对活动环境的喜欢,帮助宝宝克服与家人分离时的焦虑,稳定宝宝的情绪。 2. 引导宝宝愿意亲近老师,开开心心地和老师一起玩。				
生活	指导要求	1. 引导宝宝初步知道到幼儿园后先洗手,游戏后或吃东西之前先洗手。 2. 在老师的帮助下,学着按步骤洗小手。				
	内容措施	来园后洗小手	吃饭前洗小手	宝宝学洗手	小手洗干净	小手香喷喷
运动	指导要求	1. 引导宝宝户外活动前知道踩到小火车上出去玩,小脚亲亲小动物。 2. 鼓励宝宝大胆地在草地上玩一玩。				
	内容措施	游戏:乘火车 分散:滑滑梯	学做律动操:开花了 游戏:开火车	学做律动操:开汽车 分散:投小球	复习模仿操:洗澡 分散:小转椅	学做模仿操 分散:蹦蹦床
区域指导		1. 创设丰富多样的区域环境,引导宝宝能大胆地玩一玩。 2. 熟悉收玩具的音乐,引导宝宝听到音乐时学着把玩具送回家。				
游戏指导		提供圆柱形垒高积木,引导宝宝分颜色把积木堆堆高。				
集体教学		语言活动:高高兴兴上幼儿园	语言活动:好老师	综合活动:亲亲好老师	美术活动:上幼儿园	音乐活动:宝宝哭了不好看
阅读活动		提供《汽车书》、《水果书》、《动物书》等图书,引导宝宝有兴趣地翻翻、看看、讲讲。				
家长工作要点		1. 发放"周报",让每位家长及时了解本周的教育目的是帮助宝宝克服与家人分离时的焦虑,让家长了解到需要在园注意的内容。 2. 通过"天天日报"让家长了解宝宝的情绪、饮食和生理需求的情况。				
本周情况分析		本周是宝宝与家人分离的第一周,宝宝情绪反应较为波动,经常反复,出现哭闹的现象,如前几天不哭,后两天才哭,或者进餐时感到不安而哭泣。大部分宝宝已经能够参与共同活动,专注地看、听老师的律动示范,与老师进行简单的互动,有四个宝宝有较严重的分离焦虑,需要特别安抚。生活上,宝宝们已经对幼儿园生活环节、洗手习惯、如厕地点、自己的储物柜有了一定的了解。				

＊＊＊幼儿园小班周计划

班级:中班　　　教师:曹老师　王老师　　　日期:2014 年 3 月 7 日～3 月 11 日

<table>
<tr><td rowspan="2" colspan="2">本周教养
工作要点</td><td colspan="6">1. 开展"我爱妈妈"系列活动,通过说说、讲讲、指指、认认、唱唱、跳跳等多种
活动形式,培养宝宝对妈妈的爱,引导宝宝关爱家人,在家向妈妈表达自己
的感情。</td></tr>
<tr><td colspan="6">2. 引导宝宝按照顺序来洗手:先涂抹小肥皂,再将手心、手背、手指都搓一搓,
然后再冲水,养成正确的洗手方法。</td></tr>
<tr><td colspan="2"></td><td>星期一</td><td>星期二</td><td>星期三</td><td>星期四</td><td>星期五</td><td>环境创设</td></tr>
<tr><td>生活</td><td>内容与
要求</td><td colspan="5">1. 以儿歌、顺口溜的方式帮助宝宝养成正确的涂抹肥皂的方法,
并且鼓励宝宝搓泡泡,搓手心、手背。
2. 引导宝宝在午餐后、午点后能自己用小毛巾擦脸、擦嘴,指导
宝宝将小毛巾放在手掌中间来回擦。</td><td>在阅读区投
放《搓泡泡》
的材料</td></tr>
<tr><td rowspan="2">运动</td><td>体育游戏</td><td>大红布:打
雷了下雨了</td><td>雪花片:小
兔种萝卜</td><td>花皮球:运
西瓜</td><td>小软滚:马
儿跑跑</td><td>老狼老狼几
点钟</td><td rowspan="2">根据活动内
容请保育员
提前在草坪
上摆放好预
备的材料</td></tr>
<tr><td>分散游戏</td><td>引导宝宝奔
跑、爬行</td><td>引导宝宝双
脚跳跃</td><td>多种玩法引
导宝宝玩球</td><td>观察宝宝运
动的协调性</td><td>观察宝宝能
否听清楚信
号做出动作</td></tr>
<tr><td rowspan="2">游戏</td><td>内容与
材料</td><td colspan="5">1. 创设"我爱妈妈"的活动墙,展示宝宝的全家福,引导宝宝看
看、认认、指指。
2. 根据《尿床了》故事,创设操作版面。
3. 引导宝宝在动物与食物之间建立对应联系,边操作边说小
短句。</td><td rowspan="2">根据阅读材
料创设相关
的操作版
面,便于宝
宝操作。</td></tr>
<tr><td>观察要点</td><td colspan="5">1. 观察宝宝在操作活动中的语言伴随,鼓励不敢开口的宝宝学
说小短句。
2. 引导宝宝观察拼图材料的示意图,尝试用摆一摆、转一转的方
法来玩3～4块的拼图。</td></tr>
<tr><td>学习</td><td>内容与
安排</td><td>我的好妈妈</td><td>美丽的项链</td><td>我的相册</td><td>一个幸福的
家</td><td>小乌龟和妈
妈</td><td>将活动准备
的教玩具投
放到区角</td></tr>
<tr><td colspan="2">家园共育</td><td colspan="3">1. 最近是感冒多发季节,提醒家长注意宝宝
的个人卫生。
2. 在家引导宝宝按照正确的步骤洗手,并独
立擦毛巾</td><td>个别关注</td><td colspan="2">感冒多发季节特别关注
容易过敏的宝宝,在户外
运动前后垫好毛巾</td></tr>
<tr><td colspan="2">反馈调整</td><td colspan="6"></td></tr>
</table>

＊＊＊幼儿园中、大班周计划安排表

班级：　　　　教师：　　　　日期：　年　月　日～　月　日

本周主题		本周工作重点			家长工作		生活指导要点	
	日期 内容	星期一	星期二	星期三	星期四	星期五		
上午	晨间活动							
	教学活动							
	区角游戏							
	户外活动							
下午	游戏活动							
	户外活动							
	离园活动							
生成与调整：								

通过以上表格可以看出周计划通常是采用表格的形式来书写的，张贴在班级宣传栏上，供家长或其他老师阅读，大体包含了每日活动的主要内容。因此，教师要提前写好下周的活动安排计划，提早备课，提前进行环境创设。周计划通常包含以下几部分的内容。

（1）户外活动。对幼儿来说，足够时间的户外活动是非常重要的，每天最少两个小时左右。户外活动包括体育游戏、大型器械使用、小型器械玩耍等，每周五次。例如，周一抛皮球，周二拍球乐，周三夹球跳，周四踢球比赛，周五我们来玩球。

（2）教学活动。不同年龄段的教学活动侧重点和数量都不同，可以根据主题、课程选择合适的内容，要注意五大领域的平衡性。

（3）游戏活动。每周要给幼儿充分的区角活动时间，还可以玩角色游戏、民间游戏等多种游戏形式。每天可以重点安排一个游戏类别，例如：周一建构游戏，周二角色游戏，周三智力游戏，周四音乐游戏，周五体育游戏。周计划安排表上最好写上游戏活动内容。

（4）生活活动。良好的生活自助能力和自我服务能力也是周计划中很重要的内容，每周可以制定两到三条生活活动目标，循序渐进。例如：9月的重点是自己进餐饮水，10月围绕学习排队上厕所及便后洗手进行指导，11月的重点是自己叠衣服裤子。

（5）环境创设。如果幼儿园有环境创设的表格，在周计划中可以不列出来，如果没有，可以在周计划中体现，以便提醒自己做好活动前的准备工作，创造一个与教学有关的环境或场景。

（6）家园共育。家园共育是指家庭和幼儿园共同完成的内容。例如，请家长和孩子一起完成手工活动"我的一家"，请家长在家收集和整理一些植物图片材料等。

无论周计划的内容有什么，周活动安排必须与每日活动安排相同，要备教一致，不能无准备开展活动，也不能随意改动计划，除非是天气原因或者体检等重要事件。

第五章

如何合理安排一日活动

　　上一章谈到了学期计划、月计划、周计划，再缩小就是日计划，也就是一日活动安排。学前教育与学校教育最大的不同就在于"一日活动皆课程"，所以，一日活动是幼儿在园生活的基本单位，一日生活安排得合理与否直接关系到幼儿的生活品质。本章将从如何制定一日活动流程，如何实现保教配合，如何反思一日活动三方面进行阐述。

第一节

如何制定一日活动流程

　　幼儿园一日活动安排体现着幼儿园的儿童观、教育观、课程观,要符合三个交替的原则,即"动静交替"、"室内和室外交替"、"集体和自由交替"。动静交替其实是指各领域各类型活动的交替,例如运动与学习活动交叉进行。室内和室外交替是指活动场所要交替变化,如户外运动和室内游戏交替。集体和自由交替是指教师为主导的学习活动与幼儿为主导的游戏活动交替进行。

教师手记

小·班冬季一日活动安排作息表

时　间	活　动　安　排
7:30～8:50	晨检、自选游戏、晨间谈话
8:50～9:25	户外运动,律动早操
9:25～9:40	集中教学活动
9:40～10:00	点心、自由活动
10:00～10:30	游戏活动
10:30～11:00	户外活动
11:00～11:10	餐前准备
11:10～12:00	午餐、散步
12:00～14:30	午睡
14:30～15:20	起床、午间操
15:20～15:45	点心、自由活动
15:45～16:00	教学或游戏活动
16:00～16:30	户外活动
16:30～17:30	离园活动

从表中可以看出,这位教师基本实现了室外与室内的交替,如室内游戏活动以后到室外进行户外运动;也体现了集中与自由的交替,如集中教学活动以后安排了自由活动时间;还体现了动静交替,如晨间户外运动以后是集中教学活动,并且符合户外活动2小时以上的要求。这位教师设计的冬天一日活动安排还体现了季节特点,早晨幼儿身体寒冷,教师安排了户外运动与早操,能增强幼儿的体质,让幼儿身体热起来。此外,冬季中午的太阳比较好,教师在光照充分的时间段安排了户外运动,如果是夏季,则要避开十点到三点这段时间,以免光照太强烈,晒伤幼儿皮肤或者失水过多。下面附上该教师在中班和大班时安排的一日活动安排时间表。

中班冬季一日活动安排作息表

时　间	活　动　安　排
7:30～8:50	晨检、晨间活动、晨间谈话
8:50～9:15	户外运动和早操
9:15～9:40	集中教学活动
9:40～10:05	点心、自由活动
10:05～10:30	教学或游戏活动
10:30～11:00	户外活动
11:00～11:10	餐前准备
11:10～12:10	午餐、散步
12:10～14:20	午睡
14:20～15:05	起床、午间操
15:05～15:35	点心、自由活动
15:35～16:00	游戏活动
16:00～16:30	户外活动
16:30～17:30	离园活动

大班冬季一日活动安排作息表

时　间	活　动　安　排
7:30～8:30	晨检、晨间活动、晨间谈话
8:30～8:55	户外运动和早操
8:55～9:25	集中教学活动
9:25～9:50	点心、自由活动
9:50～10:20	教学或游戏活动
10:20～11:00	户外活动

续表

时　间	活　动　安　排
11:00~11:10	餐前准备
11:10~12:00	午餐、散步
12:00~14:20	午睡
14:20~15:20	起床、午间操、点心、自由活动
15:20~15:50	游戏活动
15:50~16:30	户外活动
16:30~17:30	离园活动

作息时间表只能体现一日活动中的各个环节,但是每个环节之间还有过渡环节和生活盥洗活动。一日活动流程顺畅与否与过渡环节时保教人员是否配合密切相关。因此,另一种制定一日活动安排的方法是将每个时间段的人员分工也列出来,这样能够更好地实现保教配合。

教师手记

小·五班一日活动安排分工表

时间	人员	空间	具体分工	操作要点
7:50~9:00 来园、区域	主班	活动室里间	区域指导	
	配班	活动室外间	来园接待	
	保育员	生活区、盥洗室	生活料理	照顾来园幼儿洗手、饮用营养水(或牛奶)
9:00~9:10 谈话活动	主班	群体活动区	律动、谈话	配班:接待迟来园幼儿
	保育员	流动	洗茶杯、照顾营养餐	第一批茶具清洗、送厨房消毒
9:10~9:40 学习活动	主配班	活动室里、外间	分二组教学活动	
	保育员	流动	清理盥洗室、生活区	
9:40~9:50 生活活动	主配班	盥洗室、生活区	分组盥洗、户外准备	调整幼儿衣着、束裤子、垫毛巾
	保育员	饮水区	照顾幼儿喝牛奶(营养水)、整理活动室	

续表

时间	人员	空间	具体分工	操作要点
9:50~10:50 户外体锻	主配班	操场、草地	分组游戏、锻炼	带上幼儿毛巾，注意观察运动量，擦汗
	保育员	流动		第二批茶具清洗、送厨房消毒；10:15配合户外活动、照顾小便、脱衣服、擦汗；10:45生活区准备热毛巾（桶加盖）、试保温桶内水温，不超过45度
10:50~11:00 生活活动	主配班	室内外过渡	生活环节	分批盥洗饮水
	保育员	流动	整理	收理户外体锻用品
11:00~11:15 阅读活动	主配班	活动室内外	分组阅读	
	保育员	流动	餐前准备	消毒桌面，戴口罩分饭
11:15~11:45 午餐	主班	午餐区	指导用餐、漱口、擦脸、抹面油	
	配班		个别指导幼儿进餐	
	保育员		先分好菜、幼儿入座后依次盛饭，为幼儿添饭、盛汤；第一位幼儿吃完，提供温漱口水、热毛巾（桶加盖）	
11:45~12:00 午休	主班	户外	户外休闲	配班：11:45开卧室空调
	保育员	午餐区	个别、清理	帮助最后几位幼儿进餐
12:00~14:30 午睡	主班	卧室	安抚入睡、巡视盖被	幼儿全部入睡后与保育员交接
	保育员	13:15进卧室	巡视盖被、照顾小便	幼儿小便穿棉马甲、棉拖鞋、开取暖器
14:30~14:50 起床、整理	主班	14:15进卧室		指导幼儿穿衣，检查垫被下遗漏衣物，分批下楼
	配班	盥洗室、生活区		照顾幼儿盥洗、饮水
	保育员	流动		试保温桶中水温（加热水，保持温热），消毒桌面，准备幼儿点心，干点心装盆放桌面
14:50~15:10 点心	主班	点心区	照顾点心	幼儿入座后依次盛湿点心
	配班	盥洗室	照顾盥洗	
	保育员	卧室	整理卧室	帮助最后几位幼儿穿衣，检查遗漏在卧室的物品，关空调

续表

时间	人员	空间	具体分工	操作要点
15:10～15:50 户外游戏	主班	户外	组织幼儿户外游戏	
	配班	点心区	照顾后面的幼儿用点心,整理幼儿仪表,梳头、束裤子	
	保育员	流动	清洗点心餐具送厨房消毒	
15:50～16:30 离园准备	主班	活动室	组织未离园幼儿活动	
	配班	生活区	整理幼儿个人物品,与家长个别交流	
	保育员	流动	第三批茶具清洗、送厨房消毒,清理盥洗室、活动室	

通过这张表格可以看出,同一个时间段两位教师和保育员是如何分工和流转的,其中交叉配合的环节非常重要,是保证幼儿流畅活动的基础。例如,当教师还在带领幼儿进行户外游戏的时候,保育员已经将热毛巾等准备好,只要幼儿上楼就可以洗手、擦汗、喝到温水;午睡起来的时候,主班、配班、保育员各负责一个区,既能照顾幼儿用点心,也能保证生活盥洗,最后一小部分幼儿也能得到合理的照顾。教师在撰写一日活动安排的时候要充分考虑三个人的工作流程,只有密切配合才能让活动流程真正"流动"起来,有条不紊,避免集中扎堆或出现空缺的时候。明确了分工以后,主班教师可以参照下面的表格撰写一日活动流程,凸显各个环节的指导要点。

教师手记

上午活动流程	内容与实施要点
来园指导 ——香香的小手(主班) ——营养水真好喝(保育员) 区域学习 ——小花园(主班) ——美丽图章多又多(配班) 观察与分享 ——亮眼睛找春天(主班,花园) ——豆宝宝日记(配班,活动室) 分组学习 ——讲讲说说:下小雨啦(主班,大厅) ——歌曲:春天(配班,花园草地) 户外运动 ——体游:小兔搬家(主配班,塑胶场) ——攀竹梯(主班,保育员,后花园) ——玩飞盘(配班,塑胶场地) 餐前准备 ——洗手指导(主班,盥洗室) ——安全谈话(配班,活动室) 午餐 (主配班)	区域自主学习活动: (1)小花园:重点指导幼儿阅读小花的折纸提示图,尝试沿线折叠。 (2)图章:指导幼儿完成一项操作学习时,会在学习记录卡上内容对应的位置印图章。 观察与分享: (1)亮眼睛找春天:带幼儿到花园竹林里,观察花朵的颜色变化,并把自己的发现和感受告诉大家。 (2)豆宝宝日记:看看哪些豆豆发芽了,小芽芽像什么?和前两天比有什么变化?(颜色、大小、样子) 餐前准备: (1)顺口溜洗手指导 (2)安全谈话:危险我知道

续表

下午活动流程	内容与实施要点
睡前准备 —— 安全抚视（主班、盥洗室） 　　　　　　 能干的小手（配班、卧室） ↓ 午睡　　　　　（主班、保育员） 起床、整理、饮水　（主班卧室、保育员、盥洗室） 下午点心　　　（主班、保育员） 户外散步、游戏　　（主班、配班） 离园谈话　　　（主班、配班）	睡前准备： (1) 安全抚视：抚幼儿小手、衣裤，拿去随身物品（发夹、小玩意等）；视幼儿口腔，确认无食物残留；面色，确认情绪和健康状况良好。 (2) 能干的小手：指导幼儿将脱下的衣裤整齐地叠放在小白蓝中，穿一件内衣和一条内裤睡下。 户外游戏： 指导幼儿两两结伴，用小脚的动作，玩"石头、剪刀、布"游戏。 离园谈话："笑宝宝找朋友" (1) 讲讲说说今天最开心的一件事，笑脸宝宝（粘贴纸）跟你做好朋友。 (2) 简单介绍明天的活动，帮助幼儿建立期待。

这张表格并不严格要求时间节点，目的在于避免教师为了赶时间而草草走过场，不能确保活动的效果。教师在制定流程的时候也要留出 3～5 分钟的弹性时间，因为幼儿的情况是千差万别的，而且也会有许多突发事件。这就需要保教人员提前做好预习工作，对第二天的工作心中有数。

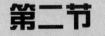

每天预习十分钟实现保教配合

　　幼儿园一日活动安排得好，可以避免幼儿的消极等待。如果让幼儿总是处于等待老师发出指令、等待集体行动的状态下，就会削弱他们参与活动的热情，压抑个性的发展。

因此,我们提出要每天预习十分钟,即保教人员每天花十分钟的时间,预习第二天的活动内容,清楚彼此的工作内容,哪些环节需要配合,合理转换。养成这样的工作习惯,可以起到事半功倍的效果,让一日活动流程真正活起来、流转起来,没有多余的浪费和等待。

一、只有老师等孩子,不让孩子等老师

在预习的时候,教师和保育员要问问自己,这个环节是否存在等待,怎样才能不让幼儿等待,考虑如何充分利用各个活动空间,合理、紧凑地安排活动环节,尽量做到当一位教师结束了一项活动时,另一位老师已经在下一个活动环节等待孩子了。

二、一日活动内容丰富多样

教师和保育员还要看看第二天的活动内容是否丰富多样,满足幼儿运动、游戏、学习等多种需要;活动形式是否能够动静交替,个别、小群体(小组或结伴)、集体等不同活动组织形式交替,教师预设活动与儿童自发生成活动交替。

三、让儿童预先知道下一个活动的内容和要求

教师可以创设相应的活动流程提示图片,以生动的图案、照片方式,让儿童直观地知晓活动安排,使他们对下一活动有所准备,从而让活动更加有序、顺利地进行,并且儿童会更积极地关注每天的"活动流程图"。

四、合理规划教室环境,幼儿活动线路流畅

教师和保育员在预习时要反思活动室内的玩具橱划分、空间安排是否合理,尤其是通道处是否流畅。为了避免幼儿在活动中视线阻挡,看不到教师,可以提供高矮不等的座位,结合第二章中的内容创设激发幼儿有序行为的环境,帮助幼儿提升自我控制能力,预防幼儿问题行为的产生。

下面的表格也可以为保教人员预习工作提供参考。

教师手记

一日活动流程预习表

参加预习人员:曹老师,李老师,张阿姨　　　　预习时间:2014 年 12 月 5 日

第二天的活动流程、细节沟通及两位教师的站位	活动环节中需要预习的互问(互相设置提问)	保育员在各环节中的配合内容
个别学习: 曹老师在大活动室指导幼儿学习,李老师在门口接待家长和幼儿	点评与谈话: 特殊的电话号码 预设的问题: 图片上的电话号码有什么用处? 大家回家一起调查一下有哪些特别的号码,明天我们一起讨论电话号码。	协助美工区幼儿进行有序整理
户外游戏: 曹老师带领第一组、第二组幼儿锻炼双脚夹包跳,李老师带领第三、四组幼儿玩拉力器等小型器械	预习的问题: 夹包跳操场上的提示标记,张阿姨什么时候贴好便于幼儿活动? 张阿姨可以在教师进行点评的时候事先放好,大概需要 3 分钟时间,不影响消毒工作和洗茶杯	在场地上贴好起点线、"小河"标记,并放置足够数量的沙包、拉力器等小型器械
教学活动: 曹老师在活动室组织教学活动"马路上的车" 李老师在美术室组织活动"美丽的太阳"	曹老师提出的问题: 幼儿先坐在垫子上看录像,再坐到桌子边上记录是否太麻烦? 第二环节中,孩子一边看记录纸,一边听教师提出新问题、新要求是否能安静倾听? 李老师提出的问题: 图画纸太大,幼儿操作的时候是否互相干扰?桌子几乎被纸撑满,笔放在哪里?	帮助李老师摆放绘画纸和水彩笔等材料
游戏活动: 在小舞台幼儿自由结伴活动	预习的提问: 如何让小组有序地进入排练场地? 从家里带来的装扮物品放在哪里能够便于幼儿取放?	协助各小组幼儿进行表演

需要特别注意的问题:如果下雨,7:45 之前使用雨天活动方案,将小型器械摆放到大厅。教师要先检查盥洗室的门窗是否关好,以免冷风吹入让幼儿受凉

教师还可以通过图片的方式直观地将预习工作落实到位。

教师手记

为了做好第二天的保教配合预习工作,我设计了一块站位提示板,将第二天活动的主要内容列出来,并且将主班、配班、保育员的职责都列在上面,除了能互相提示,还可以让家长也看到我们的配合和流程。

一般而言,教师要准备两套半日活动流程方案,晴天方案和雨天方案,主要区别在于户外活动在室内进行,因此,流程中配合的地方要注意活动空间的变化。除了提前预习,每天活动之后必不可少的工作还有进行反思,要养成良好的反思习惯。

第三节

养成反思的好习惯

教师除了自己尝试安排一日活动流程,还要学会反思,在观摩其他教师组织一日活动的过程中反思,在亲身组织一日活动的实践中反思。教师可以从以下几方面来反思一日活动。

一、反思保教结合

一日活动流程顺畅与否,保育员是很关键的角色,因此教师要认识到保育员不是保姆,不能只负责打扫卫生,相反她们也是教育者,在照顾幼儿生活的同时,也应当关注教育,对幼儿的行为提出教育要求,并且与教师的要求保持一致,体现统一性。比如保育员在照料生活活动的时候也要注重培养幼儿良好的卫生习惯和自理能力。

教师在工作中要善于和保育员进行沟通,双方合作,不仅让保育员知道在何时做什么事情,更要知道每个环节三个人为什么要这么做,让预习工作成为促进保教工作良性发展的工具。

教师手记

我们班的阿姨在我上课的时候洗杯子的声音很重,会影响幼儿倾听。为此,我和阿姨进行了沟通,请她注意动作不要太重,以免影响幼儿正常的学习活动。

教师手记

我们班阿姨在我组织教学活动的时候还会从活动室中间穿过,这样会分散孩子们的注意力。为此,我调整了座位安排,给阿姨流出了活动的通道,也得到了阿姨的支持。

二、反思站位

站位是否合理,直接影响到幼儿安全和生活活动。例如,点心和午餐时幼儿活泼好动容易拥挤,因此,站位需要格外注意,教师可以站在盥洗室的门口,既可以看到盥洗室的幼儿有序地洗手,又能兼顾在活动室进餐的幼儿;又如喝水时,教师可以站在水桶和杯子架的中间,既能引导幼儿充足饮水,又能避免幼儿碰撞、撒水甚至安全事故的发生;上下楼梯的时候,可以采用队伍前、中、后的位置安排,每个点都有人,确保幼儿的安全;户外大型玩具也是容易发生安全事故的地方,所以三个人要确保不留视线死角。

教师手记

我们班的孩子很喜欢玩大滑梯,大滑梯除了有滑梯,还有小屋和秋千,孩子们喜欢聚在小屋里,容易人多拥挤,玩秋千也需要保护。因此,我们三人分别站在最容易让幼儿兴奋的地方,如:滑梯口、秋千架旁、小屋门口,一方面提醒幼儿注意安全,另一方面也能关照到每个空间的人数,及时进行疏导。

三、反思是否真正给予幼儿自由活动的空间

教师需要明确:半日活动是高控制与低控制相结合的过程,像一个钟摆一样来回摆动。活动组织的高控制体现在教学活动上,低控制体现在区域活动上;活动形式的高控制体现在集体活动上,低控制体现在个别活动上;活动内容的高控是指有目的的教育活动,低控制体现在幼儿做主的自由活动。教师要反思是否真正给予幼儿自由的权利,处于低控制状态,其实是尊重幼儿的兴趣和需要,幼儿可以玩各类民间游戏,如击鼓传花、跳皮筋、跳房子等,也可以浇浇花,还可以聊天,甚至什么都不做也是可以的,给幼儿充分自由的空间,体验到快乐。

四、反思消极等待

消极等待是对幼儿生命的浪费,一日活动应当环节紧凑,过渡连贯,每个环节的交接都自然、有序。前面说过需要提前一天做好预习工作,班级的两位教师和保育员坐在一起,三个人共同商量明天的安排,特别要注重生活环节组织有序,充满秩序感的生活才能让幼儿健康发展。

教师手记

刚工作时,我会说:"香蕉组小朋友去解小便、洗手、喝水,草莓组、西瓜组的小朋友趴在桌子上休息。"这样做的效果很明显,幼儿的确井然有序,教室里会安静得一点声音也没有。可是,在研讨中发现,当我温柔地向幼儿发出这样的指令时,其实浪费了幼儿的时间,幼儿除了消极等待,什么也做不了。因此,我做了以下调整:安排一些能够让幼儿自主选择的活动,如让孩子自由地给植物浇水、说悄悄话;分批盥洗时组织孩子听故事、做手指游或者猜谜等,将自由分散的幼儿重新集合到一起,同时也体现幼儿的主体性,让孩子拥有自我安排和分配的时间,利于自主调节。

五、反思细节

幼儿的一日生活都是学习的过程,教师应当把生活能力培养、自助服务意识、养成良好行为习惯落实在每个细节中,比如从户外回来后,用儿歌引导幼儿按正确的步骤洗手,以及提示幼儿把袖子卷起来、放下去,又如在午睡前后叠衣服等,这些都是让幼儿终身受益的好习惯。

幼儿园无小事，教师应当关注孩子的行为、语言、神态，甚至每个细微的变化，即关注的深度，具体而言，小到鼻涕、袖子，背后是否出汗，大到是否有碰撞、受伤。除此之外，还要注意关注的广度，即视线所能到达的范围，比如兼顾整体和个别，兼顾卫生间和活动室。

六、反思谈心环节

谈心是教师和幼儿的心灵沟通，是建立良好师幼关系的基础，对于托班、小班幼儿尤其重要。通过谈心，幼儿和教师建立依恋关系，拉近师幼之间的距离。对于中大班幼儿，更需要他们说说心里话，聊聊生活中的事情，培养他们正确的价值观，抒发良好的情感。

🔑 教师手记

我很喜欢和孩子聊天，今天我和他们谈"洗脚"，说说用什么工具洗脚，有的用盆，有的用桶，有的撒药，有的放花；也可以说说谁给我们洗脚，我们给谁洗脚，引出"爸爸妈妈平常给小朋友洗脚，他们辛苦了，我们也要给他们洗脚，爱他们"的正面信息。

七、反思教育要求是否细化

教师撰写一日活动流程和实际组织活动的过程中，要将"指导要点"或者"重点指导"写清楚，注意体现年龄特点。每一个活动之前，教师都要想一想，怎样将教育要求转化为幼儿的行为。以阅读图书为例，只写"养成良好的阅读习惯"是不贴切的，也不具备指导性，应该根据幼儿的年龄特点和发展水平细化为具体的行为要求。

🔑 教师手记

幼儿园组织了半日活动的观摩活动，发现张贴的半日活动表中四个年龄班的生活环节的要求都是"将衣服摆放整齐，卷起袖子洗手"，这样的写法既没有针对性，也没有教育性。因此，幼儿园组织教师学习如何细化教育要求。以阅读区为例：对托班孩子提出"看完书放回书架原来的位置上"，对小班孩子提出"一页一页地按照顺序翻书，而不是几页一起翻"，对中班孩子提出"按照顺序讲述，翻书的速度和讲述的速度保持一致，不出现讲到这一页，翻到下一页的错位情况"，对大班孩子提出"有表情地讲述或者对照文字讲述"。以洗手为例，要求也是不一样的，比如托班是"能开口请求老师帮助把袖子管拉起来，在老师的指导下完成洗手步骤"，小班是"能认真涂抹肥皂，搓手心、手背"，中班是"能独立完成洗手后不触摸其他物品，避免二次污染"，大班是"洗手后能自己把袖子整理好"。这样才能体现每个年龄阶段的特点。

八、反思教态

教师还应反思自己的教态,比如接待幼儿的时候是否能够弯下腰或者蹲下来,与幼儿有目光接触、肢体接触,是否有不尊重幼儿的行为,比如用手指头指着幼儿等。教态能体现出教师是否真的站在幼儿的视角看问题,是否尊重幼儿,以幼儿为本。

除了教师自己反思,下面还为教师提供了一份评价表,便于教师以专业的视角关注一日活动组织过程中的每一个细节,不断推进一日活动的常规化、科学化、有效化,积累针对性的保教管理实践经验。也可以帮助教师从如何优化幼儿园一日活动组织,如何开展有效活动中的游戏活动和幼儿自主活动,如何避免小学化倾向,如何减少活动中的等待时间,如何使游戏居于均衡等问题的困惑中走出来。

教师手记

以内容为维度的一日活动流程评价表

班级:_____ 教师:_____

项目	评价标准	备注说明	得分
流程 站位	1. 流程清晰,半日活动符合流程计划安排,按照时间表进行活动	避免让幼儿消极等待,提前做好各项活动的准备工作,例如户外活动材料摆放到位,教学活动材料准备到位	
	2. 过渡环节有序,三人分工合作	半日活动有序开展,有条不紊,过渡自然、流畅,教师、保育员协作默契	
	3. 在户外、盥洗、进餐前后安全谈话或谈心	消除安全隐患,教会幼儿学会自我保护,大年龄班进行谈心,不让幼儿带着委屈进餐	
	4. 明确各环节的站位,不聚在一起	三位一体,不留视觉"死角",密切配合,分工明确	
	5. 分批、分组活动交替有序	人多、材料不足可以采用分批、分组活动,但是交替过程要有序、自然,不混乱	
师幼 互动	6. 来园接待时,教师俯身或蹲下迎接每个孩子	小年龄可以亲亲抱抱,大年龄可以拉手、触碰幼儿或用亲切、有针对性的语言主动与幼儿打招呼	
	7. 任何时候都能耐心倾听幼儿谈话,给予反馈	能用有指向性、教育目的性的话回应幼儿,给幼儿真实的表扬,对孩子不妥的行为提出具体的要求	
	8. 利用"心情角"等不同渠道与幼儿沟通	各个环节都有集体或个别的交流,师幼互动频率高	

续表

项目	评价标准	备注说明	得分
生活秩序	9. 以幼儿为本,尊重幼儿的生理需求,尊重个别动作慢的孩子	如对于最后几个吃完饭的幼儿合理安排照顾,如生活活动中指导幼儿以正确的坐姿、握姿进餐,如提醒幼儿口渴的时候可以主动喝水	
	10. 生活活动有秩序,有良好的生活自理能力	如小班洗手有秩序,能有序排队,知道站在小脚印上等一等,如按顺序排队入厕、洗手、饮水等	
	11. 有常规意识,幼儿能听懂教师的指令	如听到某个指令做出特定的行为,如收玩具音乐、排队音乐等	
	12. 按照规定的图示、标记,取放物品	在玩具架上有清楚、明确的一一对应摆放的标记或图示,幼儿养成"玩具送回家"的习惯	
户外运动	13. 材料摆放有序,早操环节齐全,运动量足	自由队列练习,操节,韵律放松活动,活动量呈"抛物线"状	
	14. 户外运动组织目标明确,幼儿精神饱满,动作到位,包含了各种运动经验,重点突出	明确运动的目的性和重点,例如,某教师在半日活动计划中突出今日运动的重点是"分辨不同信号做出不同动作"或"两两结伴用圆圈做出三种以上开汽车的方法"	
	15. 户外体育活动每天不少于2小时	包括户外运动、早操、散步、户外游戏等,加起来不少于2小时	
区域学习	16. 两位教师能够分工指导区域学习	半日活动计划中列出主班重点指导某个区,活动组织上要有讲评、反馈	
	17. 眼中有孩子,不做无意义地巡转	站位范围明确的情况下,适度巡视,目光在幼儿身上	
	18. 适时指导,不干扰幼儿学习	进一步落实教师观察孩子的目的性,不影响幼儿的思考,发现幼儿遇到困难要放弃的教育时刻	
	19. 给幼儿选择的权利	可以选择自己喜欢的区域进行活动,如果人满了,教师以尊重孩子、孩子可接受的方式进行协调	
集体教学	20. 教学活动目标明确	活动目标符合本月教育工作重点,切合幼儿的年龄阶段,目标能体现知识、能力、情感三层意思	
	21. 内容调动幼儿兴趣和积极性,活动组织有序	教具大小合适,能吸引幼儿,导入环节提出的是真问题,能引发幼儿认知冲突和探索兴趣	

续表

项目	评价标准	备注说明	得分
集体教学	22. 教学形式灵活多样,幼儿有表现表达的空间	通过语言、绘画、操作、记录、表演等多种方式进行表现表达	
	23. 给个别孩子留有选择空间	不是封闭的、整齐划一的统一要求,留有一定的开放性,以满足不同发展速率、不同认知方式的儿童	
游戏活动	24. 游戏时间、材料、空间、充足,幼儿情绪愉快主动活动	如建构区、娃娃家、表演区等材料具有操作性	
	25. 尊重幼儿的意愿,但有必要的游戏常规	如玩具材料的摆放、收纳不凌乱,人数有限制,时间有限制,形成幼儿认可并接受的规则	

评分人: 　　　　　　　　　　　　　　　　　　　日期:
得分:5 非常好　4 较好　3 符合　2 改进　1 未做到

以流程为维度的上午半日活动评价表

环节	评价标准	观察记录
来园接待	1. 教师俯身或蹲下迎接每个孩子,热情招呼幼儿	
晨间活动	2. 按照规定的图示、标记,取放物品,有序开展活动	
户外运动	3. 户外运动组织目标明确,幼儿精神饱满,动作到位,包含了各种运动经验,重点突出	
	4. 户外运动每天不少于2小时	
	5. 保教配合到位,关注幼儿生理需要	
集体教学	6. 教学活动目标明确、适宜,能实现目标	
	7. 内容有层次,环节组织有序,教法多样	
	8. 师幼互动、幼幼互动有效,幼儿感兴趣,大胆表现表达	
	9. 教态自然大方,语言规范,尊重幼儿,以幼儿为本	
生活活动	10. 生活环节组织有序,保教配合到位,消毒规范	
	11. 体现生活即教育的理念,凸显生活活动的教育作用	
区域活动	12. 环境创设合理,符合幼儿兴趣和需要	
	13. 保教分工有序,眼中有孩子,适时观察和指导	
	14. 幼儿情绪愉快,专注,投入,互动有价值	
	15. 注重培养幼儿良好的学习品质和行为习惯	

续表

环节	评价标准	观察记录
自由活动	16. 内容多样化,真正体现自由的空间	
角色游戏	17. 游戏过程中有重点观察和指导,不随意干扰游戏	
	18. 倾听并发现教育契机,推动游戏进程发展	
	19. 讲评时以鼓励为主,不点名批评幼儿,可私下个别交流	
谈心活动	20. 能利用"心情角"、谈话、肢体接触等不同渠道与幼儿沟通	
进餐环节	21. 教师或值日生介绍食物或营养,培养良好的用餐习惯,以幼儿为本,尊重个别动作慢的孩子,允许轻声交流	
整体印象	22. 流程清晰,时间准确,保教配合默契,幼儿常规不乱	
	23. 保育工作细致到位,卫生消毒规范	
	24. 符合动静交替、集体和自由交替、室内外交替原则	
	25. 班级氛围轻松开放,注重礼貌教育,对客人能主动问好	
反馈意见		

以流程为维度的下午半日活动评价表

环节	评价标准	观察记录
午睡时间	1. 午睡室环境安静、空气不闷,根据天气合理使用空调	
	2. 教师关注幼儿,反复巡视,能安抚和照顾个别有特殊需要的幼儿	
	3. 幼儿物品和教师用品摆放有序,无安全隐患	
起床环节	4. 体现生活教育理念,注重培养幼儿的生活自理能力	
	5. 起床环节有序,保教配合默契,幼儿常规良好	
生活环节	6. 生活环节组织有序,保教配合到位,消毒规范	
	7. 以幼儿为本,尊重个别动作慢的孩子,允许轻声交流	
游戏活动	8. 安排合理的活动内容,备教一致	
	9. 教学类游戏目标合理,充满趣味性,幼儿感兴趣	
	10. 区角游戏按照上午半日活动的评价要求	
	11. 师幼互动、幼幼互动有效,幼儿感兴趣,大胆表现表达	

续表

环节	评价标准	观察记录
户外运动	12. 保教配合到位,关注幼儿生理需要	
	13. 活动内容安排合理,运动量适度,内容丰富	
离园	14. 整理幼儿仪容仪表,做到不穿反鞋子衣服,头发整洁	
	15. 通过与幼儿谈心、肢体语言的方式表达亲密的师生关系	
	16. 能用各种方式回顾一天来的愉快而有意义的生活	
	17. 注重礼貌教育,能与同伴和老师告别	
整体评价	18. 流程清晰,时间准确,保教配合默契,幼儿常规不乱	
	19. 保育工作细致到位,卫生消毒规范	
	20. 符合动静交替、集体和自由交替、室内外交替原则	
	21. 班级氛围轻松开放,注重礼貌教育,对客人能主动问好	
反馈意见		

以上表格教师可以在观摩的时候打印出来对照着活动环节进行观察记录,也可以根据园所的实际情况进行调整。

第六章

如何建立幼儿成长档案

　　幼儿园教师除了通过家访、家长会来了解幼儿的家庭教育之外，还可以通过建立幼儿成长档案来促进家园共育。入园后，幼儿大部分时间生活在幼儿园，与教师每日接触的时间多达7～8个小时，教师应该学会观察幼儿并有针对性、有效地进行记录。这样不仅能够为家长了解幼儿提供珍贵的第一手资料，也能促进教师自己的专业发展，还能为下一阶段的教育教学提供参考依据。本章将为教师介绍从哪些角度观察幼儿，如何撰写观察记录，以及如何通过多种方式与家长保持联系等内容。

第一节

从哪些角度观察幼儿

　　新教师在带班过程中往往是很辛苦的,既要注意一日活动流程安排,确保环节紧凑、保教配合,还要兼顾每个幼儿的反应和各种情况,对于没有目的性的文案工作"观察记录"难免会有一些抵触情绪。究其原因,在于没有让教师明确该从哪些角度观察幼儿,所以,下面为新教师提供一些观察幼儿的框架,便于教师在带班过程中有的放矢地实现对幼儿的观察。

教师手记

小班幼儿成长档案目录

入园适应篇		
宝宝入园初亲子活动	适应性活动周报	
亲亲老师	亲亲同伴	
宝宝生活篇		
宝宝爱洗手	宝宝爱喝水	
宝宝爱吃饭	宝宝爱睡觉	
冬天保暖小妙招	宝宝在活动屋(精细动作)	
宝宝运动篇		
宝宝爱做操	宝宝爱运动	宝宝去秋游
宝宝学习篇		
儿歌故事说一说	宝宝把歌唱	宝宝真聪明
宝宝游戏篇		
祖国妈妈过生日	秋天的水果	
宝宝爱看书	宝宝会拼图	
宝宝爱接龙	工具真好玩	

这是陈老师设计的小班幼儿成长档案目录,她从生活、运动、游戏、学习四个角度对幼儿进行观察。生活篇中包括洗手、吃饭、喝水、午睡、精细动作五个方面,教师可以在生活环节中对幼儿进行观察,并设计相应的观察表格进行记录。运动篇包括幼儿做律动操的情况,幼儿玩体育器械和体育游戏的情况,以及外出秋游的情况,教师便可根据这三方面内容进行观察。游戏篇中,从阅读、益智、精细动作、艺术活动等方面进行观察。这种分类方法可以帮助教师明确观察目的,每次观察的重点非常明确,还可以制定细化的观察记录表格,教师通过细致的观察能够更了解幼儿的学习过程和心理水平。教师可以参见下面的细化表格进行观察记录。

教师手记

幼儿饮水观察记录表

幼儿姓名:＿＿＿＿＿　　记录人:＿＿＿＿＿

观察要点	星期一	星期二	星期三	星期四	星期五
主动性					
饮水习惯					
持杯姿势					
杯子送回家					
今日饮水量					
教师分析引导					

主动性:1.口渴主动说;2.需要教师提醒才喝水;3.提醒也不愿意喝水。

饮水习惯:1.坐在椅子上喝水;2.站在水壶架旁喝水;3.走来走去边玩边喝。

持杯姿势:1.双手持,不容易打翻;2.单手持,会洒一点;3.需要教师帮忙。

杯子送回家:1.能主动送回茶杯架;2.需要教师提醒;3.不愿意送回去。

今日饮水量:记录下喝了几杯水、几次水。

教师分析引导:根据幼儿的行为习惯和饮水情况提出不同的引导策略和家园配合要点。

　　喝水是幼儿在幼儿园每天必做的事情,对于小班的幼儿,却是家长最关注的问题之一。因此,教师通过细致的观察记录可以反映幼儿的饮水习惯、饮水量,既能让家长感受到教师对幼儿的充分关注,也能促进自身提高保教工作的深度和细致度。这样的表格可以记录一周到两周,当幼儿养成稳定的、良好的饮水习惯以后就可以告一段落。

教师手记

宝宝洗手习惯养成每日记录表

幼儿姓名：＿＿＿＿＿＿　　记录人：＿＿＿＿＿＿

具体内容	评估要点	星期一	星期二	星期三	星期四	星期五
拉起袖子	不弄湿衣					
淋湿小手	打开龙头					
涂抹肥皂	不玩肥皂					
搓搓小手	手心手背					
冲净泡沫	不玩耍水					
毛巾擦干	放进桶内					
宝宝完成情况评估						
教师分析指导重点						

注：1.宝宝自己能完成；2.宝宝需要老师帮忙和提醒；3.宝宝有时玩水、玩肥皂

这位教师设计的观察记录表旨在帮助幼儿养成饭前便后洗手的习惯、学会洗手的基本步骤，因此观察和教育的重点内容是洗手每一步的完成情况。这张表格能让家长看到幼儿洗手的情况，有针对性地帮助幼儿学会正确的洗手方法，养成良好的生活习惯。

宝宝开始在幼儿园午睡了，第一个星期睡觉的情况怎么样，宝宝是否愿意在幼儿园午睡，能接受幼儿园午睡的环境吗，宝宝的情绪反应如何，排泄的生理需要得到满足了吗，这一系列问题都值得观察与记录，因为这关系着宝宝的身心健康。通过一周情况的记录与分析，可以了解宝宝对幼儿园睡眠环境的适应情况，帮助宝宝建立规律的午睡生活习惯。

 教师手记

幼儿在园午睡观察记录表

幼儿姓名：＿＿＿＿＿＿　　记录人：＿＿＿＿＿＿

观察项目	星期一	星期二	星期三	星期四	星期五
睡前情绪					
入睡难易					

续表

观察项目	星期一	星期二	星期三	星期四	星期五
睡眠时间					
小便情况					
睡后情绪					
教师小结					

睡前情绪：1. 开心愉快地爬上床；2. 不愿意爬上床；3. 在床上很兴奋、很好奇

入睡难易：1. 很快就睡着了；2. 玩一会儿睡着；3. 大家都睡着了我还没睡着

小便情况：1. 睡前与醒来之后小便；2. 尿床了；

睡后情绪：1. 睡得很充分，真开心；2. 时间到了，还没睡醒；3. 早就醒了，早就想爬起来了

这份关于午睡的观察记录表采用了幼儿的口吻做情况说明，持续观察可以发现幼儿午睡的规律和幼儿午睡中存在的问题，从而采取有效的策略。如睡前情绪太兴奋的幼儿，教师可以有意识地采取睡前阅读、睡前故事等安静的活动，对于出现尿床情况的幼儿，教师可以在午睡巡视过程中及时观察幼儿的反应，轻轻提醒幼儿起来入厕再继续入睡。

除了生活活动，下面再列举几种观察角度，教师可以根据实际情况进行创意设计。

教师手记

学习活动观察记录表

幼儿姓名：_____　记录人：_____

活动名称	快乐的一家		
活动目标	1. 通过扮演角色，感觉家里人不同的走路节奏。 2. 激发幼儿参与游戏的积极性。		
宝宝能否分辨节奏快慢		宝宝是否积极参与游戏	
活动名称	造房子		
活动目标	1. 在动手操作中认识图形。 2. 开口说儿歌、念儿歌。		
宝宝能否用积木搭房子		宝宝是否开口念儿歌	

教师可以根据活动内容,观察幼儿在学习活动中的行为与表现,除了认知方面的,还可以观察幼幼互动的情况,同伴协商合作的情况,以及解决问题的多种策略等等。

教师手记

我在组织大班科学活动"会滚动的胶囊"时,为幼儿提供了空胶囊,让幼儿往里面装纸、小钢珠、棉花、小石头等,让幼儿探索哪一种材料能够让胶囊滚动。对于这个活动的观察,我的重点有三个:(1)幼儿能否先猜想再操作;(2)幼儿能否记录每一种材料的滚动情况;(3)幼儿能否大胆提出自己的发现。通过这个观察记录,我可以了解幼儿的探索欲望和对活动的兴趣,还可以了解幼儿对事物的观察比较的专注度、坚持性,从而有阶段性地开展科学探索活动。

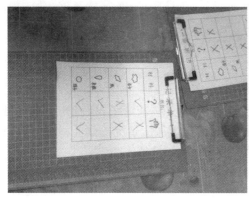

教师手记

中班幼儿律动操观察记录表

幼儿姓名:＿＿＿＿＿＿＿　　记录人:＿＿＿＿＿＿＿

律动操名称	宝宝兴趣	儿歌说唱	动作情况
太阳眯眯笑			
小火箭/小电马			
碰碰车/摇摇船			
我的朋友在哪里			
看谁先蹲下			
母鸭带小鸭			

宝宝兴趣：A 充满兴趣，积极投入；B 偶尔观望站立一会儿；C 不跟大家一起做。

儿歌说唱：A 大声开口完整地说唱；B 能说唱一半以上儿歌；C 能说唱一半以下儿歌。

动作情况：A 能准确地做出模仿操的动作；B 能做出部分模仿操的动作；C 与小伙伴两两结对碰碰/拉拉；D 与多个小伙伴一起碰碰/拉拉；E 不愿找小伙伴一起抱抱/碰碰。

这份观察记录重点在于观察幼儿能否完整说唱儿歌并模仿动作，教师设计观察记录选项很具体，是建立在前期观察基础上进行初步分类的。

教师手记

幼儿游戏观摩记录表

幼儿姓名：_____　　记录人：_____　　日期：_____

观察要点	观察记录
1. 幼儿参加的游戏环境与场景	
2. 幼儿在游戏中的主体性（行为、语言、体验等）	
3. 幼儿的角色意识（装扮情况、对话内容）	
4. 师幼互动情况	
5. 幼幼互动情况	
6. 其他重要事件（生成、保教、突发事件）	
分析与小结	

观察幼儿游戏活动也有许多种记录方法，重点在于能够蹲点进行观察，而不是走马观花地扫视。教师可以在游戏活动中重点观察某一个游戏区，倾听幼儿的语言，观察幼儿的行为，记录幼儿的点滴。

通过上面的内容，可以看出在幼儿园观察幼儿的角度应该是结合幼儿当下的学习和生活来进行的，具有很强的生态性和动态性，观察记录的方式也灵活多样，教师可以根据需要进行自创。教师要杜绝为了完成"观察记录"的案头工作而随手编造，却不真正观察幼儿。

第二节

如何制定成长档案

　　一本个性化的幼儿成长档案是家长了解孩子发展情况的重要途径,也为幼儿的成长轨迹留下了珍贵的材料。建立幼儿成长档案旨在个性化地开展家教指导活动,教师和家长共同收集、记录、保留每个孩子在发展过程中的痕迹,一起根据成长档案记录的内容对幼儿的发展过程作出分析、评价,有针对性地开展家园共育活动,避免家庭教育中的误区,引导家长形成积极、正确的教育观念。因此,幼儿成长档案应该由教师和家长共同制作,展示幼儿的成长,从而促进家园及时地分析、沟通与交流,让孩子、家长和教师获得共同的成长。

一、制定成长档案的原则

　　制定幼儿成长档案应遵循以下原则:
　　(1)幼儿、教师、家长共同参与评价,促进幼儿评价的科学性、个性化、全面性和全程性。
　　(2)尝试运用多种评价方式来引导家长主动关注孩子的成长、关注家庭教育,促进家园沟通和家园一致,促进幼儿健康成长。
　　(3)引导教师反思,促进教师专业成长。
　　(4)幼儿本身也是重要参与者,要设计不同的方式鼓励幼儿积极参与。
　　(5)设立定期的"档案交流日"及时了解幼儿目前的状况,采取相应的教育策略。
　　(6)保教结合,将幼儿的身体发展、每日进餐、出勤情况及其他特殊需要都纳入进来,让教师和家长更加全面地了解孩子。

二、制定成长档案的步骤

　　制定幼儿成长档案的步骤如下:
　　(1)对新生家长进行宣传、动员,向家长展示以往的优秀幼儿成长档案成果,对家长进行一定的指导。
　　(2)发放问卷,了解家长希望把哪些内容做成档案保留下来。
　　(3)教师分析反馈问卷,分析班级家长需求,初步设定班级档案框架和档案特色栏目。
　　(4)教师与家长共同策划、设计幼儿档案个性化栏目。
　　(5)教师与家长共同协作,一起制作幼儿成长档案。

（6）开展一系列活动,提高教师和家长制作档案的水平和积极性,如:档案开放日、每月档案人气排行榜、档案制作巧手沙龙等。

（7）教师与家长在制作、分析档案的过程中,及时发现幼儿发展中的亮点、瓶颈问题,共同商讨对策,设计解决方法。

（8）学期末家长一起现场交流、讨论档案制作的经验与感受,以实例分析幼儿的成长轨迹,为下一步的档案制作奠定新的基础。

在制作成长档案的过程中,需要一定的物资支持,如纸张、打印机、照相机、计算机、摄像机、U盘等,幼儿园需要建立相应的使用管理制度,教师做好借用和保管工作。

三、成长档案的个性化

成长档案是经过整体设计、体现教师教育思想的,能够记录幼儿成长、分析幼儿发展轨迹的,完整的、系统的档案资料。从这个方面讲,幼儿成长档案是规范与严谨的。同时,成长档案也是一个展示幼儿成长历程的平台,它体现了每个幼儿、每位家长的个性,并且针对不同幼儿特点和家长特定的需求,教师与家长一起设计特定的栏目,所以它又是个性化的。同时,每个班级都有自己的班级特色,教师与家长在设计时也体现了班级的特色。所以,成长档案在一定规范的基础上还要体现"个个不一样,班班各不同"的特点。具体来讲,总体框架体现规范,具体内容体现个性;身体成长部分规范,其他部分个性;教师制作部分更为规范,体现教育目标的导向,家长制作部分较为宽泛,能多侧面地反映个性特点。

🔍 教师手记

我是大班的老师,本学期我班幼儿的成长档案包括以下内容:

全园统一的栏目:我长高了(身高曲线图)、我更结实了(体重曲线图)、明亮的大眼睛(视力曲线图)、我的饮食地图(食谱记录表)、天天来上幼儿园(出勤率)。

班级特色的栏目:

（1）探索世界。记录幼儿在探索型主题活动中的情况,下设"昆虫世界"、"我们的秋天屋"、"我们的城市"、"健康宝典"四个小栏目。

（2）学习天地。包括"大家学本领"、"故事广播站"、"个别化学习"、"我当小学生"四个栏目。

（3）生活轶事。包括"礼仪用餐"、"睡前故事天使"和"我做小班长"三个栏目。

幼儿个性化的栏目:

（1）特别策划。根据幼儿的特点,如在情绪控制方面比较容易发怒,或者在同伴交往上存在退缩行为,诸如此类现象进行的干预。

（2）童言蜜语。记录幼儿平时特别有创意的想法、天真贴心的话语。

（3）我们去哪儿。记录幼儿外出旅游过程中独特的经历。

四、成长档案的资料搜集

幼儿成长档案资料的归档,不是随意收集作品或简单描述,收集的档案资料要能体现幼儿发展中有价值的瞬间,体现教育的痕迹。例如,幼儿在探索活动中的记录表,幼儿收集的关于某个主题的资料,幼儿运用各种方式表现探索成果的作品。

教师手记

大班开展了"神奇的肥皂"主题活动,在探索活动中,幼儿收集了各种不同的肥皂,并统计了数据,开展了闻各种肥皂的味道,把它们放入水中进行观察,对比不同浓度肥皂水吹出的泡泡,自制手工皂等一系列幼儿感兴趣的活动。我以拍照片的方式记录了一位小朋友在探索"不同浓度肥皂水吹的泡泡一样吗"这个问题中的收获。最开始幼儿只能用大、小肥皂的符号表示,后来幼儿尝试用简易天平称肥皂的重量,并进行有数据的记录,最后幼儿记录了同样浓度的肥皂水加糖和不加糖吹出泡泡的区别,可以看出幼儿的记录方式从单一到综合的发展过程。收集整理这些资料,可以帮助我在这个阶段内了解幼儿的活动经验,作为幼儿探索活动的信息来源,为调整实施后续活动提供依据。

上一节中提供的表格主要是以项目的方式进行资料收集,这种方式可以让教师集中了解幼儿某方面的发展。也可以通过白描、摄像、拍照等方式连续观察、持续记录,从而形成对幼儿发展过程的完整说明和分析。

教师手记

我在中班保留了娃娃家的游戏情境,但是并没有创设完整的环境,而是把布置的任务交给孩子。我故意没有在娃娃家放床,于是引导幼儿利用各种材料做床,孩子们用纸盒、积木、纸板进行尝试,而我通过描述幼儿对话、动作和拍摄照片,记录了孩子们如何解决床面平衡、床板承重的难题,反映出幼儿能够运用测量、比较、验证、经验迁移等多种方法解决问题,记录了幼儿面对问题情景挑战时的应对方式和思维轨迹的发展变化。

可见,教师在制作成长档案过程中,不仅要收集事实、保留痕迹,更要聚焦情景、捕捉发展,还要深度分析,进行过程性评价。

五、如何判断成长档案好不好

好的幼儿成长档案要符合以下几个标准:

（1）审美性。好的成长档案内容应该丰富，架构设计合理，页面制作美观。

（2）共育性。好的成长档案应该给家长留有参与幼儿档案制作的空间，引导家长观察幼儿、提笔记录、反思家庭教育。

（3）发展角度。好的成长档案能切实反映幼儿的水平和成长的过程，对幼儿的成长作出恰当的分析，对于出现的问题与家长一起分析原因、寻求对策，并且具有一定的持续性。

🔑 教师手记

我是大班的张老师，基于大班幼儿探索欲望强烈、语言发展迅速、同伴交往需求强烈的情况，我设计了这份幼儿成长档案，其中包含观察记录篇、主题活动篇、小组合作篇、自主学习篇共四个方面的内容，以语言观察记录为例，我设计了以下观察内容：

续编故事《猫医生过河》

马可 Bb

分析故事画面 听故事、画故事	设想的办法		
1、根据故事发展的情节及关键线索，想出过河的办法。	合理	方便	有效
			✓
创编故事结尾 孩子说、老师记	语言的表达		
2、能结合自己的过河方法、合理组织语句讲述故事结尾。	完整	流畅	生动
	✓		

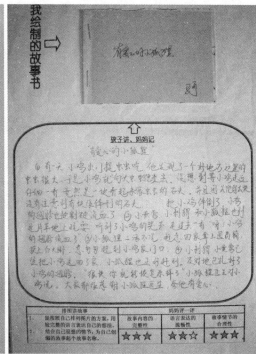

我绘制的故事书 ⇒

孩子讲、妈妈记

	据图讲故事	故事内容的完整性	妈妈评一评 语言表达的流畅性	故事情节的合理性
1、	能根据自己已排列图片的方案，用较完整的语言表达自己的想法。	★★★	★★☆	★★★
2、	结合自己设想的情节，为自己编的故事取个故事名称。			

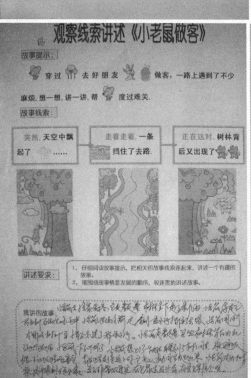

观察线索讲述《小老鼠做客》

故事提示：

穿过 去好朋友 做客，一路上遇到了不少麻烦，想一想，讲一讲，帮 度过难关。

故事线索：

突然，天空中飘起了……

走着走着，一条 挡住了去路。

正在这时，树林背后又出现了

讲述要求：	1、仔细阅读故事提示，把相关的故事线索连起来，讲述一个有趣的故事。
	2、能围绕故事情节发展的脉络，较连贯地讲述故事。

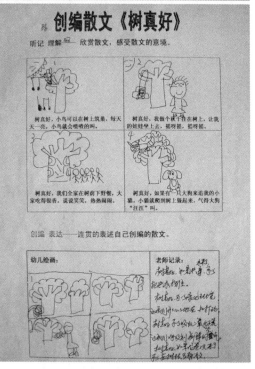

创编散文《树真好》

听记 理解 —— 欣赏散文，感受散文的意境。

树真好，小鸟可以在树上筑窝，每天天一亮，小鸟就会唱歌似的叫。

树真好，我做个秋千挂在树上，让我的娃娃坐上去，摇呀摇，摆呀摆。

树真好，我们全家在树前下野餐，大家吃得很香，说说笑笑，热热闹闹。

树真好，如果有一只大狗来追我的小猫，小猫就爬到树上躲起来，气得大狗"汪汪"叫。

创编 表达 —— 连贯的表述自己创编的散文。

幼儿绘画：	老师记录：

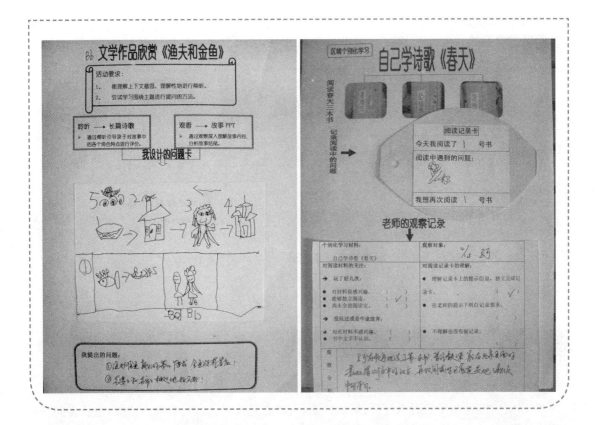

　　张老师设计的语言领域的观察记录中包含了续编故事、自制图画书并讲述、观察线索讲述、创编散文、文学作品欣赏、诗歌朗诵等内容,能够充分地体现幼儿在每一种类型的活动中的表现,既有教师的观察记录,又有幼儿自己的学习记录,还有家长协助进行的文字记录。

　　成长档案制作到一定阶段,教师应该有意识地从档案中发现幼儿在活动中的共性问题,反思活动的设计是否合理,有什么经验与问题,并在此基础上对新的或正在继续的活动做出修改、调整和改进。由于有家长的参与,家园双方都能及时地了解不在自己观察范围内幼儿的情况,使幼儿个性化的问题突现在教师和家长的面前,从而共同想办法解决,形成家园的同步。成长档案可以让幼儿、家长、教师共同欣赏孩子的成长瞬间,让大家看到孩子的成长轨迹,让家长对孩子的成长充满欣喜,让孩子对自己充满信心。

第三节

多种方式与家长保持联系

前两节讲的成长档案其实为家园联系提供了新的途径与方法,突破了传统的家园联系方式,作为教师,一方面要了解传统的家园联系和沟通方式,另一方面更要让家长感受教师的专业自信和专业形象,这样才会赢得家长更多的信任和尊重。

一、做好传统的家园联系工作

(一)接送时的简短沟通

利用家长接送孩子的时机,进行简短的谈话,特点是及时、简短、有效。比如,家长会问"今天吃得好不好? 今天大便了吗? 今天喝水多不多?"等与保育健康有关的问题,这就要求教师在一日生活中观察每个幼儿的进餐、饮水、如厕情况。教师会觉得这太难了,其实不难,经过一段时间的相处,哪些孩子爱喝水,哪些孩子吃饭动作慢,教师基本心中有数,并且结合前面的观察记录,可以短时间内帮助教师掌握每名幼儿的情况。需要注意的是,提出这些问题的家长,必然是自家的孩子在生活方面的能力稍有欠缺,希望教师能进一步关注孩子。了解了家长的这个心理,教师可以主动和家长沟通孩子在生活上的表现,让家长放心。

接送时间往往家长集中扎堆,所以不能与一个家长进行长时间沟通,以免影响其他家长和幼儿。如果家长想长时间交流,可以提醒家长等幼儿接完再聊,以免因为疏忽而发生意外。

(二)电话联系

电话联系多用于请假、突发事情,比如每天早晨十点之前,教师最好能与不来园的幼儿家长取得联系,确定幼儿不出勤的原因,也可以跟家长建立一条班规"如果不来幼儿园,请提前打电话请假",这样能使幼儿园的工作有序进行,如食堂、保健医生统计幼儿人数能够精准,不造成其他浪费。有时,幼儿在园遇到了擦碰或者发烧等突发情况,也要第一时间给家长打电话,征求家长的意见,或请家长来接幼儿,或在家长许可下采取一些措施。

(三)网络沟通

现在网络非常发达,移动设备上微信、QQ 等即时通信工具非常方便,幼儿园通常会成立QQ 群,或者通过网页、家园通等平台发布信息。需要注意的是,在带班时间,教师不能使用手机或网络与家长聊天,这样会影响幼儿,只有不带班的时候才能进行这样的网络沟通,所以,要进行合理分工,也可以建立班规,告诉家长"老师带班的时候不能及时回复留言,请见谅!"有些教师会担心,家长在一起你一言我一语,容易把一些小事扩大化,造成误会。其实教师不用担心,网络的传播速度虽然快,但是只要坚持用爱心、细心、耐心对孩子,借助上传照片、视频等手段,可以让那些工作繁忙,平时很少接送孩子的年轻家长更了解幼儿在园的生活,感受到教师对幼儿的关注和付出。

(四)约谈

单独预约时间与教师交流,可以对幼儿在园情况有全面深入的了解。可能是因为幼儿某个方面某个阶段中遇到了瓶颈问题,也可能是家长存在的困惑,还有可能是平时把孩子托付给老人的年轻家长想要更了解幼儿,无论是哪种情况,教师都要做好约谈前的准备工作,确定时间、地点与内容。班级两位教师、保育员共同商量,总结幼儿各方面的发展情况,并且提供具体的实例。约谈要选择安静、宽松的环境,以免被打扰,也可以让家长更放松,畅所欲言。教师要注意避免使用定性的评价式语言,而要用商量的口吻、建议的语言,观察家长的表情和反应,随时调整说话方式和语气。对于家长的要求,合理的建议要及时采纳,不太合理或者难以做到的要做好解释工作,取得家长的谅解,每次约谈还要做好记录工作。

(五)家长委员会

家长委员会是家长代表组成的团队,参与、监督幼儿园的管理工作。家长委员会有班级和园级两个层面,班级家长委员会更多针对本班的工作,收集家长们的意见和建议,向教师进行反馈,提出合理化建议。教师可以借助家长委员的作用,加强家园双方的联系,尤其是重大活动时,比如举办运动会、秋游活动、节庆活动、幼儿园装修等可以先和家长委员进行沟通,取得他们的支持和理解,由他们在家长中间起到上通下达的作用,发挥辐射作用。教师可以定期举办家长委员会,并对家长委员的付出表示感谢。

二、以成长档案为抓手开展深度家园联系

前面的成长档案已经充分表明可以让家长参与到幼儿发展评价过程中,发挥教育者的作用。教师在学期初召开家长会的时候,可以告诉家长要制作成长档案,请家长认真对待,积极配合,做幼儿成长的支持者、观察者和引导者,共同关注幼儿发展。

🔍 教师手记

根据《3～6岁儿童学习与发展指南》中社会领域的子目标4"关心尊重他人",只有让幼儿亲身体验,才能"关注别人的情绪和需要,并给予力所能及的帮助",于是,张老师设计了"开心妈妈行动计划",在为期一周的时间内,让幼儿每天做一件让妈妈开心的事情,并邀请家长和孩子一起进行记录。图中这名幼儿通过图画的方式记录自己做的事情,妈妈则通过文字进行记录,互相补充说明,妈妈和幼儿都进行了评价,还进行了总评。这样不仅让幼儿体会到关心别人带来的内心充实和满足,也让家长感受到幼儿园的教育方式是实实在在的,能促进亲子互动的。

教师手记

　　冬天到了,朱老师为了避免幼儿因着凉而感冒,发放了家长问卷,在问卷中了解幼儿近期的健康状况、家长想要让教师关注的内容,并且给家长提出建议的空间。图片中的家长提出了合理化的建议,建议举办"裤子拉得好"的活动,加强宝宝的自理能力和自我保护意识,并且在家中也会这样鼓励孩子自己动手学会保暖。朱老师回收了家长的问卷以后,对问卷进行了统计汇总,并且开展了"冬天保暖小贴士"、"做个快乐暖宝宝"等活动,有效增强了班级的保暖防病措施,提高了幼儿的动手能力和防寒意识。

对于大班的幼儿还可以开展"成长周记"活动,幼儿口述,家长记录,引导幼儿说一说生活中难忘的经历,有趣的事情。初期,幼儿可能表达得不太完整,但是到了后期可以从时间、地点、起因、经过、结果等方面进行讲述,还可能对人物的心理变化有更多的关注。

教师手记

涛涛妈妈刚开始帮涛涛记录《成长周记》的时候非常简单,只有两三行,于是毕老师写下了这样的评语"可以多和宝宝谈谈心,听听他心里所想"。于是涛涛妈妈开始反思和改进,每周都安排了固定的时间和涛涛聊天,涛涛打开了话匣子,越来越会说了,妈妈记录的内容也越来越丰富。半年过去了,到了第二年的三月份,涛涛口述妈妈记录的日记已经堪比小学生的记叙文了,妈妈为涛涛的口语表述能力提升而感到高兴,涛涛也愿意和妈妈说说自己的心里话。

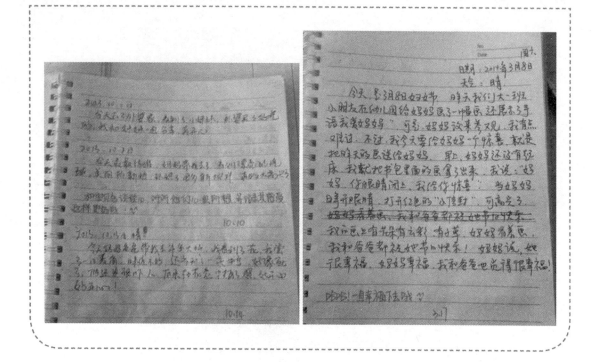

以前经常会听到教师抱怨"家园联系册发下去,总有家长不重视,要么开天窗留白,要么弄丢了,一点都不配合我们的工作,发联系册、收联系册不积极,变成老师的负担了"。可见,如果是教师单方面的联系,不足以引起家长的重视和参与的积极性,通过上面的案例,可以看出要以成长档案为抓手,让家长成为记录者、观察者、参与者,并且发挥创造力。缺少的不是家长的参与,而是符合家长需要的活动形式,成长档案可以为教师和家长搭建紧密联系、互通有无、共同促进幼儿健康成长的平台。

第七章

如何开展高质量的主题活动

　　主题活动是目前幼儿园采用最广泛的活动组织形式,它打破了学科或领域的界限,以一个中心内容为主要线索,贴合幼儿的生活经验,借助各种资源,师幼共同建构的一系列预设和生成的活动。主题活动更关注幼儿学习的主动性、社会性、综合性和情境性。教师在设计、组织和开展主题活动中会遇到很多问题,最突出的是如何绘制主题网络图,设计合适的活动,以及如何实施家园双方都能接受的主题活动,如何捕捉教育契机生成主题,还有如何创设主题墙,本章将帮助教师解决这些问题。

第一节

带领孩子走进主题活动的世界

要想带领幼儿走进主题活动的世界，教师首先要走进主题活动的世界。

托小班和中大班幼儿的能力和年龄差异决定了在开展主题活动时无论是选材还是内容都不相同，下面看看开展主题活动要注意的事项。

一、主题活动内容的选择

托小班幼儿以具体形象思维为主，所以主题活动内容应该是来自幼儿熟悉的环境、事物，宜小不宜大。中大班幼儿爱提问，好探索，因此，可以开展一些深入的探究活动。

教师手记

托班主题活动"小汽车真好玩"

设计背景：

汽车玩具是宝宝们非常喜爱的材料，因此，我们开展了"好玩的汽车玩具"一系列有趣的活动，拓展了宝宝对汽车种类的认识，增强了对汽车玩具的喜爱。在活动中，宝宝们都带来了自己最喜爱的汽车玩具，让活动丰富多彩。

活动内容及评价要点：

活动一：警察叔叔顶呱呱

宝宝的收获：认识警察叔叔是在马路上指挥交通的人，车子要遵守交通规则。

宝宝的表现：A. 开口大声学念儿歌；B. 愿意学念儿歌，能念出一半以上；C. 宝宝尚不愿意开口念儿歌。

活动二：不同的车

宝宝的收获：认识了三种停车场，知道每种车了要停到指定的停车场。

宝宝的表现：A. 对活动充满兴趣，愿意停车子；B. 能准确区别三种车子，对应停放；C. 宝宝有兴趣参与，随意停放。

活动三：快乐小司机

宝宝的收获：宝宝在学唱歌曲的同时做游戏，红灯停绿灯行，根据信号作出开车、停车的动作。

宝宝的表现：A. 对活动充满兴趣，学唱歌曲；B. 能准确区别两种信号作出动作；C. 宝宝能在老师提醒下参与活动。

活动四：开汽车

宝宝的收获：宝宝把汽车轮子在颜料中滚一滚在纸上留下汽车脚印，认识了车轮印，获得快乐的体验。

宝宝的表现：A. 充满兴趣拿着汽车滚颜料、留脚印；B. 宝宝感到很神奇，汽车也有脚印；C. 宝宝在老师帮助下滚一滚车轮。

活动五：特种车辆

宝宝的收获：宝宝在活动中认识了许多特种车辆，还能根据图片叫出它们的名字，知道它们的用途。

宝宝的表现：A. 能指认几种特种车辆；B. 对特种车辆充满兴趣；C. 宝宝能在老师提醒下说说认认。

这个托班的主题活动目标非常明确，围绕汽车开展了艺术、语言、科学领域的活动，拓展了幼儿对汽车的经验，符合幼儿的兴趣。

教师手记

小班主题活动 "美丽的秋天"

活动目标

1. 认识常见的水果、蔬菜，知道水果、蔬菜营养好，宝宝要多吃一些。

2. 知道秋天的季节特点，景色的明显变化——树叶和小草变黄了。

3. 感受大自然的美丽，乐意亲近自然，体验在户外游戏的乐趣。

主题网络图

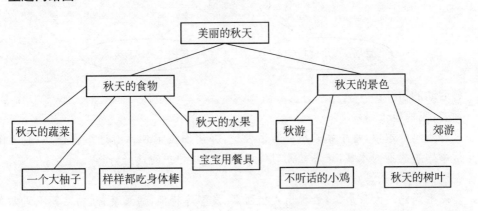

这个主题活动包含两个分主题,分别从小班幼儿感兴趣的食物和直观的景色入手,开展4~5个活动,能够实现目标中对秋天季节特征的感知和认识常见的水果蔬菜,符合小班幼儿的年龄特点。

二、主题活动的目标

托小班幼儿每一次活动的目标要集中、单一,活动和活动之间循序渐进。中大班幼儿的主题活动目标往往涉及情感、态度、能力、知识经验等。

✎ 教师手记

中班主题活动"我爱妈妈"

设计意图:

妈妈是幼儿生活中最熟悉、最亲近的人,在孩子们的心目中,自己的妈妈总是最漂亮的。正值"三八"节来临之际,根据我班幼儿现有的生活经验,开展了"我爱妈妈"的主题活动。通过活动,幼儿进一步了解自己的妈妈,体验自己和妈妈之间的亲情,从而激发孩子们对妈妈的爱。

活动总目标:

1. 尝试用多种方法来表现我眼中的妈妈。
2. 尝试用各种方法向妈妈采访,用图示记录调查表中的内容。
3. 通过多种活动了解自己妈妈的能干。
4. 学着在同伴前展示和介绍自己的妈妈,更深一步地了解和关爱自己的妈妈。

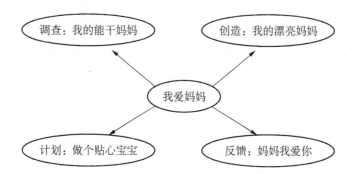

各活动的目标:

调查:我的能干妈妈

采访妈妈的本领,每个本领用一句话表达,并用图画记录。通过小调查,知道工作中和生活中妈妈的不同本领,培养幼儿对妈妈的关心和爱护的良好情感。

创造:我的漂亮妈妈

能画出妈妈的大致形象,表现出人物面部、发型等特征,通过装饰、粘贴等不同方式自由创造为妈妈自制美丽的衣服。

计划:做个贴心宝宝

调查了解妈妈喜欢什么样的宝宝,并与自己进行对比,与同伴共同讨论、制定行动计划,将自己的想法记录在纸上。

反馈:妈妈我爱你

通过完成自己的计划,增进幼儿对妈妈的深厚感情。能够根据自己制定的计划书、完成自己的计划。能大方地交流妈妈填写的反馈表,体验内心的快乐。

三、主题活动的组织

结合托小班幼儿喜欢模仿、在操作中学习的特点来安排活动过程,运用图片、实物、开展各领域的活动。中大班幼儿主题活动的组织更具有灵活性、多样性、开放性和层次性。

教师手记

中班主题活动 "冬天不怕冷"

活动背景:

12月最后一个周末孩子们看到了雪花,虽然只有几片,但是足以激发幼儿对于冬天的探究。新年过后,孩子们身上的衣服、裤子又开始增加,孩子们开始不愿意来园洗手,不愿意在风中运动。于是我们开展了主题活动"冬天不怕冷"。

这个活动我们分几个阶段开展:

第一阶段:保暖小妙招。

第二阶段:冬天里的人们。

第三阶段:冬天里的动物。

环境创设:

将幼儿搜集来的有关冬天的资料进行分类整理,布置成展板形式。

美工区为幼儿准备了棉花、泡沫、毛线、树枝等半成品,鼓励幼儿制作与冬天有关的事物,如雪人、雪花等。

生活操作区投放帽子、手套、围巾等,以及一些编织材料。

语言区投放与冬天保暖的图画书,如《雪人》、《下雪了》、《十四只小老鼠过冬天》等。

活动的展开:

第一阶段:保暖小妙招

谈话活动:下雪了

指导要点:带领孩子观察下雪的时候的情景,激发幼儿对冬天的喜爱。引导幼儿尝试用"我在_____上、_____上、_____上看到了雪"句型表达。

科学活动:冬天在哪里?

指导要点:引导幼儿观察周围的环境,说说讲讲"你从哪里找到了冬天?"支持幼儿结伴将自己找到的"冬天"用符号记录下来,告诉其他的小朋友。

交流活动:冬天我不怕

指导要点:引导幼儿交流和讨论搜集的有关于保暖的小妙招,分类后布置成展板。

调查活动:爸爸妈妈小的时候

指导要点:引导幼儿大胆地向家长提问,根据自己调查的结果用图示的方式表现爸爸妈妈小时候保暖的办法。

……

四、主题活动的反思

开展主题活动离不开反思,反思并不是在活动之后才进行的,而是一边开展一边反思,对照幼儿的发展状况,认真思考主题活动目标的适切性,环境的丰富性,活动的合理性,指导的科学性,家园共育的有效性,幼儿发展的连续性,找到不足的地方,发现新的问题要及时梳理,寻找解决问题的办法。长期坚持,教师洞察教育问题的敏锐性会得到提高。

教师手记

反思"冬天不怕冷"

在"冬天不怕冷"主题活动进行到第二阶段时,我选择了"冬天里的人们"旨在让幼儿观察冬天里生活中的人们有什么变化,由于孩子们认为清洁工是冬天最辛苦的人,于是我邀请了街道的清洁工走进孩子,孩子们对清洁工阿姨进行了采访。但是这一阶段的活动开展得不是非常丰富,因为幼儿能看到的忙碌的人其实不多,寒冷的冬日,幼儿站在马路上观察比较难以操作,只能以看图讨论为主。我想下次设计主题活动的时候,应该更多地考虑幼儿生活的实际情况和家庭的协作,并且给活动留出更多的时间。

到了第三阶段"冬天里的动物",活动的效果有了明显进步,因为动物们是孩子们比较感兴趣的,通过故事、谈话的形式帮助幼儿了解小动物是怎么取暖的,建立相应的认知经验,激发幼儿探究动物的愿望,并通过亲子阅读让幼儿初步感知各种小动物的过冬方式,即冬眠、取暖、迁徙。

与主题相关的区域环境也起到了辅助的作用,幼儿在区域活动中表现得十分活跃,喜欢用不同的工具蘸白颜料,在黑色的卡纸上表现多姿多彩的雪娃娃。

（一）幼儿收集的资料如何保管

开展主题活动,往往会提前让幼儿收集资料,这些资料如何保管成了一个不可忽视的问题。教师可以准备一个文件夹或几枚回形针,把每次收集的资料放入文件夹,不同主题的资料用回形针夹住。还可以让中大班的幼儿实现自我管理,制作一个主题活动活页袋,在每一页上贴上幼儿的姓名,自行取放。有了整套的保管措施,幼儿收集来的资料就显得有序了,不再为找资料而感到头痛了。

📍教师手记

在主题开展中,孩子们交流资料有时会显得无序,准备好了,也不知从何着手,大家都想先说,怎么办呢? 在与孩子们商讨之后,我为孩子准备了小组交流卡。每组幼儿先在交流卡上安排好顺序,并提出活动要求,如:谁先交流,谁第二交流……交流声音要响亮,口齿要清楚等要求。解决了孩子们交流顺序的问题,活动之后,再给幼儿一张交流卡,记录下听到的感兴趣的信息,放入资料袋,并且把活动资料公布给家长,使家长参与到活动中来,了解活动开展的进程。

（二）幼儿的记录如何体现

主题活动中幼儿的经验是整合的,活动开展过程中离不开幼儿的记录,只有通过幼儿图文并茂的记录才能让学习有意义。教师可以参考下面的方式,培养幼儿的任务意识和探究能力。

📍教师手记

现在很多孩子由于父母工作忙抽不开身而在爷爷奶奶、外婆外公深深的爱意中长大,对祖辈的关爱习以为常,忽略了尊敬和关心老人。如何帮助孩子摆脱以自我为中心,学会尊老敬老,成了本次活动的主题。借助了解重阳节的习俗,商量怎样让爷爷奶奶笑一笑等活动,唐老师开展了一次别开生面的社会主题活动。她设计了下面的记录单:

（1）调查重阳节的习俗。下图可以看出,幼儿记录了登高、赏花、品酒、插茱萸等习俗。

（2）幼儿记录下了自己要为爷爷奶奶做的事情:唱一首歌,跳一段舞,送一块糕,诵一段诗,做一件事。

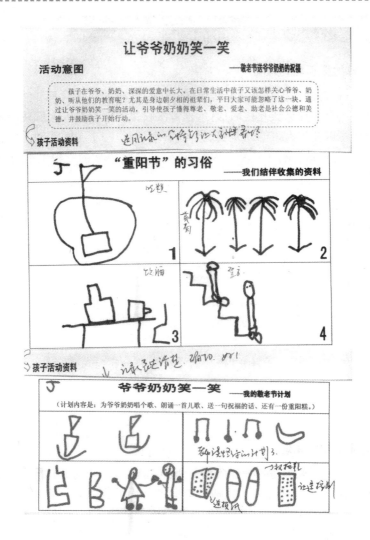

让爷爷奶奶笑一笑

活动意图 ——敬老节送爷爷奶奶的祝福

孩子在爷爷、奶奶、深深的爱意中长大，在日常生活中孩子又该怎样关心爷爷、奶奶、听从他们的教育呢？尤其是身边朝夕相的祖辈们，平日大家可能忽略了这一块。通过让爷爷奶奶笑一笑的活动，引导使孩子懂得尊老、敬老、爱老、助老是社会公德和美德，并鼓励孩子开始行动。

孩子活动资料

"重阳节"的习俗
——我们结伴收集的资料

孩子活动资料

爷爷奶奶笑一笑
——我的敬老节计划

（计划内容是：为爷爷奶奶唱个歌、朗诵一首儿歌、送一句祝福的话、还有一份重阳糕。）

教师手记

　　在"好吃的食物"主题活动中,随着主题活动内容的开展,我给幼儿提出了一系列记录要求,下面是孩子们的记录:

　　用符号记录水果有无果核,是否要去皮食用:

好吃的食物

活动意图

> 　　每天在幼儿园、家里孩子们都会吃到各种各样好吃的、有营养的食物。因此以好吃的食物为切入口,从多个不同的侧面拓展孩子的生活经验(如做水果标记;买菜;分类糖果与糕点),引导孩子懂得各种食物都有营养。

第一阶段
好吃的水果

> 　　在小班认识水果,按颜色、味道分类的基础上,通过国家水果品尝活动,引导孩子对水果横截面的观察,从有无核(或籽)、是否需要去皮吃等方面进行分类、记录。开阔孩子的观察视野。

老师解说

幼儿活动资料
结伴交流记录

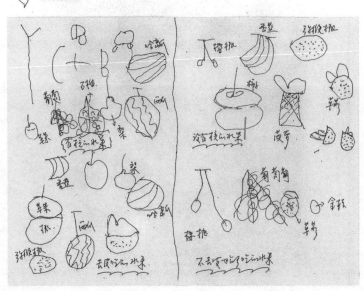

幼儿教师教育教学技能全解

孩子们用图示记录好吃的干果,并区分甜味与咸味

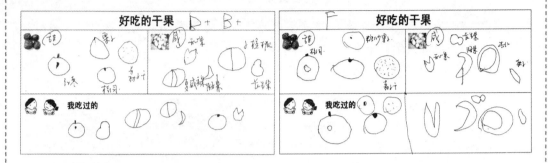

孩子们用符号表示好吃的糕点:

孩子们对事物进行分类,如荤菜、蔬菜、豆制品等:

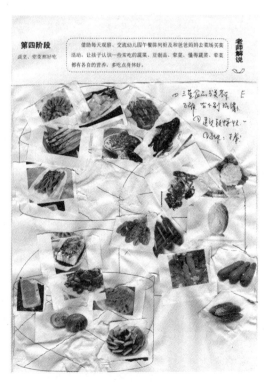

第二节

抓住教育契机生成孩子的主题

主题教育活动除了教师预设的教育目标和活动内容,随着主题活动的开展,还会衍生出新的内容、新的兴趣,教师应该善于抓住教育契机,生成孩子的主题,比如幼儿的兴趣、生活中的突发事件、有教育意义的瞬间等,可以进行选择、拓展、补充。

幼儿生成的主题虽然有无数种可能,但是教师要注意根据幼儿的年龄特点来进行引导,过深、过难可能会抹杀幼儿原有的兴趣,所以下面初步根据幼儿的年龄特点对生成的主题活动提出引导要点。

3~4岁幼儿对周围事物充满好奇和探索的欲望,容易受情绪支配,对事物之间内在关系难以理解,因此小班幼儿生成的主题活动以趣味探索为主,引起儿童参与探索的兴趣和对事物变化的关注。

📝 教师手记

"蚕宝宝"主题的产生

可欣小朋友带来了几只蚕宝宝,放到班级的自然角,立刻引发孩子们的关注,围着蚕宝宝仔细观察,七嘴八舌地热议。王老师走进孩子们身边,听一听他们的讨论,有的说:"蚕宝宝身上好像有好多脚",有的说:"蚕宝宝吃什么?"王老师发现,孩子们对于蚕宝宝的生长过程充满惊奇和疑问,于是,马上参与孩子们的讨论,孩子们积极地提出各种问题,有些问题王老师一时回答不出来,因此开展了"蚕宝宝"主题活动,引导幼儿观察蚕宝宝的形态,了解蚕宝宝的生长过程。

上面这个生成的主题活动符合小班幼儿的认知水平,幼儿可以观察到桑叶的变化,了解蚕宝宝和桑叶之间的食物联系,能提出"蚕宝宝为什么变成蚕蛹"等简单的探索问题。小班的主题活动一般可连续1~2周,有兴趣可延长时间。

4~5岁的中班幼儿愿意合作、想象力丰富、乐于表现,因此生成的主题活动可以采取分组的方式,让幼儿了解事物的特征和发展变化,根据主题内容自己选择材料、拓展经验,一个主题活动可以持续3~4周。

📖 教师手记

"幼儿园老师"主题是如何生成的?

有一次我生病请假了,其他年级的老师来代班,但是孩子们不认识她,提出了问题"这个老师是哪里来的? 也是我们幼儿园的吗? 我们幼儿园有多少位老师? 她们每天在干什么?"代班老师把这个信息反馈给了我,我觉得这是一个很好的教育内容,于是生成了"了解幼儿园老师"的主题活动。

在活动中给幼儿发放了任务单:统计幼儿园的教师人数;记录下她们的班级;让幼儿分组当小记者去采访幼儿园老师;引导幼儿设计时间表,记录幼儿园老师一天的工作。

5～6岁的大班幼儿已表现出明显的自主性行为,认知内容和方式的个性化特征出现,对于自发生成的主题活动具有目的意识和任务意识,能在活动中与同伴合作、协商,解决困难,完成任务,达到预期目的,并希望在集体中表现能力、获得赞许。生成的主题活动范围更广,探索的深度更细。幼儿能就生活中感兴趣的问题经讨论形成活动主题,教师可以引导幼儿讨论与主题有关的信息资料种类、收集方式或途径,让幼儿学会整理、筛选信息的方法,掌握展示探索成果的方法。根据主题内容的不同,各小组进展速度的不同,主题活动一般持续4～6周。

📖 教师手记

"昆虫大家族"主题是如何产生的

镜头一:有一天,在户外活动中,我看到孩子们围在滑滑梯旁边,原来是一只蝴蝶停在了塑胶板上。

镜头二:孩子们发现窗玻璃上有两只"天外来客",争论了起来,有的说"是蛾子",有的说"是蜜蜂",有的说"花纹都不一样"。

由此引发了"昆虫大家族"的主题活动。

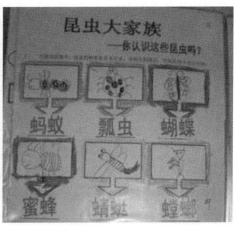

孩子们收集、交流昆虫资料,制作昆虫书籍,在区角中和老师一起布置了昆虫博物馆,不仅知道了昆虫家族是多姿多彩的,也了解了各种昆虫的特征及趣事。还意识到昆虫也是地球上的主人,要保护和尊重它们。

　　主题活动中包含了以下内容:

　　昆虫小档案:幼儿用简易符号画出自己获取的信息,并在小组和班级中进行交流,如昆虫的发育过程、形态特征等。

　　昆虫明星:选出个人喜欢的昆虫,收集该昆虫的资料,交流喜欢它的理由。

　　昆虫博物馆:将收集的昆虫和合作自制的昆虫放在博物馆内,进行角色游戏的扮演,学习如何自制昆虫标本。

　　上面这个主题活动是教师从幼儿生活细节中发现的,及时捕捉了两个关键镜头,从而衍生出对幼儿有意义的探索活动。幼儿园时常会上演这样的镜头,教师要善于观察和倾听。

教师手记

"暖冬跑步营"主题是如何产生的

　　冬天到了,天气非常寒冷,有的孩子因为冷早上不愿意起来结果很迟来园,有的孩子干脆睡个懒觉不来园了,有的孩子是因为天气变化而生病了,有的孩子虽来园但总觉得冷。针对孩子们这些情况,我和孩子们商量怎样才能让这个冬天不冷,大家讨论出很多保暖的方法,最后一致认为动起来是最有效、最经济的办法,于是发起了"暖冬跑步营"的主题活动。

　　主题活动的内容包括:

　　(1) 跑步对身体的好处。幼儿查找资料,了解跑步对健康的作用,并进行记录。

　　(2) 怎样跑步不会累。幼儿通过采访公园里跑步的人、体育老师等获取有关的呼吸方法、姿势动作,并且绘画出来,进行分享和交流。

　　(3) 制定跑步方案。幼儿分组,取队名,设计队标,商定如何安排热身、跑步和整理活动,约定跑步中的安全规则。

　　(4) 设计跑步线路。学着用符号表示跑步的起点、经过点及终点,熟悉线路并考察周边环境,规定跑步圈数。

　　(5) 修改与实施暖冬计划。开始跑步活动,并且根据活动情况修改方案和规则,如有些路线狭窄容易造成拥挤,有些地方容易摔倒等,均做出合理调整。

　　上面这个主题活动之所以成功,在于教师对幼儿心理特点的把握,虽然幼儿怕冷,但是只要加以合理的引导,幼儿可以通过自己的努力克服寒冷并且起到强身健体的作用。

　　在工作中,教师要做一个有心人,从幼儿的实际出发,从幼儿的生活经验出发,关注幼儿新的兴趣、新的活动倾向以及幼儿的提问、同伴间的争议等,这些都是教师要及时捕捉的机会。

创造条件,提供环境和材料,在幼儿自身发展和需要的基础上组织活动,实现师幼共同参与、共同建构、共同探索。教师不再作为活动中绝对"权威",全面控制课程的组织与开展,而是更多地以引导者、激励者、帮助者的身份出现,重视幼儿关键经验的建立,关注幼儿间的个体差异,以幼儿的现实发展为本,强调教育应当与幼儿的生活实践有机结合,充分利用和扩展幼儿现实的生活经验,让幼儿从生活实际需要的层面上去解决问题,丰富经验,从而获得终身受益的能力。

第三节

创设会说话的主题墙

主题墙是与近期教育教学活动密切相关的"隐性课程",以图片、照片、文字、美工作品等多种形式记录和呈现主题活动的过程和进展情况,记录幼儿的探究过程,帮助幼儿梳理、积累主题活动中的相关经验,激发幼儿的学习和探究欲望,引导幼儿的思维与活动,促进幼儿全面均衡发展。

一、主题墙的结构

主题墙的结构应当自然、清楚地展现各个分主题的内容,帮助幼儿提升经验,形成清晰的逻辑思维。小班的主题墙结构以教师设计为主,中、大班逐渐过渡到教师和幼儿共同设计、布局。

主题墙的结构包括三部分内容:主题说明,主题网络图,主题活动过程。根据不同的年龄层次,三部分内容的详略有所区别。小班侧重点为主题活动内容,较多呈现幼儿的作品,帮助幼儿回忆和巩固经验,主题说明和网络图可以淡化。中班侧重点为主题网络,清晰的版块、丰富的资料,拓展幼儿已有的经验,促进幼儿与环境、幼儿之间的对话和交流。大班的主题墙需要较为全面地呈现主题说明、主题网络图、主题活动过程,让幼儿了解为什么开展这个主题活动,涉及哪些方面的内容,教师和幼儿以实物、照片、图片、作品等方式呈现主题活动的进展过程。

教师手记

　　这是我利用班级中的床柜做的主题墙,主题名称为"快乐宝宝",分为"快乐的我"、"可爱的表情"、"今天你快乐吗"三个分主题。这个主题墙的内容有家长帮助收集的宝宝开心的照片,有宝宝画的表情图片,有教师制作的操作互动内容。在版面中部,我还保留了一些空间,后期将表情图片进行装饰整理,再开辟一块"快乐的幼儿园小朋友"分主题,用于呈现小班孩子上幼儿园以后的生活剪影,帮助他们进一步认识和喜欢幼儿园。

教师手记

　　这是我和中班幼儿共同设计的"秋天真美丽"主题墙,为了直观,我用色块来呈现主题网络里的四个分主题,分别是"秋天的树叶"、"秋天的花"、"秋天的水果"、"秋天的作品"。以"秋天的水果"为例,家长提供了水果的图片,教师帮助记录了幼儿对水果味道、外形的描述,幼儿画了自己喜欢吃的水果。另外几个分主题也将随着活动的开展,不断丰富。

"秋天的花"目前只有花的图片,接下来会让幼儿去观察、感受,我也会帮助幼儿把他们的体验记录下来,还可以张贴幼儿拍摄、绘画的秋天的花,还可以生成与花的结构有关的小主题,都在版面上留出了比较大的空间。

二、主题墙的内容

教师在创设主题墙环境的时候,要清楚下面几个问题:

(1)主题墙是一成不变的吗? 主题墙的内容是随着教育活动的开展而逐步推进的,教师要及时填充、更新或调整,不能一成不变。

(2)主题墙是满满的吗? 主题墙的内容不是一下子填满的,最开始要有一定程度的留白,搭建主题网络框架,逐步将收集的资料、幼儿的作品等内容进行填充,在这个过程中促进幼儿与墙面的互动和对话。

(3)主题墙越漂亮越好吗? 主题墙要具有一定的教育价值,体现出教育意义和内涵,可以是立体的,也可以是平面的,不追求过度装饰,那样反而会削弱主题的内容。尽管幼儿的手笔可能会比较稚嫩,但教师稍加整理和修饰,便可以成为天然的艺术品。

教师手记

这是我们中班的主题"我长大了",有以下几个分主题:"我换牙了"、"我会折纸"、"我是哥哥姐姐"、"我的变化"。拍摄这张照片的时候,只进行了三个分主题的有关活动,所以,主题墙主体部分展现的是幼儿的折纸作品和自画像。换牙的内容刚开始进行,了解了换牙的过程。随着幼儿对牙齿结构的探索、护牙方法的了解,再逐步丰富主题墙的内容,同时也会相应地缩减前面有关的作品,把幼儿的作品转移到美工区。

📝 教师手记

　　我们大班开展了"纸"的主题活动,分为"生活中的纸"、"好玩的纸"、"纸的特性"、"古代的纸"、"纸是怎么做的"等分主题,内容涉及五大领域,有许多幼儿和家长收集来的资料,有呈现纸的制作过程的步骤图,有幼儿对生活中的纸进行调查的记录,还有各种玩纸的方法照片,以及幼儿折纸、剪纸的作品。主题墙内容丰富,成为幼儿观察和谈论的重要内容。

📝 教师手记

　　这是我创设的"我们的城市"大班主题墙,模拟城市的布局划分了主题网络的框架,内

容包括：合肥的文化，合肥的美食，合肥的名人，合肥的变迁，合肥的小吃，我的家。有幼儿的绘画作品、立体手工作品，有幼儿收集、分享的资料，有我对集体教学活动中经验的提升和整理，主题墙成了一部幼儿了解城市的小百科全书。

📖 教师手记

这是我创设的小班"好吃的蔬菜"主题墙，包括蔬菜的分类、时令蔬菜、多吃蔬菜身体好、蔬菜的加工、我要种菜等分主题，通过主题墙创设能让幼儿了解各类蔬菜的名称、营养价值，吃蔬菜的方法等与健康、科学密切相关的内容。

除了大面积的主题墙，幼儿园活动室中还有一些小面积的墙面可以利用，教师可以充分利用这些空间，把它们变成主题活动的延伸墙。主题活动是不断生成的，主题墙内容也要不断更新。例如，小班9月份可能开展"高高兴兴上幼儿园"的主题，到了10月份开展"我的朋友"的主题活动，主题墙就需要更换，但是9月份的教育内容应该在班级中留有教育的痕迹，所以，可

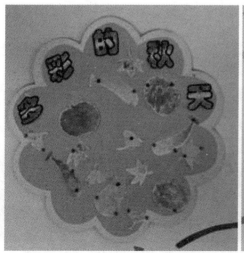

以把这些内容放到侧墙或者小版块上。一学期下来,大的主题墙保留最近的主题内容,其他月份的主题则可以从侧墙上看到这学期教育的痕迹,幼儿自己也能通过浓缩后的主题墙回忆半年来的学习生活。

还有一种情况是将墙面作为活动区的延伸,例如将美工区的墙面布置成幼儿的作品展示墙,营造艺术天地的氛围。下图中的教师将盘子画、自制国旗、泥工作品等进行展示,既美观又能起到与幼儿互动和操作的作用。值得注意的是,教师在展示幼儿作品的时候要注意为作品的内容创设一定的情景,并且对幼儿的作品进行合理的摆放,通常会把轮廓修掉或者衬底修饰,让幼儿感受自己的作品与大家的作品重新创造出来的美感。

第八章

如何建立互信互爱的师幼关系

　　教育离不开教师和幼儿的互动,可以说,决定儿童在幼儿园生活质量的最根本的要素是教师与儿童之间关系的质量,师幼互动的状况直接决定教育的效果。积极的师幼关系能让儿童每天在幼儿园都感到过得很充实、很满足,而消极的师幼关系则会让教师和儿童之间经常出现矛盾、混乱、对立、排斥,令幼儿感到焦虑。在幼儿园,幼儿最主要的依恋对象就是老师,儿童早期在幼儿园中与教师形成亲密、信赖和低冲突的师幼关系是他适应社会环境的一个重要标志。

第一节

让孩子感受到"老师是爱你的"

🖊 教师手记

开学第一天，我早早来到班级迎接孩子们，然而现场却一片混乱，有的孩子在教室门口拉着父母的衣服不放手，又哭又闹呼喊着"我要妈妈……"；有的孩子紧紧抱着自己的小书包、小玩具，一脸不安地东张西望；有的孩子悄悄地抽泣；有的孩子迟迟不肯进入班级，在教室门口站着，看见老师还往爸爸妈妈身后面躲；有的孩子虽然不哭不闹，却不愿意开口跟老师打招呼。

为什么孩子们会出现这些状况？我应该怎么办呢？怎样才能让他们高高兴兴地上幼儿园？什么时候孩子才会热情大方地和老师打招呼？

依恋是3岁儿童基本需要的重要特征，他们十分依恋成人，尤其需要微笑、拥抱和抚摸等动作。进入幼儿园，幼儿难免会产生紧张感，要消除他们的紧张与焦虑，就需要教师通过语言、身体动作等方法，让幼儿感受到教师对他们的理解和关怀，这个过程也是儿童学习的过程。因此，第一步是让幼儿在幼儿园感受到教师的关怀，与教师建立依恋、信任的关系，愿意和教师接近，理解"虽然幼儿园与家里不一样，但这里也有可以信赖的人，也有像家人一样关心自己、爱护自己的老师"。这个过程实质上是让儿童"理解自己与周围世界的联系"。

解决办法：

（1）对教室空间进行分隔，形成一个个"活动区"。如动手区可以玩积木、敲小球，生活区可以玩奶瓶、过家家，美工区可以拓印、撕纸，幼儿在互相模仿中减少紧张感。

（2）在教室门口放三把小椅子，让不愿意马上进入教室的幼儿先在门口看一看，坐一坐，缓解一下与家人分离的焦虑情绪，待幼儿情绪舒缓后再进去。

（3）准备"笑宝宝"贴纸或印章，鼓励幼儿接受老师的拥抱后自取贴纸或敲小印章，在与老师的接触中建立信任感。

师幼互动是指在幼儿园一日生活各环节中，教师和儿童之间发生的各种形式、性质、程度的心理交互作用或行为的相互影响。这种交互作用或相互影响并不仅仅局限于集体教学或谈话中，也可以发生在非正式的区域、游戏等活动中。师幼互动的内容也是复杂多样的，既有教师对幼儿的智慧启迪、情感传递、规则培养、生活指导、行为养成等，也有儿童向教师提出问题、

发表观点和看法、寻求指导和帮助等。[①]　在幼儿园,师幼互动总是体现在小细节中,比如以下一些细节:

(1) 教师与儿童见面时,面带微笑,首先向儿童鞠躬道早,运用任何礼貌语言时微欠腰。特别是当来园高峰时,教师的眼睛尽量做到关注每个儿童,兼顾每个儿童的感受,一个眼神,一句问候,与他们握握手,都很重要。如果集中到达的人数很多,可以同时和几名儿童打招呼,或让他们相互打招呼,这些都是好办法。

(2) 对迟到或晚来的儿童,教师要热情地打招呼,如对他说"我正想到你,你就来了"。

(3) 教师每天至少和儿童进行三次谈心,或微笑,或拥抱,或语言鼓励和肯定,让儿童在一天中的不同时段都能感受到"老师喜欢我"。

教师可以充分利用语言和非语言形式,与幼儿建立积极的互动关系,帮助他们安全、健康、幸福地成长,建立依恋和信任,同时也体验积极的情感与善意。每天做到对每个幼儿通过适当的眼神、动作和语言暗示"教师是喜欢(爱)你的"。在教室中,教师随时蹲下、跪下,与幼儿平视,倾听和注视幼儿,包括身体上的互动、语言的互动、视觉的互动等。

🔍 教师手记

　　孩子们渐渐喜欢上了幼儿园,可是玩得高兴起来,总会有个别孩子忘记去卫生间小便,尿在裤子上。如果我责怪孩子、数落孩子或者当着许多孩子的面给他换裤子,他一定会觉得很难为情,甚至恼怒。我该怎么办呢?

这位教师很注重幼儿的心理感受,体谅到幼儿的羞愧之情,知道不能把关注点放在弄脏衣服、添了麻烦上面,也非常有爱心,想到了不能斥责、数落幼儿。

解决办法:

(1) 以保护幼儿隐私的态度带他到午睡室或者私密的、有遮盖的换衣角,如果是冬天,要打开空调防止幼儿着凉。

(2) 鼓励幼儿主动用语言向老师表达自己的需求:"老师,我要小便了"。

与儿童谈话时半蹲,目光保持平视,这些非言语细节,就是"老师关心我"、"老师尊重我"、"老师爱我"的意思。在幼儿眼中,教师通常是"大的"、"权威的",身体上、身份上的不平等常会造成师幼之间的距离感,使幼儿害怕、回避或者讨好教师。而教师蹲下来,就放低了姿态,拉近了彼此的目光,并从教师的眼神中看到鼓励,从而敢于表达与释放自我。对教师来说,蹲下来也会有很多发现与乐趣,看到站着的时候会忽略幼儿的某些特质。会蹲下来和孩子手拉手的老师,一定会成为孩子的知心朋友。

---

① 黄娟娟. 师幼互动类型及成因的社会学分析研究——基于上海 50 所幼儿园活动中师幼互动的观察分析. 教育研究,2009(7):81～86.

第二节

孩子的小事是老师眼里的大事

在幼儿园总会听到叽叽喳喳的童声,当我们走进他们中,蹲下身来,便会在儿童世界里发现"原来这个对他们那么重要!"一张小卡片、一个小皮球,看上去不起眼,却影响着孩子的心情,从小事中发现大事,可以赢得孩子的信赖和尊敬。跟孩子一起做事、一起谈话,并为此感到非常快乐,喜欢和享受像儿童一样的生活经历是与儿童建立积极师幼关系不可缺少的。

教师手记

午睡起床时间到了,元元坐在床上闷闷不乐,也不穿衣服,我走过去才看到,原来元元的脸上、腿上有几个蚊子叮咬的印迹。我的心不由地揪了一下,夏天到了,蚊子出来了,怎样驱赶蚊子呢?怎样才能让孩子走到哪儿都不被蚊虫叮咬呢?

幼儿园的生活、游戏、运动、学习等每个环节都可以引发师幼互动。虽然在成人眼里,幼儿园中都是一些不起眼、琐碎的小事,但这些小事却是儿童眼里的大事。教师注重小事、用心观察儿童的事件或突发情况里的每一个细节,用自己的行动来维护、引导儿童,才能小事成就大事,细节成就完美,满足儿童的需要,同时它更是师德、师爱的体现。

解决办法:

(1)用防蚊草、小电风扇、花露水和小推车做出"移动驱蚊小站",去各个活动室,都有移动"驱蚊小站"的贴身保护。

(2)园所加强防蚊、灭蚊的卫生保健措施,通过灭蚊灯、蚊香等方式消灭蚊虫。

教师手记

我们班的乐乐带来了一只小蟋蟀,孩子们兴趣十足地围着它研究,晚上走的时候,把蟋蟀留在了教室的自然角。第二天,我发现由于紫外线灯的作用,小蟋蟀死了。这可怎么办呢?孩子们一定会非常伤心的。

教师怀着热爱幼儿的真挚情感，以关怀、接纳、尊重的态度与幼儿交往，才有可能创设安全、温馨的心理环境，从而实现师幼间的心理相容，使幼儿积极主动地发起或回应互动。

解决办法：

（1）分析乐乐的性格特点，如果孩子感情丰富、敏感、同情心强，为了呵护孩子的情感，不让他们伤心，可以买一个新的蟋蟀，悄悄地放进自然角。

（2）如果孩子承受力比较强，有过面临小动物死亡的经验，可以告知原委。

与孩子说话的艺术和智慧

一、对孩子说真话

真话，对幼儿园的孩子而言就是"不骗人"。对孩子说真话，是对教师教育品质的最起码的要求，对儿童不轻易作出承诺，但凡答应的事情就一定要做到。

🔑教师手记

小雨带来了几只蚕宝宝，放到班级的自然角，立刻引发孩子们的关注，围着蚕宝宝仔细观察，七嘴八舌地热议。王老师走到孩子们身边，听一听他们的讨论。有的说："蚕宝宝身上好像有好多脚"；有的说："蚕宝宝吃什么？"我发现，孩子们对于蚕宝宝的生长过程充满惊奇和疑问，于是，马上参与孩子们的讨论。孩子们积极地提出各种问题，可是，有些问题我一时也回答不出来，因此成立了一个"蚕宝宝研究所"和孩子们一起查找资料、分享资料，推进了孩子们的探索活动。

这位教师保持着真实、坦诚的态度，对于不知道的事情不敷衍孩子，而是和孩子一起去调查和探索，不敷衍，不夸大。

教师手记

　　幼儿园的青草地是小鸟最喜欢歇脚的地方。我和隔壁班的老师都带领孩子们在草地上做游戏。一群小鸟飞来了,孩子们的注意力一下子被小鸟吸引住了,纷纷跑去看小鸟了。这时该怎么办呢?

　　一位老师对孩子们说:"小朋友,这里有大灰狼,快到老师身边来吧。"孩子们一脸认真地对老师说:"这里是幼儿园,没有大灰狼。"老师没有接话,硬生生把孩子们拉回到活动中。

　　这样的情况在幼儿园很常见,作为教师应该以幼儿为本,既然幼儿对此产生了好奇,那么不妨顺应孩子的兴趣和需要,把话题转移到与小鸟做游戏上。

　　解决办法:

　　教师可以自然过渡,对孩子们说:"我们一起去看看小鸟,和小鸟打打招呼。"当孩子们走到小鸟身边,小鸟呼地一下飞走了,"看,小鸟要和鸟妈妈去学飞的本领了,你们也和老师一起学本领吧"。自然而然地聊完了小鸟的话题,孩子们愉快地和老师一起继续活动。

教师手记

　　每周五的"玩具日"是小朋友带自己喜爱的玩具和大家一起分享的日子。润润有一个特别喜欢的小汽车玩具,平时自己都舍不得玩,这次班里要开"玩具出租屋",他特意从家里带来跟小朋友们分享,对小伙伴也很大方。可是,小汽车的轮胎被小朋友不小心弄坏了,润润伤心地哭了起来,并且生气地说:"以后再也不把玩具放在幼儿园里给大家一起玩了!"

　　看到这一情况后,我想,如果不帮他处理好这个问题,很可能打击他乐于分享的积极性,这对他今后的发展是不利的。于是,我对他说:"别着急,老师帮你修一修"。润润边哭边说:"修不好的,轮胎当中的那根轴已经断了。""放心吧,老师一定修好。"润润半信半疑:"我爸爸以前总说帮我修车子,但他从来没修过!"为了实现对孩子许下的诺言,我跑了好几个五金店,最后,终于买到同一型号的轴承,并到玩具店求助于专业的技师,帮润润修好了小汽车。星期一,当润润看到修好的小汽车时,高兴得手舞足蹈:"老师,谢谢你,你比爸爸厉害,说话算话,我又可以和小朋友一起玩了!"

　　通过上面的手记,可以看到对孩子说真话,是赢得孩子信任、尊敬的好办法。除了说到做到,教师还要注意在表扬幼儿的时候切忌空泛、虚伪,而且有些话不能当着全体儿童的面说。例如,大家吃饭时,老师说,"慧慧本来不会用筷子,现在会自己用筷子吃饭了"。这样的话看似表扬孩子,但其实会让慧慧在全体幼儿前"没面子",让她感到很恼火;如果换成"慧慧的小手真灵巧,用筷子吃饭也吃得香",则会让孩子感受到吃饭和使用筷子的乐趣。教师在日常评价中,应根据幼儿的行为做出真实评价,如"你这次确实比上次做得更好了"等等。

夸孩子的适度体现在两方面:(1)语言适度。对不同年龄、不同性格的幼儿注意用不同的语言语气进行表扬。对低幼和害羞的幼儿,语言可以夸张些,以增强激励性。而对大年龄的幼儿则可以用平和一些的语气进行实事求是的肯定,使他们从这些随和的情感反馈中感受到成人的赞扬。对于好表现自己的幼儿要具体肯定,不要过于夸张,这样既尊重了幼儿,又可帮助其正确调试情绪。(2)语态适度。对于低年龄的幼儿,在口头表扬的同时,可配合使用举举大拇指、摸摸头、拍拍肩、鼓鼓掌、抱一抱等身体语言强化表扬的效果。而大年龄和性格腼腆的幼儿就可以配合使用亲切的眼神、适当的手势交流,这些同样可以让幼儿感受到教师的赞赏。

🔍 教师手记

我为大班的孩子创设了"中国好声音"的表现性活动区,为什么会设计这样的游戏场景呢?因为那段时间这个节目热播,无论大人还是孩子都非常熟悉。我设计了符合幼儿特点的场景,有表演区、欣赏区、装扮区,甚至还有售票区。表演区的小演员们登台演出,自选分工,有的唱歌,有的伴奏,有的伴舞;欣赏区有观众,有评委;装扮区有各种材料可以装扮;售票区用于卖票。

游戏开始没几天,孩子们遇到了评价标准问题,有的小朋友觉得他唱得好,有的觉得他唱得不好。看到孩子们的争论,我先示范运用含蓄、礼貌的语言对幼儿进行评价,如"你的开场白很精彩,如果声音再响亮点会更棒!"以此提升幼儿的自我认同感,然后我引导孩子们对于"唱得好有哪些标准"展开了讨论,最后概括出来孩子自己的标准,如"你站得很直","最后一排的小朋友也能听到你的声音","你唱得很连贯","你唱得很有表情"。通过同伴之间的互相肯定,幼儿学会了尊重他人并获得了自信心。

二、营造和谐的互动氛围

安全、愉快、宽松的外部氛围是建构积极、有效互动的基本前提。如果在幼儿园,幼儿不想、不能甚至不敢活动或者不想与教师自由、愉快地交往,那么任何正面的教育都是不可能实现的。让幼儿在集体生活中感到温暖、愉快,形成安全感、信赖感,创造一个自由、宽容的语言交往环境,支持、鼓励、吸引他们与教师、同伴或其他人交谈,对语言发展是很有利的,使他们想说、敢说、喜欢说、有机会说并能得到积极应答,为每个幼儿提供表现自己、获得成功的机会,增强其自尊心和自信心。

在实践中,教师往往关注自身的态度、方式、技巧,借此而自认为营造了安全、愉快、宽松的氛围,却忽略了教师营造互动氛围的重要作用在于实质性地参与。创设和谐有益的互动氛围,并不仅仅局限于开展一两个具体活动的氛围,而是需要长期地营造能对师幼互动产生影响的互动氛围。在带班中,教师要尽量减少管理者与控制者的角色定位,而更多地体现为指导、倾听、支持的角色定位。

教师手记

青青小朋友的语言表达略缓于其他幼儿,因此在表演游戏中经常被其他幼儿排斥在外,不愿意带他一起表演,结果,青青要么冲撞其他孩子引起同伴的注意,要么大喊大叫影响其他孩子的游戏,小伙伴们纷纷来找我告状。

从青青羡慕的眼光中,我看到他渴望参与活动,渴望与同伴交流、表演,得到别人的认可。于是我和孩子们一起商量,为他量身定做了一个"月亮"故事角色——语言表述少,但是能有和每个小伙伴同台合作的机会。小伙伴们惊喜地发现,青青是个好演员,他的肢体表现、情绪表达都非常好。

从这个案例中,可以看到班级中和谐的互动氛围需要教师尊重幼儿,主动和幼儿进行对话,倡导互相理解,支持幼儿彼此合作。

(1)尊重。尊重儿童的主体地位和情感,即儿童的需要与感受,以平等的意识善待儿童,营造的是一种轻松、和谐、安全的氛围,形成安全感、认同感、信赖感以及相互支持的心理与体验。

(2)对话。幼儿与教师共同活动中的师幼对话要基于相互尊重、信任和地位平等,通过谈话和倾听而进行双向沟通,共同学习。对话意味着平等与尊重,也意味着言论与倾听,师幼对话要充分地、自由地表达自己,以真实的态度诉说,以真诚、专注的志向倾听,并能坦露倾听的感想。

(3)理解。对话就是理解的过程,教师要通过对话来了解儿童,了解儿童需要的个性特点,尊重他们的个性与需要,关注他们在特定活动情境中的情绪状态和行为方式,就是我们通常所说的"读懂"儿童。同时,教师也要通过言语、行为及多种的支持方式,让儿童理解感悟教师的情感意图、要求和态度,接纳并喜爱教师,将教师作为一个共同生活的引导者。

(4)合作。师幼要进行对话和相互理解就离不开合作,合作是师幼互动的有效方式,教师和儿童的交互作用形成学习共同体。在共同的活动与环境中,师幼之间应有更多的合作与关怀,通过师幼参与、平等对话,真诚沟通,儿童能感受成长和发展的快乐。

由此可见,教师在幼儿园带班中创设和谐的人际氛围,要对师幼互动中自身的角色定位和儿童的行为给予足够关注。

三、适时适切地回应

师幼在互动过程中表现出来的主动意识和情感状态,能启迪幼儿发起有意义的互动,推进活动有价值的开展。这样不仅可以满足儿童主动参与活动的需要,增强其主体意识和综合能力,同时也促进了教师的专业成长。这要求教师适时适切地回应幼儿。

适时回应:教师要把握发起师幼互动的最佳时机,比如儿童产生疑惑时,是教师最佳回应、对话的时机,需要教师巧于引发、善于创设。适时回应还包括教师以恰当的体态、动作或表情及时到位地回应儿童。例如,一个孩子在完成手工作业时,对部分作品的连接没有办法,屡次失败,眼看他就要失去热情,教师悄悄地递上一个样品,并对孩子点头微笑,孩子领会了,脸上露出笑容,重新投入到手工的制作中。

适切回应:儿童在与教师、同伴、环境的交往互动中所激发的需要、愿望,所产生的行为往往是生成活动的起点,教师要善于关注儿童行为表现,并能对儿童的问题进行价值判断和回应。适切的回应包括合理的追问,面对儿童随时迸发的想法,教师要把握教育的价值,并且转化为儿童探究的话题。教师的回应通过"发问"以唤起儿童已有的经验,让儿童生成探究活动的新行为。适切的回应还包括认同鼓励,也就是肯定儿童的想法。例如,一名儿童见到老师大叫:"你今天好漂亮哦!"李老师表露出惊奇的神情:"哦?我哪里漂亮了?"于是大家评头论足,由赞美到提出建议。这样的小事,引起了教师的思考,教师组织他们找找身边最美的人,通过一个个生动的小故事引发他们讨论"谁最美"、"什么最美",儿童对美的理解也从最开始的外表美,逐渐过渡到做好事情、心灵美上面。儿童对教师的一句赞美是日常生活中的小事,教师发现、挖掘背后更深层次的教育价值,则成了一件有意义的大事。教师通过语言、肢体动作对儿童的生成活动给予鼓励、肯定、接纳的情感支持,使儿童更多体会到安全、宽容、激励,从而引发情感共鸣,促使他们敢想、敢说、敢尝试。再有,材料提供也是适切回应的重要方式。材料作为儿童活动的资源,是儿童开展活动获得成功的关键,是儿童参与活动的媒介,前文提及儿童在手工制作中教师提供样品的事例,正是教师对儿童当下活动的一种间接的材料支持,使儿童在材料信息的暗示下习得解决问题的方法。教师作了让儿童在活动情景中"我最想要的东西"的适切回应。

🔎 教师手记

"今日小老师"主题活动中轮到馨馨当小老师,可她就是不肯上台。经过与家长沟通,我了解到馨馨已做好了充分的准备工作,但由于性格内向,不愿在集体面前大胆地表现自己。为了帮她找回自信,我制作了"家园设计卡",让其他孩子画出"馨馨今天值得称赞、欣赏的地方"。再次开展活动前,我用鼓励的眼神、激励的话语说:"你一定能够成为一个好老师,加油噢!"馨馨终于走上了台进行讲述,我们对她的良好表现给予肯定,但同伴也对她提出了要求,如:声音再响亮点。这种适度的肯定既能使幼儿及时得到鼓励,更有利于幼儿主动调整自身的行为。

可见,教师在教学活动中与幼儿的互动智慧在于:一方面营造宽松和谐的氛围,以伙伴的身份和口吻与幼儿在同一平台上交流、讨论,幼儿能心情舒畅、愉悦,乐意与教师互动。对幼儿清晰、正确的想法要有意重复,对零碎不完整的表述要耐心解释,对有些表面的、隐性的想法要进行提炼,对有意义的、值得深入讨论的陈述要步步追问。通过种种回应方法,师幼之间进行频繁、深入而有效的对话互动,可以提高幼儿参与活动的主动性、积极性,提升幼儿原有的认知水平和表达能力,帮助他们积累更多新的经验。

教师面对儿童时,还要注意发起互动的体态。例如,身体动作力度大小的把握、动作幅度的大小、神态表情的收放都会影响儿童收到的信息,因为儿童能够从教师细微的体态变化中感受到隐含的教育要求和教师的期望。比如,对于幼儿回应某个问题的情况,根据幼儿"得到认可的需要"的强烈程度不同,教师可以分层次发起体态互动:已理解、容易满足的儿童,教师尝试微笑点头,让他们感受到老师的肯定,又隐约感觉到教师的应答不是最热烈的,我还要更加好;对于鼓起勇气勇于应答的儿童,教师可以跷拇指、微笑,并辅助语言激励,使他感觉到老师对自己的鼓励与肯定;对平时不愿意回应老师甚至拒绝参加活动的儿童,教师可以用跷拇指、拥抱等大动作来夸大他的优点,对儿童表示肯定并摸摸他的头提出可行的建议,增强孩子的自信心。

第九章

如何组织出游活动

　　出游活动是指走出幼儿园的大门，到外面去游玩和体验的活动，比如春游、秋游，参观超市、邮局、小学等。新手教师对这类大活动往往会感到惧怕，一方面是因为安全问题的压力，另一方面是因为外出以后幼儿被外界吸引而格外兴奋，教师觉得容易失控，所付出的体力和心力格外多。因此，本书提出从家园共育的角度来组织和实施出游活动，借助家长、家委会、家长志愿者来降低出游活动的风险，增加外出体验的乐趣。本章将从走进自然、走进社区、走进小学三个维度为教师提供可以参考的活动方案。

第一节

走进自然

　　大自然为幼儿学习和探索提供了广阔的空间,亲近大自然可以让幼儿萌发好奇心和探究欲望,强健体魄、愉悦心灵。无论是幼儿园还是家庭都应该经常带幼儿接触大自然,幼儿园每天保证有两小时以上的户外活动,除了玩体育器械、运动游戏,还可以带领幼儿在草地上走、跑、爬,在园所、小区、公园等进行观察和探索。如果是春游、秋游等活动,大年龄的幼儿可以由教师带领和组织;对于托小班,建议以亲子共游的形式来开展,实行"走出去"的家园共育方式,使走进自然成为教师、家长、幼儿一起游玩的机会,为成人和幼儿搭建亲密接触、融洽交流的平台。

　　为了确保活动的有序和安全,教师要提前做好活动方案和安全预案,根据活动内容、季节特点、幼儿兴趣点等确定活动的重点内容,对活动区域进行踩点考察,并且按照各地教育主管部门的要求进行审批,购买保险合同,确保安全。

教师手记

托班宝宝秋游活动方案

活动目标:

1. 观察和认识各种动物,对某些动物产生好奇心和喜爱之情。

2. 能遵守秋游的简单规则,不掉队,不迷路,有困难能及时表达。

活动准备:

1. 幼儿自备水壶,保育员携带水桶、面包。

2. 准备创可贴、晕车药、腹泻药品等。

活动过程:

1. 坐车去公园,靠紧椅背。

教师:宝宝要靠紧椅背,不离开。安全带会保护小宝宝不受伤的,我们不玩安全带。(检查并确保每名幼儿都系好安全带,靠紧椅背。)

2. 来到动物园,边走边观看各种动物。

引导幼儿说一说看到什么,自由表达。

3. 午餐。

幼儿用湿纸巾擦手消毒,教师铺好台布,摆放面包和零食。幼儿接水并用餐。

活动目标：

1. 体验亲子游戏的乐趣。

2. 学会看地图,促进幼儿与父母之间的情感。

3. 通过活动感受到浓厚的节日氛围,体会节日的快乐。

活动准备：

1. 贴有标记的 80 份小区地图,贴上相应的标点。

2. 8 名保育员在标点处帮助完成任务的幼儿盖章。

3. 组内领奖地点设在二楼活动室,请一名老师发奖。

4. 活动前再次带幼儿熟悉场地。

活动流程：

1. 大班组家长及幼儿一起到班级场地集合,各班教师主持介绍游戏玩法及规则。

游戏玩法:每个家庭为一组(一位家长和一名孩子),游戏开始时,每组家庭根据自己的地图,在小区里寻找地图上的 8 个地点,到达地点后,完成相应的任务即可盖章,8 个地点都完成盖章的即可领奖。

游戏规则:以幼儿为主体,家长主要是负责幼儿的安全,为幼儿解说文字,可以在幼儿遇到困难的时候给予适当的帮助。8 个印章分别在 8 个地点处盖章,一个地点处只可以盖一个有效印章。

2. 家长和孩子共同游戏。

3. 领奖品,活动结束。

4. 整理班级活动场地。

附：

中班亲子定向运动安全应急预案

本次亲子定向运动是在一楼至三楼和小区户外场地举行,为保障此次活动顺利进行,确保师生及家长安全,特制定活动安全应急预案。

一、安全工作领导小组

高度重视安全保障工作,做好活动过程中各种突发性事件的应急处理,为此特成立安全工作领导小组。

组　长:周老师——活动中维持整个园内纪律和安全管理。

副组长:阮老师、徐老师——场地安全隐患排查。

成　员:大班组各班配班教师和保育老师——随时巡视活动中的情况。

医疗组:唐医生——做好幼儿跌、摔、擦伤或生病等处理。

成　员:中班组各班老师——有突发情况及时采取措施。

二、具体措施

1. 召开年级组教师安全工作会议,明确安全工作的重要性,做好安全防患工作。利用上课对幼儿进行安全教育,尤其是在上下楼梯时知道不推、不拥挤他人等行为,让孩子具有一定的安全防患能力。

2. 班主任是活动中班级安全工作的第一责任人,各班老师每人负责一块藏宝地点,及时引导家长分散活动,不要拥挤,有秩序参与活动。

3. 全体师生和家长准时到达活动场地,活动结束家长带幼儿撤离后,班级教师整理好场地后方可离园。

4. 班级教师要有高度的安全意识,如有异样情况须及时汇报,并及时作好处置。

三、安全事故应急处理机制

1. 各班教师必须明确知晓活动场地安全的重要性,教育幼儿不要独自乱跑,要跟着家长参与活动。

2. 如有突发事件,教师不能惊荒,必须保持镇定,紧急组织幼儿、家长,疏散人群,让幼儿、家长疏散到安全地点,并积极安慰幼儿、家长不要惊慌,不要乱跑,听从统一安排。

3. 发生重大事故立即上报。

教师手记

大班植树节亲子活动方案

一、活动目标

1. 情感目标:在活动中,能发挥主人翁和团队合作精神。遇到挫折要相互体谅,相互帮助,能像一家人一样相亲相爱。

2. 能力目标:在实践过程中每名幼儿要体现出各自自信勇敢的一面,发挥出绿色幼儿园成员的自豪与自律,从小锻炼身体,向大家展示自我的风采。

3. 知识目标:了解"植树节的来历"、"植树与环保"、"有关植树节的活动"等资料,向大自然学习,并向居民和行人宣传。

二、活动准备

幼儿分组成立"护绿队",每一组亲子制作10张宣传单和采访提纲。

三、活动过程

1. 老师讲解植树节的来历,宣布活动开始。

2. 幼儿在家长的带领下发宣传单,进行爱护绿化、植树节来历的讲解,统计听众人数,家长协助幼儿采访路人和记录。

3. 活动总结:各组交流成果,鼓励和赞扬幼儿的宣传行动。

四、应急预案

1. 做好每位驾车的家长的沟通工作。

2. 若有跟丢或迷路情况做好电话的畅通及导航工作。

3. 随身准备一些急救用品以免意外的发生。

4. 自由活动时做好一定的安全防范及沟通工作。

有家长陪同的活动也容易出现拥挤、集中的情况,因此这两位教师都做了安全应急预案,考虑到了急救需要、突发事件处理、安全隐患排查、事故上报等问题,防患于未然。教师可以参考这样的方式,在活动之前把每一个细节都思考到位。

走进社区

除了家庭和幼儿园,幼儿周围的生活环境中还有许多资源都是可以开展出游活动的场所。根据布朗芬布伦纳人类发展生态学的观点,人的发展是在变化的环境中通过与环境的相互适应、双向作用进行的,这个环境分为小系统、中间系统、外系统和大系统。布朗芬布伦纳认为,家长、教师属于小系统,家庭、幼儿园属于中间系统,社区属于外系统,文化属于大系统。可见,幼儿园、家庭、社区及其中的人,其实是在相互作用中对幼儿产生影响,并不是孤立的。因此,在出游活动中集结家长、深入社区是很有必要的,不仅能够影响家庭,还可以改变社区对学前教育的认识,具有一定的社会意义。

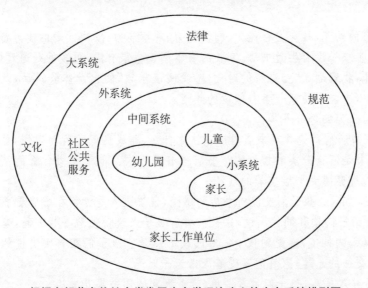

根据布朗芬布伦纳人类发展生态学理论建立的生态系统模型图

教师手记

畅游纸的时代，感受阅读乐趣

活动目标：

1. 同书店相识——认识书店，了解书店基本常识。
2. 品阅读乐趣——分享悦读，提高阅读兴趣和能力。
3. 交更多朋友——以书结友，学会交流、表达和接纳。

活动流程：

时间	场地	内容	要点
10:00～10:10	书店门口	讲解注意事项，如保持安静，手机调成静音	了解在书店参观时的注意事项，学习带着问题实地观察
10:10～10:30	书店内部	了解书店图书的分类、摆放	观察书架布局，书店里有哪些人，他们都是做什么的
10:30～10:40	访谈厅	交流自己看到的书店设置，表达自己对书店的感受，说说大人如何在书店看书、选书等	在充满轻松的氛围中，锻炼表达能力和描述能力，促进语言发展
10:40～11:30	自由选择	亲子阅读或同伴共读	家长带着孩子选书阅读，享受周末的亲子时光，幼儿自由结伴选书和读书
11:30～11:40	收银台	购书付款并告别	了解购书付款的过程，带着自选的图书离店

升入大班的幼儿，社会交往能力、阅读能力、观察能力、解决问题的能力都有了很大的提升，但是很多孩子没有去过书店，家长的书本阅读也很有限，更多的是通过网络、手机获取信息。因此，我策划了"畅游纸的时代，感受阅读乐趣"的出游体验活动，既符合大班幼儿的认知水平，也能带动家长参与阅读的热情。

本次活动分为四部分开展：

（1）进入书店前讨论参观书店时应该注意什么，养成良好的行为习惯，然后提出问题"书店里的图书是怎么分类和摆设的？书店里有什么人？他们是做什么的？"请小朋友带着问题去实地观察感受书店安静的气氛。

（2）参观之后，让孩子们交流对书店的感受，说说大人是如何在书店看书、选书的。

（3）进行亲子阅读和同伴阅读，家长们看着孩子兴致勃勃地寻找书籍，拿到一本喜爱的图书爱不释手的神情，感受到孩子们对阅读的热爱。孩子们在自由愉悦的同伴阅读时光中，享受着交往的乐趣，家庭间享受着周末亲子时光。

（4）活动进入尾声，孩子们付款买单，带着喜欢的图书离开书店。

这个活动,花费的时间不长,教师的负担也不重,但是很有意义。幼儿深度了解了书店,开拓了视野、增长了知识,体验了如何在书店里看书、选书、买书,感受到了阅读的氛围,享受了其乐融融的亲子时光和同伴时光,是一次充满文化和亲情意义的出游活动。

🔑 教师手记

手绘金秋　户外写生

每年秋天,社区都举办菊花展,在公园里、马路上用菊花做出了各种造型,为了让孩子们和父母一起感受秋天的美好,我组织了大班的幼儿进行一次"手绘金秋、户外写生"的亲子活动。家长和孩子们漫步在熟悉的街道上,感受着宜人的景色和秋天的气息,孩子们自由选择喜欢的菊展形象,拿起画笔将这些美丽的景色留存在了画纸上。家长们认真仔细地欣赏着孩子们的作品,脸上洋溢着幸福与喜悦。在写生活动中,孩子们一个个用心描绘着美丽的景色,认真专注的样子仿似一位位小画家,成为了一道靓丽的风景。本次活动的开展增进了亲子之间的情感,激发了孩子们对大自然的喜爱之情,同时提高了孩子们的绘画能力,为幼儿园继续开展艺术活动奠定了基础。

◎ 教师手记

徒步行走　勇敢挑战

　　现代生活条件优越,加上城市的公共设施完善,不少家庭对孩子保护过度,出门就坐车、上楼就乘电梯等现象越来越多,无形中减少了幼儿身体运动的机会,还有些幼儿家长缺少对幼儿身体运动价值的足够认识,因而,较少关注幼儿的身体运动和动作能力的发展。这些都会影响幼儿体质以及身体发展的健康。《3～6岁儿童学习与发展指南》指出,此阶段的幼儿以发展有氧耐力运动为主,徒步行走正是有氧锻炼的最好途径。

　　因此,2014年9月我组织了沿着盘山路徒步行走登大蜀山的亲子活动,此次活动主题是"快乐行走、健康你我",让幼儿和家长一起感受自然的清新,体验健康的生活方式和成功的喜悦,培养勇敢、坚韧的意志品质。

　　上午9点半,家长们带着孩子准时来到了集合地,在欢快的"和快乐在一起"音乐声中拉开了启动仪式的序幕。当一声"Lets go"的口令响起后,家长们立刻带着孩子开始了徒步行走,盘山公路全程约4公里,有些路段还有陡坡,但是没有一个孩子退缩,家庭之间互相鼓励着,最后都成功抵达终点,登上山顶的那一刻,大家不由得欢呼雀跃!

　　通过本次活动,幼儿与家长体验到了登山的乐趣、运动的快乐。给大家带来的不仅仅是一种体验,一种放松,一种耐力的训练,一种意志的考验,更多的是树立家庭健康运动的观念。

◎ 教师手记

幸福账单　我来买单

　　超市是生活中最便捷的资源,为了让大班的幼儿体验到超市中购物的过程,我开展了"幸福账单,我来买单"的活动。

首先,在幼儿园创设了"快乐超市 1 元店"的游戏区,帮助幼儿积累经验,解决生活中的应用题,运用连加和减法进行计算。

　　接下来,为幼儿提供了购物单,把自己想买的东西列出来,计算总价,对比自己拥有的钱。经过一段时间的尝试,孩子们不仅熟悉了购物的过程,也能合理购物。

　　最后就是真正到超市去进行购物活动,我们为每个孩子准备了 2 元钱,一起到真正的超市中进行购物,解决实际问题。

　　教师:"和小伙伴商量一下,今天你想买什么,你知道这样东西需要多少钱吗?"幼儿分组讨论并记录。

　　教师:"看看你想买的商品是多少钱,找一找哪些商品是两元以下的。"幼儿逛超市,寻找并记录。

　　教师:"如果你想买的商品超过两元钱,怎么办?"幼儿讨论和交流。

　　幼儿自主购物。

　　分享购物经验。

　　孩子们发现找到的两元以下商品有矿泉水、醋、盐等,不是自己想要的,于是 3～4 名幼儿把钱集中在一起,凑 6～8 元钱,买了饼干、水、糖果等食物,大家一起分享。剩下的一块、五毛左右的小零钱,孩子们还提议留到下次购物时使用,这种真实生活中的购物过程,激发了幼儿运用不同方法解决问题的能力。

　　上面这些教师组织的出游活动具有时代气息,很符合现代家庭生活的现状。教师还可以根据地方、园所和班级家长资源的实际情况,设计和组织一些出游活动,如参观企业,了解爸爸妈妈上班的地方;参观邮局,了解写信通讯的过程。有条件的幼儿园还可以组织幼儿参观公交车站、消防局等,让幼儿在社会这个大课堂中进行更广泛的学习。

第三节

走进小学

　　幼小衔接是幼儿园教育工作的内容之一,通常都会有很多培养幼儿良好习惯、任务意识和生活自理能力的教育活动,其中幼儿的入学意识往往通过走进小学参观感受来实现。教师在组织走进小学活动时,要注意突破传统,避免形式主义。走进小学主要是为了激发幼儿对小学生活的向往和对小学学习的兴趣,使幼儿做好充分的心理准备,因此在出游之前,同样要做好充分的准备工作。

一、前期调查"我知道的小学"

　　教师可以组织谈话活动或绘画活动,了解幼儿对小学的认识,已经知道了什么,还不知道什么,哪些方面认识模糊,掌握幼儿的已有经验。

教师手记

　　"学校就是上课的地方。"
　　"姐姐上学背的大书包,我都提不动。"
　　"小学的操场上没有滑梯。"
　　"哥哥上小学戴眼镜了,我总笑话他。"
　　"我去过妈妈的小学,小学里有黑板,不知道会不会掉下来。"
　　"我妈妈说老师每天会布置作业,一定要写完。"
　　——这是孩子们对小学的认识。

二、面对面收集资料"采访小学生"

　　大人讲述的效果,不如让孩子讲述更好,家长可以利用亲戚朋友的关系,寻找正在上小学的孩子与幼儿进行交流。教师可以邀请从幼儿园毕业的孩子回到幼儿园来接受采访,这样可以避免把小学说得过于美好,也不会让孩子觉得过于可怕,教师可以帮助孩子在活动之前梳理采访的问题。

教师手记

"小学生都上什么课?"

"除了上课学校里还有什么活动?"

"老师有什么好玩的事?"

"小学里午睡吗?"

"带的水喝完了怎么办?"

"一节课上多长时间?"

"下课以后能干什么?"

——这是孩子们想问哥哥姐姐的问题。

三、深入观察"参观小学"

让幼儿亲自观察和体验,了解小学的环境、作息安排、课堂教学情况,如果可以的话,可以安排小学的教师对幼儿进行讲解,或者上一次体验课。除了参观小学,还可以参加小学举办的课外活动,例如观看小学生的运动会,参加小学的升旗仪式等,让幼儿能更深入地了解小学。

教师手记

今天我们参观了师范附小,走进小学校门后,孩子们环顾着校园,说操场比幼儿园大,对体育馆、活动室也非常感兴趣。带领孩子们进入教室以后,安静地坐在哥哥姐姐旁边,有的和小学生聊了起来,有的被老师吸引,有的关注起黑板报。回来以后,孩子们都对小学充满了期待和向往,增强了入学的意识。

四、交流分享"你说我说"

参观完小学之后,教师可以组织幼儿对学校的见闻进行交流分享,将直接经验进行梳理和概括,从小学生的规则、课间十分钟、生活自理能力等方面让幼儿进行自评,并且列出接下来要做的小任务。

教师手记

一样不一样

为了帮助幼儿进行经验提升，我设计了"一样不一样"的活动，引导幼儿用对比的方法来进行记录。

1. 回忆参观小学的主要情景，说一说你发现小学和幼儿园哪些地方不一样？（鼓励幼儿说清楚，把话说完整）

2. 幼儿分小组进行记录。提示幼儿用图示分为两栏，代表小学和幼儿园，并用符号标注，用清晰的图画呈现具体不同的信息。

3. 幼儿推荐小组发言人进行交流介绍。要求发言人介绍时语句清楚、将两者的不同点突出表述；其他成员针对小组代表的发言结果可以及时进行补充发言；听众认真聆听邻组的介绍，并能在发言时将重复的信息筛选出来，避免内容一样。

4. 共同布置主题墙内容。

有了参观小学的经验，孩子们的思维相当活跃，记录的内容体现了他们在参观后的经验获得，反映得较为全面，也能一一罗列区分，对小学的生活有了深刻的认识。例如，小学生唱国歌的时候手是高高举起的，老师提示那是在行少先队员队礼；小学生上课、下课都听喇叭里放的音乐的，小学每个教室前面都有一块大大的黑板，还挂着一个电视机，小学里的厕所都分男生、女生的，小学生是一人一个课桌坐好上课的，等等。

无论是何种形式的外出活动，都离不开广大家长的支持与信任，所以教师一定要从教育的角度、幼儿的角度、家长的角度三方面通盘考虑。出发之前提前做好计划、通知、温馨提示等各种形式的告知，让家长了解活动对幼儿发展的意义，做好充分的安全预案、卫生保障、人员安排等准备工作，及时了解家长的顾虑和担忧，针对各种特殊情况和要求通过沟通或提出有针对性的建议进行合理的解决。比如，体弱多病的孩子，要让家长了解到教师会采取塞汗巾、及时穿脱衣服、多饮水、多洗手、勤消毒等保育措施；活泼难以自控的孩子，教师要提醒家长做好幼儿的思想工作，通过故事、儿歌、案例等引导幼儿树立安全意识，能遵守集体规则；娇惯的"小皇帝"、"小公主"等，教师要善意地提醒家长，让幼儿充分锻炼自己，接受出游活动的挑战。活动过程中更要细心观察不同家长的顾虑和表现，考虑到家长的参与，使家长在每个环节都能感受到教师科学的教育观念和对幼儿的关爱。出游活动既是幼儿一次走进社会大课堂学习的好机会，也是家园共育的有效平台。

第十章

如何让游戏成为孩子的基本活动

　　无论是《幼儿园工作规程》《幼儿园教育指导纲要》《国务院关于当前发展学前教育的若干意见》《关于规范幼儿园保育教育工作，防止和纠正"小学化"现象的通知》，还是《3~6岁儿童学习与发展指南》，这些政策、文件中都有同样一句话，那就是"幼儿园以游戏为基本活动"。一是因为游戏是幼儿的天性，对幼儿发展很重要；二是因为幼儿园小学化倾向严重，很多地方都还没有做到"以游戏为基本活动"。作为专业的幼儿园教师，心中要明确，游戏是孩子的天堂，是他的家园，是他的田野，游戏是童年最好玩的事情。要想让自己成为一名幼儿喜欢的教师，首先自己要爱玩、会玩，明白游戏不是工具，而是让人快乐的过程。但是对于"游戏难还是上课难"的问题，很多教师会觉得游戏难。所以本章将从如何撰写游戏方案、如何创设游戏环境、如何观察和指导游戏三方面为教师答疑解惑。

第一节

撰写游戏方案

游戏是幼儿为主体的活动，但是并不意味着教师处于被动的地位，作为专业的幼儿园教师，要对游戏活动区材料有所思考和安排，对游戏活动做一个通盘考虑，最好的方式就是将游戏方案记录下来。一般说来，游戏方案包含以下几部分的内容：

（1）本班幼儿游戏开展现状的分析。与班级计划相类似，可以从幼儿对游戏的兴趣和参与度、幼儿在游戏中的主动性、游戏中的同伴交往、不同类型的游戏水平等方面进行分析。

（2）各类游戏活动安排。与环境创设相类似，但是重点是各种游戏活动所投放的材料和创设的游戏情境。除了区角游戏之外，幼儿的游戏还有很多，如体育游戏、民间游戏、自编游戏等。例如，自由活动的时间，可以鼓励幼儿玩翻绳、跳房子、剪刀石头布等不同类型的游戏。

（3）游戏的调整与反思。除此之外，还有许多幼儿生成的游戏，可能在做计划的时候无法考虑到，所以要留出调整与反思的空间，其他预设的游戏也可能会有调整。

教师手记

大班下学期游戏计划

教师：陆老师、刘老师

一、班级情况分析

本班有幼儿30名，其中男生15名，女生15名。孩子们对角色游戏都具有浓厚的兴趣，每天上午的游戏时间，孩子们都能积极、主动地参加游戏，帮助老师布置场地，快速地分配角色，踊跃地参与到各种游戏中。游戏结束时也能争着介绍自己的游戏情况。在游戏中幼儿解决问题的能力也提高了，游戏为幼儿自己尝试解决问题提供了很好的途径。幼儿在游戏活动中，常常会碰到这样那样的困难、问题以及一些小矛盾，孩子们通过经验的慢慢积累，在面对这些问题时逐渐大胆、乐观起来。通过上学期的努力，幼儿在社会交往能力、口语表达能力、想象创造能力方面有很大程度的提高。

但是，在游戏中还存在着一定的问题，具体如下：

（1）角色选择。一些活泼的幼儿，大胆争抢自己喜欢的角色，腼腆含蓄的幼儿则总是等别人选玩以后才选择。角色体验上存在不均衡的现象。

（2）冲突解决。幼儿在游戏活动中，常常会碰到这样那样的困难、问题以及一些小矛盾，解决问题的办法还有待提高。

（3）品质培养。少数幼儿在专注度、耐心和遇到困难时的抗挫折能力有待提升，比如这边做做那边看看，坚持性不够，有时甚至会故意捣乱他人的游戏，对于这些幼儿有待于在这学期加强督促和鼓励，帮助他们养成较好的学习品质。

本学期将针对以上情况，重点培养幼儿良好的游戏常规和合作交往能力，为下半学期做好准备。

二、游戏活动安排

（一）晨间游戏

发动幼儿和家长利用废旧材料自制多种游戏材料，如高跷、尾巴、纸棒、纸球、皮球、梅花桩等，引导幼儿一物多玩，有效地促进幼儿走、跑、拍等能力的发展。

（二）区角游戏

	2、3月份	4月份	5月份	6月份
语言区	投放不同的信件，引导幼儿观察了解并尝试讲述和制作；同时投放部分图书，供幼儿翻阅	投放一些幼儿常见的部首卡片，引导幼儿在操作和拼摆中感受汉字的结构	投放与主题相关的图片和故事操作材料，供幼儿创编和讲述	投放幼儿收集的有关夏天的图片，供幼儿观察讲述
美工区	投放折纸步骤图，引导幼儿看图示尝试折纸	丰富与投放扭扭棒、纸盒、卷纸芯等各类材料，鼓励幼儿合作制作	提供各色颜料、塑料瓶、排刷等，幼儿利用颜料为其装饰	提供创意泥与辅助材料，幼儿自制各种各样的"毕业纪念品"

续表

	2、3月份	4月份	5月份	6月份
益智区	投放"8"以内数卡、双色圆片以及分合记录纸,可供数的分合、加减的背景图,算式接龙卡,投放球体和圆柱体的物品	提供"9"以内加减算式卡、点卡、数卡、可等分的绳子、对称的图形或图案等物品,带领幼儿进行测量并记录投放各种各样的钟表,供幼儿观察、认识时间用	提供练习加减、排序的游戏棋、几何图形等物品,提供挂历或台历	提供"10"以内的几何图形(形状、大小、颜色不同)、旗子和可供加减的背景图等,提供日历、时钟模型、钟面图和记录纸、容积不同的容器供幼儿操作
运动区	投放各种材料制作的毽子、简易龙灯,供幼儿练习、玩耍	投放橡皮筋、球供幼儿练习	提供玩"两人三足"游戏的鞋子、幼儿制作的纸飞机供幼儿练习	设立"健康加油站",将幼儿设计的健康食谱装订成册,供幼儿进行角色扮演活动,在游戏中连接怎样才算健康、合理地进餐
角色区	丰富超市里的各种物品	文具、图书、玩具、食品、服饰等超市摆放的有利于幼儿游戏用的物品	"银行卡"、"钱"、"收银台"、"购物卡"	超市宣传单、导购员和收银员的服装及工作牌

(三)其他游戏

每天自由活动和下午安排了一些其他游戏,如:手指游戏、东南西北、翻花绳、甩皮卡等民间游戏,还根据幼儿的需求,每周三下午进行玩具交换日游戏,给幼儿充分的时间和内容进行自主选择。

三、反思与调整

幼儿是游戏的主人,作为教师,我们预设的游戏方案很可能与幼儿的兴趣、关注点有出入,因此,每月将反思与调整的情况记录下来。

上面这份游戏方案,教师对幼儿游戏的情况进行了深入的分析,明确了本学期重点要解决的问题,然后清楚地列出一学期中游戏活动的预设与安排。反思与调整并不是在开学初就写完的,而是每个月甚至每周都可以进行反思与记录,体现了游戏方案的动态性和生成性。

教师手记

小·班区角游戏活动方案

一、情况分析

小班幼儿年龄小,容易转移注意力,经常在短时间内连换几个游戏区,幼儿拿玩具都很积极,对于放还玩具却不太情愿,所以,培养幼儿对玩具的爱惜之情与责任心是本学期的重点。

本学期,我们小班根据孩子的实际情况,主要目标是:

(1) 让幼儿自主选择,愉快地进行游戏,充分发挥幼儿的积极性、主动性,培养幼儿良好的行为习惯。

(2) 在游戏中,养成初步的自控能力,学习遵守游戏规则,能和小伙伴友好相处,不争抢玩具。

二、区角游戏安排

我班创设了益智区、美工区、娃娃家、建构区、图书吧等不同形式的区域活动,为幼儿提供动手、动脑并且能按照自己的兴趣、能力进行活动的场所和施展才能的机会。本着合理布局便于流动的原则,根据活动室的特点,将建构区、图书吧、娃娃家等区域设为固定区,其余设为活动区。

(1) 巧手乐园:参加美工活动,大胆尝试使用各种工具。

(2) 小玩家:尝试简单的比较、分类,喜欢操作、摆弄,尝试提问和表达自己。

(3) 搭搭乐:提供积木、纸盒等供幼儿自由拼搭和建构。

(4) 甜蜜芭比屋:在玩芭比娃娃的过程中,同伴一起做游戏,学会分享、等待与轮流,体验与教师、同伴共处的快乐,理解并遵守日常生活中基本的社会行为规则。

(5) 图书小屋:喜欢看图书,并愿意把看到的内容讲给小朋友听,在讲讲看看中提高语言的表达能力,丰富词汇。

(6) 小医院:理解角色的职责,按角色规定、要求进行活动。能较安静地游戏,懂得爱护材料。在游戏中提高语言表达能力,培养讲礼貌和遵守规则的习惯。

三、调整与反思

每月进行游戏情况分析,将调整和反思记录在下面。

与大班的游戏方案相比,上面这份小班的区角游戏方案简洁明了,符合小班的实际情况,教师为幼儿创设了适宜的游戏情景。反思与调整部分,主要在于教师要将观察中的思考和幼儿的生成活动记录下来。

教师手记

大班游戏活动的调整

在秋游时,幼儿对纵横交错的高架桥产生了浓厚的兴趣,纷纷讨论起来,甚至模仿起了小司机在高架上行驶的情景,为此我决定请家长配合,在周末带孩子外出观察各种高架、大桥。从中,幼儿不仅认识了高架的作用和构造,还对于路面上行驶的车辆产生了兴趣。在谈话活动中,幼儿纷纷发表自己的意见,"车子在高架上开得快,因为没有红灯。""有了高架桥,可以很快过江。""车库门口有栏杆""我家的车子有专门的停车位"。

接下来孩子们都带来了自己的遥控车,演示遥控的方法。为此,我将建构区进行了调整,创设了一个"汽车总动员"的游戏区,幼儿可以搭建各种高架、公路、桥和停车库。搭建成型以后,孩子们自发扮演起了停车库的管理员,一会儿收费,一会儿指挥,一会儿又启动护栏,挨个放行车辆,忙得不亦乐乎。在此基础上,随着游戏的深入,我还创设了加油站、公交站等游戏场景,将生活经验与游戏情境进行了进一步的整合。

教师手记

中班游戏活动的反思

在一次谈话中,有幼儿介绍了自己周末去家乡游玩,品尝到了许多美味小吃的开心事。没料到,孩子们像炸开了锅,争先恐后介绍自己吃过的美食。针对这种发现,我决定请家长星期天带幼儿去各种小吃店进行实地观察并品尝,从中幼儿不仅知道了许多小吃的名称,还了解到这些小吃都是由哪些材料做的、怎么做的,并学习与服务员阿姨交往。

回到幼儿园以后,孩子们纷纷嚷着看到、吃到的各式各样的点心,还准备在幼儿园也做。馒头、馄饨、饺子、糖葫芦、赤豆糕、宁波汤团等,孩子们用陶泥越做越起劲,还说需要点饮料解解渴,于是又忙着搜集废旧的饮料罐,自制奶茶、冰激淋,大大丰富了小吃的内容。

根据幼儿自己动手做出的这些点心,孩子们共同商量,决定开个"麦兜美食街"。幼儿做的点心分类分层地出现在"香香奶茶铺"、"老北京糖葫芦专卖"、"宁波汤团"和"甜蜜蜜蛋糕房"里。

有了先前这些观察和制作经验的积累,幼儿分散到各自选择的角色区中活动后,很自然地就会想到怎么玩？玩什么？他们都会相互协商好玩法，分配好角色，各司其职、真正快乐地游戏着。

这个手记中的教师以游戏引导者的身份，与家长共同合作，充分尊重幼儿，在游戏中观察幼儿的表现，为幼儿提供必要的材料，整个过程幼儿自主、自发、自愿，运用各种饮料瓶、陶泥等各种替代物进行丰富的想象，实现了艺术、科学、社会等领域目标的发展，是真正意义上以幼儿为主体的活动。

第二节

创设游戏环境

《3～6岁儿童学习与发展指南》强调："幼儿的学习是以直接经验为基础，在游戏和日常生活中进行的，要珍视游戏和生活的独特价值，创设丰富的教育环境，合理安排一日活动，最大限度地支持和满足幼儿通过直接感知、实际操作和亲身体验获取经验。"游戏环境比一般的操作区域更考验教师的专业素养，因为游戏是幼儿自发、自主、自愿的活动，如果弄得不好，很可能变成教师人为限制了幼儿的游戏行为，为幼儿设计了"游戏模式"，让幼儿根据教师的要求去游戏,那就失去了游戏原有的价值。因此,新手教师在创设游戏环境时,可以抱着尝试的态度。一方面可以根据以往积累和各种图书资料中的游戏环境,进行模仿;另一方面要以本班幼儿的兴趣为基础。

📝 教师手记

《3～6岁儿童学习与发展指南》中指出:为幼儿的探索活动创造宽松的环境,让每个幼儿都有机会参与尝试,支持、鼓励他们大胆提出问题,发表不同意见,学会尊重别人的观点和经验。支持和引发幼儿的操作摆弄、探究、实验、制作等活动,引导他们通过自己的发现主动建构有关的知识经验。而区域活动,是指教师根据教育的目标和幼儿发展的水平,有目的地创设活动环境,投放活动材料,让幼儿按照自己的意愿和能力,以操作摆弄为主的方式进行个别化的自主学习的活动,正好验证了这一理念的科学合理性。

遵循这样的教育理念,我们中班区角游戏的创设与布置情况如下,共设置了六个可能引发幼儿游戏兴趣的区角,分别是甜甜屋、巧手坊、益智屋、建构屋、娃娃家和图书角。每个区角可以容纳5～6名小朋友。

我们在区域创设时,考虑的是中班幼儿的年龄特点,根据中班幼儿的发展水平,设置相应的游戏内容。比如,在益智区我们设置拼图、穿珠子等幼儿的手部动作能够完成的操作;提供激发科学探索欲望的游戏,我们这次又新添加了六面拼图、空心时钟、木制彩绘小丑旋转陀螺、儿童天平称、玩具天平、动物门球、七巧板等。

根据幼儿喜欢点心的兴趣,我们发动家长和幼儿进行亲子制作,用创意泥做蛋糕、糖果、面包、巧克力等。幼儿可以一起坐在座位上,聊天,分享一些好吃的,并且甜甜屋跟巧手坊连接在一起,可以在巧手坊加工一些手工巧克力、糖果等送到甜甜屋进行售卖。

巧手坊提供了许多半成品和原材料,幼儿可以自选,进行绘画和制作。折纸是本学期的指导重点,所以我们提供了步骤图、彩纸等材料,无论在自由活动的时候还是区域活动的时候都可以来折一折,材料随时取用。

娃娃家对宝宝来说永远是一个甜蜜温馨的地方。家是孩子们最熟悉的地方,浓浓的亲情,会使他们感到安全,得到温暖。家中各个成员的角色是他们最喜欢扮演模仿的。

教师还可以借助角色游戏,丰富幼儿对社会的认识,把活动室变成一个大的游乐场。

🔍 教师手记

宝贝游乐场

能工巧匠:提供"工程"图纸,原材料(红砖、积木、易拉罐、奶粉罐、纸盒),幼儿自选图纸进行搭建,完成任务后赚取劳动报酬。

大玩家：提供了地球仪、放大镜、地图、拼图、天平和数学方面的操作材料,幼儿操作后能赚取奖励。

盒子工厂：利用各种盒子进行剪、粘、贴、画等制作。

小小书吧：里面提供了图书、手偶、头饰等,可以供孩子们进行表演。

小吃街：开展"美味小炒"、"鲜滋鲜味"和"千家百味"等进行品尝、分享、制作、售卖的活动。

每个区域游戏中都有一个负责人的角色,比如能工巧匠里有工程师负责管理,盒子工厂有厂长负责,小小书吧里有图书管理员,大玩家有老板等。让孩子在游戏中习得生活知识,增强规则意识,在游戏中进步,快乐成长。

 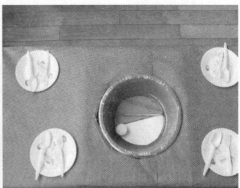

除了以上在班级中的串联，当幼儿游戏到一定阶段的时候，还可以进行班级之间互相串联的游戏，拓展幼儿游戏的空间。如"快递公司"的游戏，幼儿可以在全园范围内进行派送；如"小吃店"，幼儿会安排"外卖"的游戏；如"电视台"，有记者站，"小记者"可以到幼儿园各个班级进行采访活动；如全园的小朋友都可以去"照相馆"照相，幼儿可以当摄影师、造型师、冲印师，还可以当顾客来照相、冲照片。

花店也是幼儿园经常为幼儿提供的游戏场景，教师鼓励幼儿和家长制作各种材质、大小、颜色的纸花，共同创设了一个"宝贝花店"，为幼儿提供了吸管、花瓶、工具、花架、点卡、数字卡，还有不同数量、颜色的配货单、心意卡。幼儿可以制作花卉，还可以买花，把花送给喜欢的老师、好朋友，也能个性化地用图文的形式表达祝福。

不少教师在创设游戏情景的时候会遇到一些困惑，不知道该如何实施，下面针对新手教师经常会遇到的问题，一一进行解答。

（1）为什么说到游戏大家都开店，买卖行为就是角色游戏吗？

这位教师的困惑源于：周围的同事在班级里纷纷开出了"包子店"、"快餐店"、"美发店"、"西饼屋"、"手机卖场"等，孩子们都当起了老板。

解惑：角色游戏分为生活模仿游戏和职业体验游戏，生活模仿是指模仿家庭中的不同成员，再现生活中的人物和事件，比如小班的娃娃家。

职业体验是对社会生活的预演，除了买卖行为之外，还有一些公共服务环境可以创设，如医院、银行、邮局、学校等。

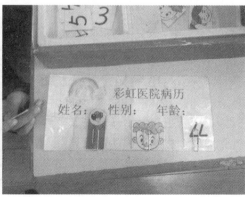

（2）游戏环境创造好了，一学期都玩这个吗？孩子会不会玩腻？

这位教师的困惑源于：加班加点做出了邮局的游戏场景，开头孩子们很好奇，但是后来，孩子们进去一会儿就失去了兴趣。

解惑：如果幼儿在角色区无所事事，说明他们缺乏有关的社会生活经验，教师可以利用多种机会丰富幼儿的经验。例如，请家长协助带幼儿参观邮局，观察邮局里有哪些人，都在做什么，回来以后说说所见所闻；鼓励孩子给好朋友邮寄一封信或包裹，并开展相应的教学活动；随着孩子经验的丰富，可以不断拓展新的游戏内容，如寄信、寄包裹、送快递等。

（3）我们班场地有限，又开区域，又开游戏，很拥挤，怎么办？

这位教师的困惑源于：既要保留集体活动的空间，又要开设活动区，还要开辟游戏场地，受到活动室场地限制，难以铺开。

解惑：个别学习与游戏并不矛盾，可以将区角纳入游戏的场景，如：美工区成为花店、画廊的加工坊，益智区成为游乐园中可以赚取积分的场地等。活动室场地也可以根据需要做出改变，如将桌椅、柜子合并或拉开。

（4）自制材料容易损坏，购买的材料价格贵，怎么办？

这位教师的困惑源于:自制的替代物使用率高,容易坏,购买的真实物不符合经济的原则。

解惑:这个问题需要回归角色游戏的本质,角色游戏是象征性游戏的一种,象征性游戏突出的特点是情景转变(把游戏场地假想成各种场地)、以人代人(把自己和伙伴假想为各种人物)、以物代物(用简单、常见的材料替代真实的物品),所以不建议购买真实物,因为既不经济,也背离了游戏的本质。容易损坏说明幼儿愿意摆弄和使用,在加强材料牢固度和实用性的同时也要进行常规教育,提醒幼儿爱惜和珍惜物品。

根据幼儿的基本经验和生活体验,下面为教师列出各年龄段可参考的游戏环境。开学初期可以建立1～2个游戏情境,随着幼儿游戏兴趣和游戏内容的丰富,可以逐步丰富和增加,还可以生成幼儿感兴趣的游戏内容。

(1)小班幼儿游戏环境一览。

娃娃家:模拟客厅、卧室、厨房的情境,提供相应的操作材料。

过生日:蛋糕、蜡烛、纸盘、礼物盒等废旧材料,模拟过生日的经历。

汽车城:提供小汽车,模拟马路、停车场等场景。

铺小路:提供木板、积木、海绵垫等,引导幼儿进行铺设。

众人拾柴火焰高:提供各种圆柱状积木、易拉罐、薯片罐等进行垒高。

给小动物造房子:提供木制或泡沫积木,围着小动物进行搭建。

说话屋:提供头饰、故事操作材料,如《拔萝卜》、《小兔乖乖》等。

(2)中班幼儿游戏环境一览。

小医院:模拟挂号、看病、注射等情境,提供相应的替代材料。

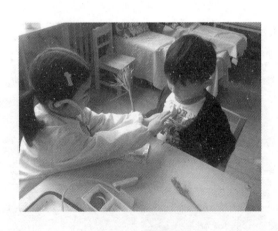

美发店:模拟洗头、剪头发、吹头发的过程,请家长帮助搜集一些干净的生活用品。

　　美食店:可以细化为不同类型的美食店,如面馆、点心铺、西饼屋、包子店、奶茶店等,根据幼儿的生活经验和喜好进行创设。

　　桥的用处大:提供各类积木和生活中的各类罐子,幼儿进行架空、交叉、斜坡的搭建。

　　百变雪花片:提供各种颜色的雪花片,做成不同的造型,并进行展示。

　　小舞台:提供录音机、小乐器、装扮的服装,幼儿进行表演。

　　小电台:幼儿播报天气、讲故事、表演节目等。

　　(3) 大班幼儿游戏环境一览。

　　小超市:收集各类包装材料,创设超市情境,幼儿进行模拟购物。

　　旅行社:借助幼儿的旅行经验,逐步开展模拟旅行的游戏。

　　凉亭:提供各种积木、薯片罐、牛奶罐等,幼儿综合运用材料进行搭建。

　　我们的社区:提供图片、地图、各种辅助材料,幼儿搭建楼房、围墙等各类建筑物。

　　拼插玩具:围绕汽车等幼儿感兴趣的内容,幼儿拼插出不同的车。

　　快乐小学:设计图纸,进行搭建。

　　记者站:幼儿进行采访、记录,编制小小的新闻。

　　音乐表演区:创编身体动作、小组排演儿童剧等。

观察和指导游戏

作为教师,一方面要具备组织儿童游戏的专业技能,即能够创造和设计适切的游戏情境,另一方面要拥有指导儿童游戏的专业水平,即能够有效地、高水平地与幼儿进行互动。除此之外,还要能够捕捉转瞬即逝的生成和推进幼儿游戏水平的契机。

一、教师观察和指导游戏的常见问题

年轻教师经常会有这样的困惑:

(1)每次游戏活动中,我觉得自己像小蜜蜂一样飞来飞去,最后什么也没看到,我该怎么观察全班的游戏情况?蜻蜓点水还是蹲点?

这位教师的困惑源于:不知道采用何种方式观察幼儿游戏的过程。

解惑:保教人员互相配合,主班教师重点蹲点观察某个游戏场景,配班教师以巡视的方式确保常规,保育员关注和满足个别幼儿的特殊需求。只有深度观察,才能发现幼儿在游戏中的真实问题和游戏水平。

(2)讲评环节说什么?让每个孩子说一说自己玩了什么,孩子们似乎不愿意听,我该怎么评价孩子的游戏?

这位教师的困惑源于:没有发现游戏过程中的问题或亮点。

解惑:可以按照下面的表格观察幼儿在游戏中的表现,并且作为讲评的依据。还可以利用拍照、录像等方法,运用现代技术,再现幼儿游戏片段中的问题。

兴趣和参与度	● 幼儿是否对游戏充满兴趣。 ● 幼儿是否能够专注地投入游戏。 ● 幼儿在游戏中持续的时间。
自主性、目的性、计划性	● 幼儿在游戏中是否能自主确定主题、选择材料和玩伴。 ● 幼儿在游戏中是否有明确的目的性和任务意识。 ● 幼儿在游戏是否有一定的计划性。
社会性发展	● 幼儿在群体中的位置和作用如何,扮演什么角色。 ● 幼儿之间是否有必要的交流和合作。 ● 幼儿是否能合理地分配和使用玩具和材料。 ● 幼儿是否有方法自主处理与同伴发生的纠纷。

续表

认知发展	● 幼儿在游戏中是否能运用恰当的语言与他人交流。 ● 幼儿是否能创造性地使用游戏材料。 ● 幼儿是否能很好地迁移已有的生活经验。 ● 幼儿是否能自己主动想办法解决困难和问题。

（3）游戏中要不要管孩子，我怕规定太死限制了孩子，不管又觉得不对，我该怎么指导孩子？

这位教师的困惑源于：对教师的角色定位感到迷茫，一方面不敢指导，不知道如何指导，同时又怕自己干预太多成了导演，幼儿成了演员。

解惑：教师的介入建立在观察的基础上，根据现场的需要，选择合适的时机，以平等的游戏参与者身份进入游戏，而不是指导者、控制者。比如下图中的两位老师以顾客身份到超市、花店选购喜欢的物品，向孩子询问，甚至"刁难"小售货员，这都是很有效的师幼互动。

（4）到了生活环节时间，孩子们在餐饮游戏中意犹未尽，是否该让他们停止？

这位教师的困惑源于：到底应该尊重孩子的兴趣，再玩一会儿，还是按照流程让孩子们饮水、吃点心。

解惑：不妨将生活与游戏进行融合，例如，利用闹钟，在游戏中增设一个"大放送"环节，"店主"给"顾客"发放小点心，提供开水，既增强了游戏的趣味性，又不影响幼儿的保育工作。

二、教师观察和指导游戏的要点

（一）教师对游戏中的偶发事情要有敏锐的触觉

🔍 **教师手记**

大一班的曹老师创设了"小小园丁"的游戏场景，游戏时间开始了，可可小朋友来到种植区，她拿起纸和笔很快画下长出两片小芽的赤豆，并贴在公布栏里。龙龙来了，也急急忙忙拿出纸和笔画了起来。当他刚想贴的时候，发现已经有人记录好了，于是大叫起来："这是谁画的，今天轮到我记录！"说着，他将可可画的记录纸撕下贴上自己的作品，可可因此很不开心。小小园丁还要给黄豆换水，只见黄豆种植区前挤了4个人，他们都说今天轮到他们换水，管理员也想不起来今天轮到谁了，只好临时安排2位组员先一起换水。

虽然每天幼儿都拿着活动插牌进行了选择，但是为什么还是频繁出现无序的现象呢，原来是因为孩子们无法记住自己的任务。于是曹老师组织幼儿重新制作了任务公告栏，还增加了任务牌，幼儿自己讨论想出了许多办法。如黄豆组的任务牌上用图画表示换水任务、清洁种子任务、记录任务等，并用数字表示人员的先后次序。红豆组的任务牌和他们的差不多，但是牌子上还留了一个洞洞，一问才知道他们的任务牌是可以挂在胸前的。绿豆组根据教师的提议画了一朵七色花，每朵花瓣表示一次活动的完成情况，完成得好花瓣则涂满，未完成则涂一半花瓣，下次完成后再涂满。每个组的孩子都想出各种任务牌的款式，非常有趣。

自然角浇水出现的"无序"事件，教师在观察儿童行为后分析"无序"的主要原因是无法记住自己的任务，于是和幼儿一起进行直观的讲解对话交流并提升了他们的经验，又设计了比较独特的幼儿喜欢的符号图示，以及易于记忆的标志，这样可以帮助他们记住自己的任务。教师的创意不仅使自然角的游戏活动能有序延伸，更可喜的是激活了儿童表现自我的主动性，但也要注意与他人建立活动的关系。例如，在制作过程中可启发各组幼儿选用数字、为自己画像、自己的字母代号、自己喜欢的动物、图示、圆点等多种形式制作，但是一组的符号类型必须只有一种，避免和其他组混淆，任务牌上还要画上自己的任务，作为提示，这些都为幼儿今后形成有序、依次活动等行为习惯奠定了基础。

（二）教师要合理推进游戏的进程

教师的角色是一位参与者和呼应者，要适时抓住幼儿的热点话题，并提供必备的环境和材料;幼儿面临困难时,教师要和幼儿一起思考,从多种现象中找出探索的关键事件,引导幼儿的探索方向,提高探索活动的质量;当幼儿成功时,教师与他们一起分享。教师应深入到游戏中认真了解幼儿,对他们的行为作出合理的分析,重视他们的言行中蕴含的教育价值,为幼儿创造良好的发展契机。

📍 教师手记

娃娃播新闻

娃娃播新闻是大班幼儿喜爱的游戏活动形式,能经历选择内容、参与分工、开展游戏的过程,如在采集新闻信息中尝试观察与表达周围生活及幼儿园每天发生的事件;在组织编排中尝试处理小组的意见,分析同伴的观点;在新闻播报中尝试自主倾听和表达;在"点评台"中,尝试正确评价自己和他人。以新闻播报作为载体,使新闻内容由小记者从各种途径调查、收集而来,直播内容由小编辑自己组织、筛选、编排后确定,播报方式由小主播自己设计决定,教师只是适时介入与指导。这样,就实现幼儿与教师之间、幼儿与同伴之间、幼儿与活动内容之间的"对应",培养幼儿相互主动倾听的能力。

(1)有趣的广告。根据幼儿直观形象的认知特点,教师推出了"有趣的广告",首先让孩子收集各类广告,进行模仿和装饰加工以后,大家都来试着学做广告小明星,并且创编出自己的广告语,如"温暖牌围巾,带上暖洋洋","喝了营养水,天天不生病"等,丰富了幼儿的语言发展。

(2)拷贝不走样。教师在观察中发现,有的孩子只听新闻的前面半句,而没有把新闻完整地听完,有的孩子刚听完新闻就忘记了一大半。因此,从传话游戏开始,让孩子学着认真倾听前面一个小朋友的话后再一字不漏地传给后面一个小朋友。在听听、记记活动中可以由教师播一条新闻,小朋友记录新闻,再到小组中把记录的新闻相互播一次,也可以在小组中由一个小朋友讲一条新闻大家记录后相互交流。教师从一开始带着孩子一起玩游戏到让孩子自己玩游戏,逐渐从幕前退到了幕后。

(3)新闻直播室。教师创设了一个模拟直播间,幼儿自己讨论确定栏目的名称、充实演播器材和布置美化演播室,明确分工,轮流当小观众、小主播,并且有了活动的目的性,激发孩子投入模仿的兴趣,从而使孩子认真倾听。

(4)铿锵三人行。为了提高小观众的参与度,每次新闻直播之后,设计了讨论和评价环节,请小观众一起参与讨论,比如说一说直播的时候小眼睛是否看好主播,有没有窃窃私语,还可以用投票的方式评选出最佳金话筒和文明小观众。这样使每个小观众在现场直播的时候也有自己的工作,让他们没有局外人的感觉。

游戏中教师要顺应幼儿的意愿和活动兴趣,不把自己的意愿强加在幼儿身上,能让幼儿想的让他们自己想,能让幼儿做的让他们自己做。在活动过程中,教师要注重观察,关注幼儿的活动进程,并根据活动的需要,辅以精心创设的环境。教师还要看懂幼儿行为,分析幼儿的行为,正确了解、判断行为背后的经验支撑点。"娃娃播新闻"中出现了幼儿不专注倾听、喧闹、走神等许多问题,教师并不是通过指令的手法予以制止,而是进行积极应对与化解。

有许多教育契机是我们稍不留意就会失去的。其中,既包括幼儿活动中积极的一面,也包括消极的一面。教师往往更容易忽视活动中亟待解决的问题与瞬间即逝"热闹"背后的隐患,而这恰恰是进一步引发幼儿活动,促进幼儿发展的教育机会。"娃娃播新闻"中,教师就是抓住了幼儿主动表达和倾听的这一条主线。

(三)教师善于化解游戏中的冲突

幼儿在活动中常常会因自己的想法和别人不同而产生争论、分歧,同伴之间的争议使大家都能围绕争论的问题进行思维发散,教师的介入就是组织幼儿对问题的情境进行充分的表达,使每个人都能了解他人的想法,教师从中进行梳理,给予直接、及时的回应、补充。当幼儿达成共识时,教师要及时提升并归纳他们的合作经验。

游戏中还容易因为材料而发生争吵和抢夺。这时,教师考虑的问题不是直接把答案告诉他们,而是运用启发性的问题,引导幼儿想一想,议一议,提出合理建议。比如,教师可提供一些参考图,引导幼儿运用图画、图示、符号、数字等形式与同伴轮流使用材料。

教师在化解游戏中的纷争时,要注意让幼儿感受规则的公正与互惠,提高幼儿遵守规则的主动性。

🔍 教师手记

　　大班的孩子们好奇好问,为此,他们自发地开展了一个"头脑风暴"游戏。每人收集有趣问题,让别人解答,看谁答得对,孩子们为好奇、求知的欲望所驱,加入的人越来越多,于是就有了"小考官"的角色。但是随着活动的深入,出现了纷争,因为"小考官"总想让自己的好朋友回答问题,于是孩子们认为不公正,终于爆发了争吵。

　　马老师意识到,需要制定公平公正的规则,才能让游戏进行下去,于是组织大家讨论如何解决问题,孩子们的讨论结果如下:

　　方法一:轮流当小考官。

　　方法二:考官把考题记录下来,让参赛者看清楚。

　　方法三:要求为参赛者准备记录的题板,可以同时公布答案。

　　于是,孩子们分别聚在一起,有的做小考官出题,有的做参赛者,忙得不亦乐乎。在活动中,"考官们"提出要对每次回答问题都正确的参赛者予以奖励并冠以"智多星"的头衔,同时要求增设"志愿者"颁发奖品。

　　场上的孩子们积极投入,但是场下的个别小观众出现了互说悄悄话或心不在焉做自己的事情的现象。如何调动场下的这些孩子的兴趣呢? 如何激发每个孩子的潜力,使之不断地生成变化呢? 通过孩子们的讨论又采纳了两个方法:

　　方法一:实行场内求助。

　　方法二:凭积分得奖品。

　　于是场下的幼儿积极性也提高了,不断参与到求助中。

游戏中的幼儿往往先玩起来了,发现问题、遇到困难或是活动不能顺利开展下去时,只要找到原因,那么相应的规则也就产生了。幼儿在活动中产生的规则有时可能是零散的,即时效应很强。教师要善于把儿童这些零散的约定进行归纳、强化,变成活动中的规则,内化为活动中的主动遵守规则的行为。

🔍 教师手记

游戏时小·班长怎么当

今天是青青当小班长,他在 7:45 分左右来到幼儿园,佩戴上了"执行小班长"的标记,开始"画"今天的小班长的任务清单。画完以后,逐一讲解给刘老师听:"第一件事,我要管好小朋友饭前洗手的事;第二件事我要管好小朋友在楼下下课十分钟时不满操场奔跑;第三件事我要管好小凡把椅子放好"。原来都是管人的事情。小朋友也时不时地不服气来告状:老师小班长总是跟着我,本来就是做游戏的时间,他不让我玩……

于是,教师组织幼儿讨论,在游戏时间,小班长应该做什么。经过孩子们的讨论,教师和孩子们一起归纳出了小班长的职责:

爱心服务——管理自然角的事情;

安全工作——提醒小朋友注意安全;

整理工作——帮助收拾小超市。

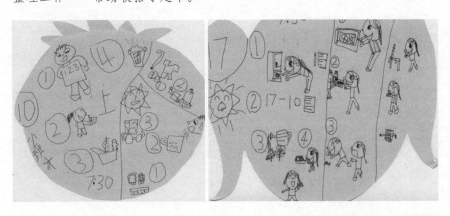

（四）教师把握介入游戏的时机

教师大部分时候是一个观察者和倾听者，但是当幼儿发出信号的时候，教师的介入很有必要。教师的介入分为正效、负效、无效三种，正效是指能帮助幼儿解决冲突、化解困难，负效是干预了幼儿的游戏进程，无效是指和幼儿没有产生互动，幼儿不想理睬教师。

出现下列信号，教师应该主动介入游戏：

"我不会，老师请你帮帮我！"——幼儿寻求帮助。

"这个很危险，我害怕！"——幼儿面临安全隐患或心理压力。

"老师，他打我！"——幼儿面临攻击行为。

"老师，他总捣乱"——幼儿表现出不符合社会规范的行为。

出现下面的情况，教师可以观察后再介入游戏：

"这个有点难，我不想玩了。"——幼儿遇到困难，想放弃。

"这个怎么办呢？"——幼儿遇到困难，正在思考。

"我该玩什么呢？"——幼儿正在犹豫和徘徊。

幼儿游戏的情况是多种多样的，也有很多意想不到的情况，教师要在观察中进行灵活处理，介入之前问自己几个问题：

"我的介入是否尊重幼儿的游戏意愿？"

"我为什么要在这个时候介入？"

"我的介入能否帮助幼儿获得新的经验，提升游戏水平？"

"幼儿对我的介入是否积极响应？"

总之，教师要耐下心来，沉静下来，观察和分析在先，介入和指导在后，用教育的眼光看待幼儿在游戏中的行为，在最适宜的时候推进幼儿发展。

第十一章

如何让孩子的学习有意义

　　《3～6岁儿童学习与发展指南》和《幼儿园教育指导纲要》中都指出"幼儿园以游戏为基本活动"，那么幼儿园是否应该存在"教学"活动一直以来都在学术界存有争议。事实上，根据我国幼儿园的班额人数、知识性内容的学习规律，集体教学还是有必要存在的，它能够在短时间内实现有效的学习，并且培养幼儿良好的学习习惯和学习品质。但是幼儿园教师一定要清楚地认识到，幼儿园的教学活动其实是建立在尊重幼儿心理发展规律，以幼儿已有经验为本，符合幼儿兴趣和需要的基础上，教师有目的、有计划开展的，以儿童为主体、教师为主导的双向互动的活动，要杜绝填鸭式、小学化倾向的授课方式。在幼儿园的教学活动中，幼儿是做中学、玩中学、操作中学的。本章将从如何选材和撰写教案，如何提升自己组织教学活动的能力，如何评价和反思三方面阐述如何让幼儿的学习有意义。

第一节

如何选材和撰写教案

教学活动只有短短的10～25分钟,教师在教学活动之前的准备工作是很重要的。

一、如何选材

首先,选材要有意义,能够带给幼儿学习的价值,比如朗朗上口的儿歌可以作为朗诵的素材,优美的散文可以用来欣赏和感受,有意义的素材是活动成功的先决条件,因为素材是活动的载体。

其次,内容要科学没有错误,不误导幼儿。比如,有的教师在设计"秋天的果园"时,在一棵大树上长出了许多不同的水果,甚至一些原本不是生长在树上的水果也贴了上去;又如在"好玩的声音"活动中,教师给幼儿提供了糖果、钮扣、豆子等,装到瓶子里听声音,这样的活动难以得出"东西越多声音越响,东西越少声音越轻"的结论,因为干扰因素还有很多,如果摇瓶子的力气大,声音也会大。教师在活动之前要想一想,避免类似的错误。

再次,内容要符合幼儿的年龄特点和认知水平,避免"太深奥"和"已知道"。比如,有些超出幼儿理解范围的内容,难以消化和理解,还有一些幼儿已经知道的内容,太浅了,幼儿具备了相关的经验,那么就没有必要组织活动。

教师手记

活动名称:老鼠打电话(大班)
活动目标:
(1)理解歌曲内容,学会看图谱演唱歌曲。
(2)能清楚地、有表情地演唱歌曲,尝试仿编歌曲。
(3)体验演唱歌曲的快乐。
活动过程:
一、幼儿回忆打电话的已有经验
二、看表演,帮助理解歌曲内容;看图谱,学唱歌曲《老鼠打电话》

1. 欣赏歌曲。教师提问:歌曲叫什么名字? 歌曲里有谁? 发生了什么事情? 小老鼠为什么打错了电话?

2. 结合图谱理解歌词。

(1) 第一句引导幼儿按节奏来说;第三句学习延长音;七、八、九、十句引导幼儿自己看符号学说歌词。教师提问:这两句为什么是一样的?

(2) 幼儿完整念歌词。幼儿完整唱歌曲。

(3) 挖掘情感演唱。用响亮的声音演唱第一句;第三句唱得要慢;第四句说得要清楚;第五、第六句要大声唱;最后两句换角色唱。

三、仿编歌曲

1. 引导幼儿动脑筋想一想,谁还会跟谁打错电话? 知道弱小的动物要放在前面。

2. 教师带幼儿集体编一首歌曲,解决创编电话号码的问题。

3. 幼儿仿编表演。

(1) 个别幼儿仿编歌曲演唱。

(2) 两人一组协商分配角色仿编歌曲进行演唱。

附:

歌曲:小老鼠打电话(歌词)

小老鼠,打电话,找个朋友过家家,

电话本呀手中拿,5 4 3 2 6 7 8。

"喂,喂,你好吗? 请你快到我的家。"

"好,好,知道了,马上就到你的家。"

咚,咚,咚……喵呜……

朋友怎么会是它? 原来电话打错了。

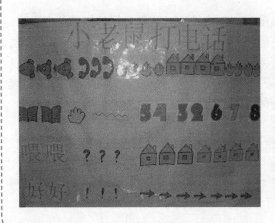

在活动之后的研讨环节,教师们认为选择这首歌曲有很多教育价值,除了活动目标中已有的东西以外,还有:

（1）音乐的组成要素。

（2）自然界中的生物链，如猫要吃老鼠，狼要吃小兔，等等。

（3）如何表现自己，如运用脸部表情、上下肢和躯体动作、演唱歌曲等方式表现、表达活动内容。

（4）运用类比的方法，如与小老鼠类似的弱小动物有小兔、小羊、蚂蚁等。

（5）数字符号、数字号码、逻辑关系、顺数、倒数等，如背诵或编写电话号码，谁对谁打错了电话，等等。

（6）轮流扮演不同的角色，体验这些角色的生活处境以及与其他动物之间的关系。

这个活动获得成功的原因有：

（1）活动材料选择得好，活动也整合得好。

（2）师生互动得不错，教师有真情投入。

（3）教师的教态自然，表达很亲切、清晰。

（4）这些幼儿是她教学了数年的对象。

教学材料如同烹饪材料，好的烹饪材料才有可能烹饪出好的菜肴。此外，烹饪方法也很重要，同样的材料可以烹饪出不同质量的菜肴。活动获得大家的一致好评，就在于她选择了一个好的教学材料，并进行了有效的教学。

通常教师可以参考各类幼儿园课程的书籍，但是在使用的过程中，要注意根据本班幼儿的兴趣和已有经验进行选择，因为课程编制者是基于某种课程理念和模式做出了一种假设和猜想，真正实施教育教学活动的还是一线教师，最了解幼儿的也是教师，所以要从课程参考书中选择适合的素材进行教学，并且要重新撰写适合自己的教案。

二、如何制定活动目标

一般而言，建议年轻的教师写详案，尽可能将每一句话都进行思考，理清话语之间的逻辑关系、环节之间的递进关系。

活动目标包含认知目标、技能目标、情感态度目标三个维度。认知目标是指幼儿在学习过程中需要了解和掌握的概念、信息、经验等。技能目标是指完成某种任务所必需的方式方法，比如动作技能、智力技能、自我认知技能等。情感态度目标是指幼儿的情绪体验、内在感受、行为倾向等，比如幼儿的学习兴趣、热情、求知欲望、意志力等。这三个维度的目标是一个教学活动的有机整体，互相融合，在活动的过程中进行体现和落实。

教师在制定目标的时候要注意：

（1）目标具体、可操作，不能太宽泛。如"培养幼儿的好奇心"、"提高幼儿的逻辑能力"等这样的表述都太宽泛。

（2）以幼儿为行为主体，而不是教师。如表述上应该是"幼儿"为潜在主语，而不是"教师"。

（3）目标与内容匹配，不低于幼儿的发展水平，也不过高。教师可以参考《3～6岁儿童学习与发展指南》，制定具体活动目标。如健康领域的"动作发展"目标1"具有一定的平衡能力，动作协调、灵敏"，教师在设计活动时应该根据幼儿的不同年龄特点撰写不同的目标。小班可以为"能沿着小桥行走，不掉下来"，大班可以为"能在间隔物体上较平稳地行走"。

教师手记

活动名称：钟表店（大班）

活动目标：

（1）感受钟表在人们生活中的用处。

（2）了解钟表使用时的特征和方法。

活动准备：

记录纸、记号笔、各种各样的钟。

活动过程：

1. 了解钟表在人们生活中的用处

（1）参观钟表展示会（放在教室内的各种各样的钟）。

（2）（出示有声音的时钟）给幼儿看一个好玩的钟，引发幼儿的兴趣。

（3）教师：我们已经参观了各种各样的钟，你们知道这些钟在哪里可以看见啊？你还看见哪里有钟？为什么那里有钟？

（4）教师：除了钟可以让人们掌握好时间，还有什么可以让人们来感觉时间？

（5）教师小结：钟给我们的生活带来方便。

2. 了解钟的特点

我们看了那么多的钟以后，一定有许多问题。今天我们来看看这些问题，谁可以解决？（幼儿提问，教师记录，同伴回答）

3. 延伸活动

（1）教师出示自制的钟（CD片制作的），让幼儿欣赏。

（2）教师：我们也来做个设计师，设计制作自己喜欢和想要的钟，开个钟表店吧！（激发幼儿到区角中制作钟表的兴趣）

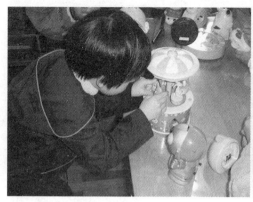 

对于这个活动,幼儿园组织了研讨,讨论活动目标的制定是否切实有效。

教师1:"钟表展览会"提供了外形款式丰富多样的钟,大部分孩子把钟当作玩具操作,关注的不是钟的用处(如能够告诉我们时间),而是各种吸引人的外形。因此,参观"钟表展览会",与所要达成的目标之间缺乏紧密的联系。

教师2:我认为"钟表店"这个活动在设计时的目标指向太泛化,教师对于通过这个活动究竟要得到什么不很明确,或者想要得到的东西太多太泛,结果似乎没有得到什么。

教师3:我同意这个说法,这可能是问题的关键。例如,教师提出这样的问题"我们看了那么多的钟以后,一定有许多问题。今天我们来看看这些问题,谁可以解决?"我们可以换位思考,如果有人问你这样的问题,你会怎么回答?难怪孩子没有办法回答,教师也就无法回应。

教师3:对。当幼儿无法回答这样的问题时,教师作了提示"有的钟使用电池,有的不使用电池。请你们找一找,哪些钟使用电池,哪些不使用电池"。结果,孩子根本就找不到,也很难找到,而且,即使他们找到了也没有什么意义,因为在生活中孩子其实不常去关注电池对钟起什么作用,也因为各种款式的钟即使让成人也难以区分是否使用电池,于是,这样做,就纯粹成为了让孩子去随机猜测。

专家1:教育活动在设计和实施时的目标指向是十分重要的,这就是说,教师首先要弄清楚活动究竟要让幼儿得到什么,这些东西是否有价值,其次才是怎样去得到。

执教教师:听了大家的话,我觉得这次活动没有像我原先想的那么成功。因为,在整个活动中,我也感觉到了孩子所关注和感兴趣的是这么多个钟的不同外形和它们所发出的不同声音。每当我想让他们放下手中的钟,去讨论我提出和需要解决的问题时,他们都显得那么不情愿。在设计活动时,我似乎太操之过急了,想让孩子们一口气吃成一个胖子,结果却事与愿违,孩子们对我填鸭式的要求并不买账。现在想来,我应该让幼儿充分地去摆弄各种各样的钟,对各种各样的钟有个了解和认识,然后再开展活动。而且,活动的切入点特别重要,不能太泛,也不能太多。确实,在设计活动时,首先应该考虑的是该活动对幼儿是否有价值。活动目标要从一个点进行切入,这样活动才会有意义。

专家1:换位思考,我建议大家都想一想,假如这个活动由我自己来设计和实施,我会如何思考,我会怎么做。我建议,首先要弄清楚的问题是:目标是什么,通过活动,要让孩子得到些什么?怎样才能使孩子得到这些有价值的东西?

教师3：我想设计一个以美术设计、手工制作为侧重点的"钟表店"活动，目标定为"创造有个性特点的钟和表，并大胆地进行表现和表达"。可以带孩子到钟表店等钟表集中的商店去认识、观察各种钟表，使他们对钟表有一个比较具体形象的概念，然后把自己最感兴趣、最喜欢的描画（记录）下来。然后组织孩子交流：我看到过（最喜欢）的钟和表，说说钟表的共同和不同点，加深对钟表特点的认识。接着，教师提供废旧材料，鼓励孩子制作自己喜欢的、特别的钟表。可将做成的钟表可以开一家"钟表店"，让孩子玩"钟表买卖游戏"。

教师1：我想设计的活动名称叫"时钟"，目标定为"学会使用各种闹钟"。大部分的家庭都有闹钟，可以给孩子和爸爸妈妈任务：在家里，爸爸妈妈向孩子介绍闹钟的使用方法，并从家里带来小闹钟进行展示、交流和分享经验——怎样让闹钟"闹"起来。教师可以引导孩子说说除了家里有闹钟，还有什么地方有闹钟，闹钟除了可以看时间，还有闹铃提示的用处等。

教师2：我想把目标定位在钟的外形特点上，"寻找各种钟的相同和不同之处"。孩子可以观察钟的外部形状是各不相同的：有方、有圆、有椭圆，还有卡通的、变形的等，但是，钟一般都有透明的钟面，钟面上都有数字或一些小的记号。钟面上的数字常是不一样，有的是阿拉伯数字，有的是罗马数字，有的用小的条长方表示，有的用圆点表示等，但是，钟面都有指针。指针也有不同，有的钟有三根针，有的有两根针，而且每个钟的针长短和粗细还不一样，但是，针所表达的意义却是相同的。教师要帮助幼儿在自己经验的基础上归纳出钟的许多的相同和不同。在此基础上，我设计的活动，还要引导孩子"关注钟面上数字（长方条、圆点）的意义"，即表示不同的整点时间，从而认识时间——整点、半点，因为这是大班孩子应该学习的内容。我设计的活动，还要鼓励孩子大胆创造，设计不同形状的钟面和钟，然后进行操作摆弄，说说指针所指向的整点和半点，对所学习的时间进行复习和巩固，这个的环节可以作为活动的延伸来展开。

教师4：在我的经验中，由于时钟可以摆放的位置不同，而被分为台钟、挂钟、落地钟……；由于需要的不同，调拨到特定的时间会鸣叫，提醒人的钟称为闹钟；由于运行的动力不同，有机械钟和电子钟；有的钟面大，有的钟面小，等等。人们购买钟时，要进行不同的选择，即会"针对不同的需要，选择最合适的钟"。所以，我为孩子设计活动，会让他们了解钟的一些不同点以后，画出各种钟表的卡片，开一家"钟表店"，让孩子带着任务，按照卡片的提示，购买一只最适合的钟表，并说说自己为什么做出这样的选择。目的在于使幼儿能够把对钟表的选择放在关系中进行，帮助幼儿建立思考问题的逻辑性，这也会很有价值。

教师7：我想教师如果能够广泛收集古今中外的钟表实物或者图片，尤其收集能够反映钟表演变历史的资料，把活动目标定位在让孩子"了解一些钟表的演变史"，知道古代的人曾经通过点一炷香、用沙漏、看日晷等方法来掌握时间，开拓眼界，欣赏各种各样的钟，并愿意展开想象的翅膀，设计奇特的钟表，也会很有意思。

专家2：还可以利用世界名曲《钟表店》，设计好玩的音乐活动，让幼儿看钟表，听名曲《钟表店》，学习表现和表达。

活动"钟表店"给了教师非常好的展开话题进行讨论的机会，各位教师站在不同的角度，挖掘了这一话题内在的可以为我们的孩子所用的宝贵资源，并用不同的资源设想了涉及孩子发展不同方面的集体教学活动。一个好的教学活动,其聚焦点必须非常清晰,当教师能把一个教学活动所要达到的目标集中在一个或少数几个相对明确的点上,对自己要达成些什么目标是很明确的时候,他所设计的活动就不会"胡子眉毛一把抓"。只有这样,教学过程才有可能更好地围绕核心主线,从而使教育、教学更为有效和有意义。

三、如何设计活动过程

活动过程通常是指教师如何开展活动,包括哪些环节,每个环节的引导语、提问、小结语是什么。活动过程没有固定的套路,选材不同、领域不同、设计不同,活动过程可以灵活多样,但是以下几条原则还是要注意:

(1)活动过程通常包括导入部分、基本部分、结束部分。将复杂的学习任务进行分解,为幼儿学习搭建平台,逐步推进幼儿的理解。

教师手记

大脚印和小脚印(小班)

活动目标:
1. 比较不同大小的脚印,增强细节观察力。
2. 在观察和匹配中产生探索的兴趣。

活动准备:
不同款式男鞋、女鞋、童鞋若干,对应的男鞋、女鞋、童鞋的鞋印图片。

活动过程:
一、导入
教师:"小朋友,上次我们看了《小动物找脚印》的故事,请你想一想,爸爸妈妈的脚印会是什么样呢?"鼓励幼儿大胆表达和猜想。

二、匹配鞋印
1. 出示鞋印图片。教师逐一出示图片:"猜一猜,这个大大的是谁的脚印? 这个小小的是谁的呢?"引导幼儿猜测和匹配。
2. 示范。教师:"看,这里还有许多大大小小的脚印图片,请小朋友看一看,比一比,把脚印和鞋子配在一起。"请2~3名幼儿示范。
3. 幼儿配脚印,教师指导。

三、小结
教师小结:"小朋友们真能干啊,说一说你配了哪些? 为什么这样配?"鼓励幼儿大胆开口。

(2)不同类型的活动,活动过程安排有所区别。知识技能为主要内容的活动,可以按照"导入——示范——操作——巩固——结束"的流程来设计;探索发现为主要目地的活动,可以按照"提出问题——探索——交流——归纳——结束"的流程来设计。

大班美工活动 "变废为宝"

活动目标：

1. 尝试使用创意泥与废旧物品结合进行旧物改造。
2. 能相互协商、分工合作完成作品。
3. 体验合作创新的乐趣与成功感，增强环保意识。

活动准备：

各色创意泥，纸盒、光碟、吸管、纸袋、饮料瓶等废旧物品，泥塑工具，剪刀，胶棒，双面胶，抹布等。

活动过程：

一、谈话导入

1. 教师："我们班的教室里有许多小朋友和爸妈一起用废旧物品制作的作品，每样都非常有创意，说一说哪个是你的作品。"

2. 教师："小朋友在争当环保小卫士时，又收集了一些废旧物品，分别放在桌子上，请你们看看都有哪些？"

二、示范

1. 教师出示范例："看一看，说一说，这个机器人是怎么做的？"幼儿边说，教师边示范创意泥的方法，如平涂、压、拧麻花等方法。

2. 教师："这个机器人还有一个特别的地方哦，它是由一组小朋友合作完成的。他们不仅能变废为宝，还能一起商量、分配任务，共同制作出这件作品，下面请你们也商量一下，准备怎么分工，做什么？"幼儿分组讨论并交流。

三、操作

幼儿开始制作，教师适时指导。

四、欣赏与评价

每组幼儿介绍作品，创意泥和废旧物品是怎样结合的，作品有什么作用。

教师手记

神奇的画（中班）

设计思路：

中班幼儿喜欢科学探索活动,在之前的活动中也做过颜色变变变的实验,幼儿对于变色游戏很感兴趣,所以我设计了这次的活动"神奇的画",通过碘酒遇到淀粉变成深蓝色这一奇妙的现象来吸引幼儿的兴趣,并且通过实验学习用碘酒检测常见食物中是否含有淀粉。

活动目标：

1. 通过实验感知淀粉遇碘酒会变深蓝色,用碘酒检测淀粉。

2. 在分析、比较、记录过程中提高判断力。

3. 积极参与活动,体验科学实验活动的乐趣。

活动准备：

淀粉水、碘酒、醋、可乐、米饭以及各种蔬菜水果切片,记录单,小贴画,透明一次性杯子,抹布,棉签。

活动过程：

一、故事导入

教师:森林里有很多小动物在玩捉迷藏的游戏,有一个小动物躲到了大树的后面,会是谁呢? 项老师今天要来变个魔术,只要小朋友喊"小动物快出来",老师手里这神奇的药水喷一喷,小动物就会出来了。

教师:想知道这个神奇的药水藏在哪里吗? 要自己试试哦。

二、幼儿操作与探索

1. 教师出示可乐、碘酒、酱油和淀粉画:"小朋友,请你们把这三瓶液体喷在画上,找一找,神奇的药水藏在哪个瓶子里了?"

2. 幼儿操作。

3. 讨论、交流,请小朋友们说一说自己的发现。

4. 教师小结:神奇的药水叫碘酒,可以让画面变成深蓝色。

三、再次探索,找一找常见食物中有没有淀粉

1. 教师:"碘酒是不是能让所有的东西变蓝色呢,老师准备了黄瓜、胡萝卜、土豆、米饭,请小朋友们试一试,并记录下来。"

2. 幼儿第二次操作,教师巡回指导。

3. 交流讨论结果。

4. 教师小结:原来土豆、米饭里面有淀粉,碘酒遇到淀粉才会发生变色。

四、小结

教师:"今天我们发现淀粉遇到碘酒就会变成深蓝色的秘密,下次我们就用淀粉水和碘酒来画一幅神奇的画,好吗?"

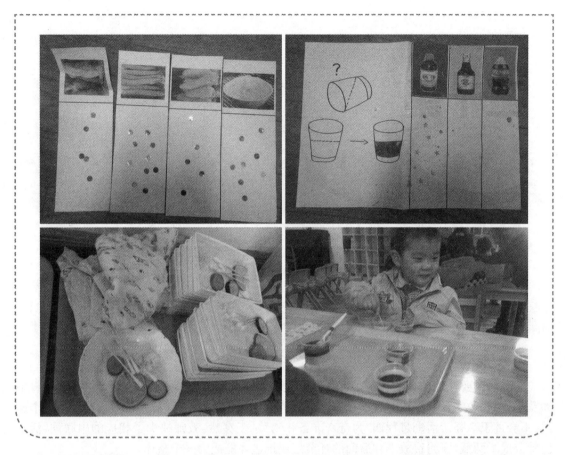

（3）活动过程的每个环节都有其目的所在，要围绕着活动目标来安排，环节之间的前后关系和顺序层层递进，推动幼儿的学习与发展。可以用游戏情境贯穿始终，也可以不断抛出问题吸引幼儿探索，还可以在幼幼互动中深度交流。

教师手记

这份教案的设计并不成功，表格的形式充分展现了活动设计中不合理的地方，供教师参考。

小老鼠奇奇（小班）

活动目标：	研讨意见：
1. 初步理解故事内容，感受到与人分享的快乐。 2. 能准确地按数取物。	活动目标的设计应该充分挖掘材料中的价值，材料中涉及量词、动物与食物的关系，都是可以挖掘的目标。
活动准备： 故事图片，糖果，小篮	

续表

活动过程： 一、看图片,听故事	听故事之前应该提出问题,让幼儿带着问题来听。如"请你听一听,故事中有谁? 做了什么?"
二、回答问题 1. 小老鼠给几个朋友画画了? 画了什么? 2. 小老鼠是怎么吃这些食物的?	如果之前不提要求,直接回答这些问题是有难度的,可能有的幼儿就忘记了。 问题应该与故事结合得更紧密一些,将故事中有价值的东西强调和突显出来。
三、看图片,再次听故事 四、大家来为奇奇准备礼物吧 听清要求,按小篮上的数字卡来拿糖果。 五、送礼物 把小篮送给喜欢的好朋友。	为什么要给奇奇准备礼物? 交待得不清楚,显得很突兀、很牵强,并不连贯。 前面的活动并没有提到数量,这里突然按数取物,整体上并不连贯,没有体现层次性,没有由浅入深的过程。

这个活动要让幼儿得到什么? 听故事,按数取物,这两个环节如何成为一个整体,故事中涉及了量词、数字,因此,在听故事和提问的环节就应该涉及数量,这样再按数取物就是一个递进,不会过于牵强。活动过程四"为奇奇准备礼物"过于突然,教师缺少了相应的串联词,活动仿佛分成了两截,要将讲故事和后面的环节层层推进才能成为一个整体。

教师手记

下雨时我们需要伞

活动目标：

1. 知道下雨天需要的工具。

2. 愿意用不同材料来制作伞。

3. 体验制作和操作的快乐。

活动准备：

伞面、蜡笔、印章、牙刷、广告纸、皱纸、各种花伞。

活动过程：

一、听录音提问

1. 教师：听,这是什么声音?（雨声）下雨时雨点落在什么地方?

2. 教师朗诵儿歌：小雨点。

3. 教师：小雨点逃到我们身上会怎样? 我们需要什么?

二、欣赏作品

教师：看,你们喜欢哪一把伞? 为什么?

三、制作伞

1. 教师:这里有一把伞,你们觉得怎么样? 怎么办?

2. 教师介绍桌面材料。

3. 幼儿制作伞。

四、幼儿互相欣赏交流

教师:你们来说说,你喜欢哪一把伞?

园本教研的对话:

专家1:活动的重点在伞,因此提问"需要什么工具"这样的表述不准确,下雨的时候需要的工具有很多,雨鞋、雨衣、雨布都可以,伞只是其中一个。对于小班幼儿,可以直接定位在知道下雨的时候需要雨伞。

教师1:活动中幼儿制作雨伞,基本上是在教师的帮助下进行的,所以目标2对于小班幼儿来说过于难了,可以改成装饰雨伞,这样幼儿便于操作,也会有成就感。

教师2:纵观整个活动过程,下雨所需要的工具仅用了一两句话,可以算是导入部分,也可以算是小结,我认为不需放在目标中,可以把目标定位在"小雨点和伞"上面,知道有小雨点的时候要带伞。

教师3:活动中涉及欣赏伞和交流喜欢哪一个,这涉及审美方面,因此目标可以修改为:欣赏漂亮的伞面,或者认识伞的结构。

　　活动目标的准确与否,不仅在于活动目标要适合幼儿的年龄特点,更在于在活动实施过程中教师确实要着眼于活动目标,并力图实现活动目标。反思教师和幼儿在教学过程做了些什么,能帮助教师反观活动目标是否实现,从而为以后设计活动目标总结经验教训。

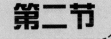第二节

养成试教和磨课的习惯

　　设计好了教案,教师就像一个拥有了脚本的导演,在真正组织教学活动之前最好能进行无生试教,自己在头脑中把活动过程过几遍,做到环节流畅、说话连贯,并且在一遍一遍过流程时,要想一想这样做是否合适,再次对活动设计进行思考。

通常而言,幼儿园进行教研活动的时候,会帮助教师安排有生试教,即选择一小部分幼儿开展活动,看看活动的环节是否合理,活动的目标是否能够实现,观察幼儿的理解程度、接受能力,以及师幼互动的情况。

面对磨课和研讨,教师要高度重视并做好充分的准备:首先,是按照前面章节选择合适的素材并撰写活动方案。其次,是摆正心态,幼儿园会开展一课三研、同课异构等不同形式的研讨活动,无论哪种做法,出发点都是为了让幼儿的学习有意义,让教学活动能真正有效地促进幼儿的学习与发展,所以要本着虚心的态度和宽广的胸怀来接受不同的声音,倾听不同的意见。最后,在研讨之后,要进行反思和改进,有条件的教师最好能进行第二次、第三次的试教。这样做的目的在于提升自己的反思能力,避免做一个机械的把教案"说一遍"的人,而是一个有着专业素养和实践智慧的教师。

下面来看一看这位陈老师在磨课六遍之后的收获。

🔍 教师手记

在一次教学公开活动中,我选择的是中班的音乐欣赏活动"啄木鸟",经过几轮观摩研讨活动下来,有一些心得和反思,在这里想从三个方面谈谈我的感触与收获。

一、对活动本身的反思——研讨的收获

这次活动在园里反复试了六遍,为了解决活动中的重难点,反复调整活动的环节与提问。开始我把活动的重点放在了表演上,而忽略了对音乐的欣赏。经过几轮的教研,也反复斟酌了园长、教研员给我的建议,最后将教学活动进行了调整,整个活动欣赏八遍音乐,层层递进,欣赏的每一遍都有不同的目的。

公开活动之后,我又在反思,我还可以怎么做,让活动达到更好的效果。我想我会增加欣赏的成分,避免说得太多;特别是在分段欣赏时,让孩子充分地听。当天的活动中,我可能是过于想帮助幼儿理解音乐作品的情节和内容,从而忽视了倾听音乐本身,特别是 B段音乐清脆、跳跃,我并没有引导幼儿去发现,而是过多的请孩子们表达或是自己在说。我想再次执教的话,我会在这一方面做调整。另外我的提问可以再精炼一些,教态上可以更自然、更有感染力一些。

二、自身的感受和成长——学习的快乐

此次活动给我一个最大的感触,便是"三人行必有我师"。罗园长教态的自然、亲切,语言的精炼,教学机智的运用,汪园长头脑清楚、思路清晰,李园长的从容、淡定等都让我学习、感受到了很多。相信我们每个人都有所收获,取长补短、教学相长。同时,我们也在共同交流、研讨中碰撞出了更多的火花。

三、感受老师们的成长与收获

刚开始在园内的试教是真正为了试教而试教,后面的几次试教,已不是单单的试教,而是园内的展示,园内教研的内容。老师们在听课、评课过程中,了解如何学会听课特别是如何去评课。更重要的是我园音乐欣赏活动上得不多,我正好为大家提供了了解音乐欣赏活动模式和学科特点的机会,园里还组织教师学习许卓娅音乐欣赏教学设计的方法及特点。从一个点全面铺开,最后落脚在自己的教学行为和教学能力上。每位老师都在这次活动中有不同程度的提升。

对于同一个题材,教师可以用许多种不同的方式设计教学活动,从目标到内容、方法和评价,可以全然不同。教师们通过教研,可以从多种不同的角度去设计教学活动。这样的做法,可让园本教研共同体中的每个成员充分发挥各自的作用,在交流与沟通中从多种角度去思考问题,为教育活动的设计打开更广阔的思路。以"比蛋"这一题材为例,看看两位教师是如何在同课异构中得到收获的。

📎 教师手记

	活动一	活动二
活动目标	1. 比较各种动物与蛋之间的关系。 2. 比较各种蛋的特征。 3. 能以自己的方式给鸡蛋画画。	1. 能区分常见的动物是否会下蛋。 2. 能从多个维度去比较各种动物下的蛋。
教学准备	鸭蛋、鸡蛋、鹌鹑蛋、鹅蛋(以图片方式展示火鸟蛋、鸵鸟蛋、乌龟蛋、恐龙蛋化石),以及水彩笔、鸡蛋壳、手工纸、胶水。	动物图片、磁铁,鹌鹑蛋、鸡蛋、鸭蛋、鹅蛋若干。

	活动一	活动二
教学过程	(一)引入活动 1. 提供各种动物的图片,请幼儿说说这些动物哪些会下蛋,哪些不会下蛋。(会下蛋的动物按鸟类、龟蛇类进行区分) 2. 提供各种生活中常见的和不常见的蛋,如:鸡蛋、鸭蛋、鹌鹑蛋、鹅蛋(以图片方式提供火鸟蛋、鸵鸟蛋、乌龟蛋、恐龙蛋化石等),让幼儿知道这些分别是什么动物的蛋。 (二)比一比 1. 教师展示生活中常见的蛋:鸡蛋、鸭蛋、鹌鹑蛋、鹅蛋。 2. 提问:请你们说说这些蛋的相同点和不同之处。(从外形、颜色等方面进行区分) 3. 教师:"除了以上这些蛋之外,你们还认识哪些蛋?"幼儿自由回答。教师出示火鸟蛋图片,同时简单地向幼儿讲解火鸟的特征。依此类推,出示乌龟蛋、鸵鸟蛋、恐龙蛋化石等图片。 4. 教师让幼儿自己动手打开鸡蛋壳,让幼儿看看蛋的结构:蛋壳、蛋清、蛋黄3个组成部分。 (三)画蛋壳 1. 教师发给幼儿每人一只鸡蛋壳,请幼儿以自己的方式画蛋壳。(先让幼儿说说准备怎样画蛋壳)。 2. 幼儿操作,教师辅导,并鼓励每位幼儿在蛋壳上画画。 3. 展示幼儿画的蛋壳作品。	(一)分类:谁会下蛋 1. 教师:请小朋友为小动物找位置:请把会下蛋的动物放在这边,把不会下蛋的动物放在那边。 2. 教师:在这些会下蛋的动物中,按鸟类和非鸟类进行分类。 (二)选一选,比一比 1. 讨论:在菜场上能买到哪些蛋? 2. 认识蛋:教师出示从菜场买回来的鸡蛋、鸭蛋、鹌鹑蛋、鹅蛋等。 3. 选择蛋:幼儿每人选一只自己喜欢的蛋。 4. 比蛋:比较各种蛋的颜色、花纹、形状、大小等。 5. 评出最漂亮奖与最大个头奖等。 (三)斗蛋比赛 教师介绍中国某些地方在立夏时节的斗蛋风俗。小朋友比赛斗蛋,最后评出最结实奖。

园本教研的对话:

专家1:两位教师根据同一个题材,设计了两个不同的教育活动,虽然他们设计的活动有雷同之处,但是他们的设计告诉我们,只需稍作改变,活动的目标、内容等就会不一样。我们大家能否都来尝试一下,也运用"比蛋"这一题材,设计一个与她们不一样的活动?

教师1:与其他题材一样,"比蛋"也是个可以从多角度设计教学活动的题材。在小班的教学活动中,常有认识鸡蛋的内容,通过不同的教学活动设计,可以实现这个目的,例如:让幼儿观看和摆弄玩具"母鸡下蛋";通过念儿歌,让幼儿知道鸡蛋是母鸡生的,鸭蛋是母鸭生的,等等。为中班幼儿设计的教学活动就要高一个层次,可以将重点放置在对各种蛋的比较等方面。

教师2:我设计的活动,会着重在数学方面,即让幼儿将各种蛋进行分类,分类的标准可以是颜色、大小、动物类别等。在此基础上,过渡到二维分类,如大的鸟类的蛋、小的鸟类的蛋、大的非鸟类的蛋以及小的非鸟类的蛋等。

教师3:我设计的活动,让幼儿观看煎荷包蛋和煮白煮蛋的过程,并分别品尝这两种蛋,比较两者的相同与不同。通过观看教师煎荷包蛋的操作过程,可让幼儿感受蛋清渐渐变成蛋白的过程。观看教师煮白煮蛋的操作过程,幼儿虽然无法看到蛋清变成蛋白的过程,但是通过比较,可以推测到。

教师4:我设计的活动,会让幼儿品尝各种烧法的蛋的味道:教师将鸡蛋做成炒蛋、炖蛋、蛋汤、白煮蛋、荷包蛋等各种菜肴以及蛋糕,让孩子们品尝和比较,使他们知道鸡蛋可以做成各种有营养的菜。

专家1:以上教学活动设计各有不同,各有侧重点,目标有所区别,活动内容也各不一样。

同样的题材,可以设计成不同的教育活动,只有在磨课和试教过程中才会发现,哪一种最有价值,哪些内容幼儿最感兴趣。在教研中,将自己的设计思路与他人进行交流,能开阔教师设计活动的思路,以便教师在教学之前有更多的选择,在教学过程中有更多的应变可能。

🔍 教师手记

猴子学样(中班)

活动设计

在主题"动物园"中,孩子们对动物产生了浓厚的兴趣,他们喜欢观看动物的图片,模仿动物的动作,因此我以故事为导入,设计了猴子学样的教学活动。

活动目标:

1. 通过故事,让幼儿了解猴子爱模仿的特点,愿意模仿故事中的动作。
2. 鼓励幼儿大胆创编、表演各种模仿动作。

活动准备:

图片、猴子面具等。

活动过程:

一、出示小猴子图片,学一学猴子的动作

二、教师出示故事图片,有表情地讲述故事,通过提问帮助幼儿理解故事内容,学一学故事中的对话和动作

三、扮演小猴子

1. 请教师和幼儿扮演老爷爷和猴子,玩猴子学样的游戏。
2. 幼儿模仿各种节奏。

3. 引导幼儿创编各种模仿动作,当带头人进行游戏。

4. 幼儿自选猴子的道具,模仿猴子表演。

执教教师的自评

在本次活动中,我以故事《猴子学样》为切入点导入。故事非常有趣,我在出示的图片中突出了猴子的各种模仿动作,把目标也定位在让幼儿乐于模仿猴子的动作上。但在活动的过程中,每一个环节匆匆而过,模仿不够到位,有的幼儿是自己做动作的,不按照图片上的动作。在幼儿的模仿和创造两个方面,如何更具体地引导幼儿,我感到很困惑。

园本教研的对话:

专家1:从目标的定位上来说,我认为第一个目标达成情况还可以,但是第二个目标似乎有些矛盾,既然强调模仿,就往往会不那么去强调创造,两者是有些矛盾的。

教师1:活动重心是模仿,就不一定牵强地进行很多创造,能模仿得好就已经很不错了。

教师2:我认为我们平时说的让幼儿学会模仿和发挥幼儿的创造性并不矛盾,模仿是创造的前提,创造离模仿只有一步之遥。因此,我认为模仿是创造的基础,在模仿了小猴子或老爷爷的动作后,幼儿才会在此基础上有所创造,否则,这样的创造就会成为"想当然"的动作,这不是真正意义上的创造。

专家2:模仿中包括幼儿的注意力、观察力、动作的到位程度,等等。教师在示范动作时要在细节中下工夫,教孩子学会模仿,并且给孩子以美感,如学习老爷爷的神情、表现老爷爷的心理等。可以一直以猴子为主线,在下面的环节中继续模仿学习猴子的各种动作,进行升华,而不是让幼儿随心所欲地做动作,否则,看上去很热闹,但是幼儿有可能什么都没有学到。

教师3:你是否在说,要让幼儿有所得,才可能有所创造?

专家2:可以这样说。模仿是一个理解和内化的过程,这个过程需要教师的帮助。在此基础上,幼儿才有可能会有创造,才有可能想出一些新的动作,表现出有趣的神情,并提升他们自己的表现力。

这个磨课的过程,帮助教师理解和处理模仿与创造的关系,不要因为追求创造而去贬低模仿,模仿是幼儿学习的方式,需要幼儿认真观察,付出注意力。没有模仿,创造就会成为无源之水。下面再来看一看这位年轻教师在试教和磨课过程中的感悟。

教师手记

大班歌唱活动:快乐像什么

活动目标:

1. 通过一问一答的歌唱形式,体验师幼、同伴之间共同演唱的快乐。

2. 熟悉旋律,初步学唱歌曲,能唱准附点音。

活动准备:

自制卡片式图谱若干,彩色透明遮挡卡。

活动过程：

一、导入活动,跟随音乐进场

1. 教师带领幼儿随着《快乐像什么》副歌部分的旋律,欢快进场。

2. 教师:什么事情让你们觉得快乐呢? 快乐的时候,脸上是什么表情? 心里的感觉是怎么样的呀?

二、熟悉旋律,初步学唱歌曲

1. 难点前置,学习歌曲结尾部分

(1) 出示图谱,理解歌词。

教师:这里有幅图,哪一个代表快乐? 除了笑脸还有些什么呢? 你可以用一句话来把这幅图的意思说清楚吗?

教师小结:快乐快乐像西瓜,赛蜜甜,切开来,分给小朋友,分给小朋友!

(2) 教师清唱一遍,请幼儿跟着主旋律试着哼一哼,唱一唱。

2. 完整欣赏歌曲,理解歌词

(1) 教师完整演唱歌曲。

教师:这是一首很好听的歌,听完请你们告诉我歌曲里都唱了些什么?

根据幼儿回答,出示图谱,有节奏地念出歌词。

(2) 再次演唱歌曲,填充歌词。

教师:刚刚你们只听了一遍,就记住了这么多,真棒! 我再唱一遍,请你们听听最喜欢哪一句?

根据幼儿回答,邀请幼儿一同唱出歌词,加深幼儿印象。

3. 学唱歌曲《快乐像什么》

教师:你们唱得真棒! 我们一起来用好听的声音完整地唱一唱吧!

幼儿在教师的指导和图谱的帮助下,学唱歌曲1～2遍。

三、尝试师幼共同演唱歌曲,体验对唱的快乐

1. 教师介绍图谱颜色:黑板上的图谱发生了一些变化,你们看看有哪些颜色? 那你们知道这些颜色代表着什么意思吗? 它是分组演唱的标记。

2. 幼儿按颜色自由选择,和老师共唱。

3. 幼儿当小指挥,同伴分组,共同演唱。

4. 教师小结:这首歌有个好听的名字,叫《快乐像什么》,快乐除了可以像小鸟、鱼儿、星星,还能像什么呢? 回去好好想一想,下次我们把它编到歌词里去。

试教和磨课后的感悟：

《3～6岁儿童学习与发展指南》中指出:"每个幼儿心里都有一颗美的种子,在社会文化生活中萌发幼儿对美的感受和体验,丰富其想象力和创造力,引导幼儿学会用心灵去感受和发现美,用自己的方式去表现和创造美。"因此,我选择了兼具意境美感和节奏美感的歌曲《快乐像什么》。

这首歌是原创的母子对唱歌曲,"对唱"类歌曲,孩子们的学习经验较少,对歌曲新颖的一问一答的互动形式感到新鲜和好奇,能引起幼儿的学习兴趣。同时歌词优美、规整,便于幼儿展开想象,结合已有经验感知、理解、记忆,从而较好地学唱和表现歌曲。

《3～6岁儿童学习与发展指南》中艺术领域的第二个子领域"表现与创造"中的目标2"具有初步的艺术表现与创造能力"下,5～6岁的典型表现中提到"能用基本准确的节奏和音调唱歌",因此本节活动的重点是基本准确地学唱歌曲,难点是唱准附点音符的节奏。

　　为了解决重难点,我做了以下设计:

　　第一,难点前置,即先学习歌曲的后半部,让孩子先说说快乐可以是哪些事情,以及快乐的时候是什么表情,由此引出笑脸的歌词图谱,让幼儿在自然的表达中理解歌词。

　　第二,难点部分重复多次。在前置的基础上,我还将后半部分作为师幼合唱部分,在教师的带领下重复几次,便于幼儿巩固。

　　第三,将难点部分的旋律融入开场音乐中。带领幼儿进场的音乐就是后半部分的钢琴旋律,让孩子在熟悉旋律的基础上加深对歌曲的印象。

　　本节活动的目的不仅仅是学会唱某一首歌曲,而是通过歌唱活动,积累歌唱的经验和技能,发展综合音乐能力,体验到歌唱活动的快乐。因此,在活动过程中我运用了多种教学方法和策略,包括:

　　(1)以幼儿为本,充分给幼儿表达和提炼的机会。活动第一环节让幼儿看图谱,提炼歌词,第二环节让幼儿在倾听基础上表述和提炼歌词,我根据幼儿的回答出示图谱、呈现歌词,而不是直接告诉幼儿。

　　(2)巧妙运用图谱,尊重幼儿的年龄特点和认知方式。大班幼儿仍然以直觉行动思维为主,逐步过渡到抽象思维,因此在记忆大段歌词的时候,提供图谱,可以恰到好处、形象巧妙地帮助幼儿理解和记忆。图谱上的大问号和小问号,表示附点音符,在示范时结合教师的肢体语言,形象、简单地化解了附点带来的难度。

　　(3)关注幼儿主体性,增强师幼互动、幼幼互动的有效性。在幼儿掌握整首歌曲后,开始进行师幼对唱,幼幼对唱,以及幼儿与客人老师的合作演唱。怎样的形式才能让幼儿清楚自己该唱哪一部分,成为研讨的重点。开始是用不同颜色的卡纸画图谱,后来发现这种设计限制了幼儿的思维,可能幼儿还没有掌握整首歌曲就会在考虑颜色的区分。于是,最后决定统一用白色的卡纸画图谱,在对唱的时候,用彩色磨砂塑料板盖在图谱上,把歌词区分成三个部分,这样既能让幼儿掌握歌曲,又能清楚地了解自己需要唱的是什么颜色的部分。

　　(4)关注幼儿体验,切合快乐的主题。在本次活动中,我设计的教学方法不是利用机械的说教和训练,而是让幼儿在一种轻松的氛围中记住歌词,掌握旋律和歌唱技巧,淡化教的痕迹,让幼儿既学得扎实有效,又学得轻松快乐,并且还原了歌曲本身快乐的宗旨。

　　通过这位教师的手记我们可以看出,她对活动目标、活动重难点的突破、活动环节的层次关系、师幼互动等问题都有了比较清楚的、个性化的认识,丰富了专业知识,积累了专业技能,提升了专业素养。

　　试教和磨课的过程能够提升教师组织教学活动的指导策略,提升师幼互动的品质,教师思考的是如何让幼儿与成人对话,让幼儿与同伴对话,让幼儿与新生事物对话,从而产生思维的碰撞,达到认知水平的发展。这个过程的实现,除了教师个人的努力,更需要园所的重视与协助。如果园所并没有开展类似的研讨活动,教师可以在日常班级工作中采用分组教学的方式把活动组织两遍,并邀请搭班或者其他有经验的教师来进行听课和点评。

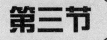

评价和反思教学活动

对教学活动进行评价和反思是提高教师专业发展水平的最有效的途径,通过前面的教师手记可以看出,反思是在实践过程中进行的,伴随着自我评价和他人对自己的评价。新手教师往往不知道评价什么,反思什么,下面将评价和反思的内容进行列举,供教师参考。

一、评价和反思教学目标

评价和反思教学目标主要是考虑:目标是否适宜? 目标是否有三个维度? 目标是否达成?

二、评价和反思教学过程

评价和反思教学过程要关注:环节设置是否合理? 场景转换是否流畅合理? 教具的使用是否科学? 活动的组织和管理是否有效?

三、评价和反思师幼互动、幼幼互动

评价和反思师幼互动、幼幼互动要关注:是否是真性互动? 还是走过场? 幼儿在互动中的收获是什么? 对互动的结果是否分享、交流和评价?

📎教师手记

学扮爸爸妈妈（小·班）

活动目标:

1. 区分爸爸妈妈的衣服、鞋子与用品。

2. 体验模仿爸爸妈妈的快乐。

活动准备:

收集爸爸的衬衫、帽子、打火机、皮带、领带和手提包;收集妈妈的裙子、围巾、耳环、项链、皮带、别针和手提包;爸爸妈妈的自画像。

活动过程:

一、区分物品,说一说这是谁的东西

1. 看一看,这里有什么东西?

2. 说一说:你看到了什么东西?谁用过这些东西?为什么要用这些东西?

3. 将东西分别放置在爸爸或妈妈的自画像前。请幼儿说说是否放对了。

二、装扮爸爸妈妈

模仿爸爸妈妈使用这些东西的样子。

三、交流和小结

教师:说一说你模仿了爸爸妈妈哪些事情。

活动反思:

这个活动题材来自于家庭,小班的幼儿对爸爸妈妈的感受很深,能理解和知道爸爸妈妈使用的东西是不一样的。活动设计能让幼儿在对爸爸妈妈的比较中学习性别上的认同,这是很不错的。

但是,对小年龄的幼儿要少问"为什么"这样的问题。小班的幼儿对于"谁"、"什么"的问题都可以回答得很顺利,但是对于"为什么"、"怎么样"的问题往往会感到困惑,因为这不是他们可以回答的问题。

教师的提问很重要,问得不好,师幼互动进行不起来,活动中幼儿不知道为什么爸爸要用打火机,因为通常爸爸为了儿童的健康是不会在孩子面前吸烟的,所以,儿童不会回答,显得很被动,教师也很尴尬,变成了独角戏。

因此,教师的提问要考虑儿童的年龄特点。

教师与幼儿的互动就好比打乒乓球,你来我往,才能打起来,如果一个球太急了,速度太快了,对方就接不住。教师的提问就是如此,一个好的提问好比是一个支架,幼儿顺着该问题很容易表达、思考和创造;相反,一个不好的提问,会让教学活动引向很尴尬的状态。

四、评价和反思教学中的突发事件

评价和反思教学中的突发事件要关注:教师是如何处理不符合预期的回答的? 教师对突发事件的应对措施是什么? 教师的教学机智是怎样体现的?

🔖 教师手记

怪汽车(小·班)

活动目标:

1. 在理解故事基础上了解小动物将房子搬回家的方法。

2. 能大胆想象,尝试运用不同材料制作小汽车。

3. 体验操作的快乐,感受成功的喜悦。

活动准备:

背景图、西瓜、南瓜车、小动物图片若干及各种操作材料。

活动过程:

一、谈话导入

这几天,我们一直在讨论关于汽车的话题,你们都知道有哪些汽车?

二、故事

1. 教师讲述故事《怪汽车》。

2. 教师插问:辛辛苦苦造的房子不能拿回去怎么办?

3. 教师在讲完故事后提问:小动物们想了什么办法把房子搬回了家? 他们的办法好不好? 狐狸警察为什么说这是怪汽车?

4. 带着问题第二遍听故事。交代故事名称《怪汽车》。

5. 教师提问:为什么说这些是"怪汽车"? 怪在哪里?

三、动手设计汽车

幼儿用操作材料自己设计及汽车并进行展示。

活动实施:

实施教学活动过程中,幼儿提出了很多"怪"问题,比如,在操作材料中有护手霜的罐子,有个幼儿问"这个罐子有多厚";说到怪汽车的时候,有个幼儿问"是几路公共汽车",面对幼儿突如其来的、与教学活动关系不密切的问题,展开了教研。

园本教研的对话:

专家1:教师如何估计幼儿的提问? 幼儿会不会提出怪问题? 孩子听到教师的问题后反而提出自己的问题,这样的现象,该怎么应对? 如果说幼儿的提问是一个球,教师应该怎样回这个球?

教师1:我认为幼儿会提出各种问题是很自然的,对幼儿的提问,不能采用防备、提防,不让幼儿提问的态度,应该让幼儿提问,在集体教学中别人的思路可能会对其他幼儿有启发。

教师2:但是,如果一个幼儿提出了怪问题之后,很可能其他幼儿也模仿着提怪问题,这样就会影响教学,越谈越远。

教师3:幼儿的问题防不胜防,与其处处设防,倒不如顺其自然,如果幼儿提的问题跟活动有关系,就顺藤摸瓜,如果没有关系,就暂时不回应,说"你的问题我们一会儿再讨论"。

教师4:这样会不会挫伤幼儿的积极性?

教师5:不排除有的幼儿是"调皮捣乱"而提怪问题的,也不排除有的幼儿是因为不能理解教师的话,听不懂教师的话而提出了与活动并不相关的问题。

专家2:对于有意义的问题,应该回答,没有意义的问题,可以不回答,因为在集体活动中还是要顾及大多数的儿童,如果为了回应一个儿童的无关提问,而浪费了更多儿童的时间和精力,反而得不偿失。教师要进行鉴别,提出的问题很好,能够让活动更生动,启发幼儿更好地去思考,那么教师就可以吸纳到活动中去,借这个机会展开活动。

教师4:我认为,回应幼儿的提问,需要的是教师即时的反应,在教育现场,教师要不要回应,如何去回应,一般没有时间让教师去考虑。于是,教师对幼儿提问的回应就应该是教师的一种感觉,也许这就是教师的实践性智慧。

　　教师进行教学活动如同医生进行手术,手术的时候可能遇到各种突发情况,医生要决定如何应对,教学亦如此,不是按照固定不变的程序来做的,幼儿的提问也是不可预料的。因此,这是对教师的一个考验。也许教师就需要在不断应对这样的事件中才能发展自身。

五、评价和反思幼儿的语言和行为

　　评价和反思幼儿的语言和行为要关注:幼儿对活动感兴趣吗? 幼儿能大胆回应教师吗?幼儿在认知、情感、方法技能、品质有收获吗?

教师手记

名片(大班)

活动目标:

1. 了解名片的内容组成、名片在生活中的作用。

2. 独立设计制作自己的名片。

3. 体验成功制作名片的满足。

活动准备:

卡纸、水彩笔、照片、各种贴纸、印泥、剪刀、胶棒

活动过程:

一、导入(看影像资料)

教师:在画面上,那位老师弯着腰递给朋友的小卡片是什么?

二、活动开始

1. 名片的作用

教师:名片在我们的生活中有什么样的作用呢? 你的朋友怎样来联系你呢?

2. 名片的组成

教师:名片上主要有些什么呢? (生活、工作或学习的地方、姓名、联系方式)

3. 名片的差异

让幼儿欣赏几种不一样名片。

教师:所有的名片都一样吗? 不一样在哪里?

4. 幼儿制作名片

三、活动结束

用名片与他人交朋友

反思：

　　活动的过程似乎很清晰，但是在"名片的组成"这一部分中，幼儿并没有理解，因此他们在制作名片的时候又重新提出了在名片上应该有哪些内容。从成人的角度来看，活动设计的思路是很清楚的，但是从孩子的角度来看未必是有效的。孩子对名片的组成、作用会感兴趣吗？从活动的过程来看，他们并不很感兴趣。名片是成人社交场上运用的东西，幼儿没有这方面的生活经验。是否可以通过一些情景调动幼儿的交往动机和兴趣，帮助幼儿理解名片的功能，否则，幼儿与名片之间似乎会有距离。从大家所观察到的情况看，幼儿最感兴趣的是制作名片，五花八门好看的名片，因此，我认为活动的落脚点是否可以放在让儿童看五花八门的名片，然后通过比较再去了解名片的内容组成部分。在制作名片之后，与别人交换名片，那时再去了解名片的作用。每一个活动过程都应该达到一些效果，让幼儿有所得，不能只是走一个过程，儿童却没有得到什么东西。

　　"打一口井，出一口水"，教学活动的过程如同打井，每一个教育过程都应该有收获，都能获取有价值的东西。教师在设计和实施教学活动时，要考虑在这个过程中幼儿能得到些什么？通过活动，他们真的得到了吗？这样才能将活动落到实处。

　　评价和反思是密不可分的过程，反思是自我评价的一种，幼儿园通常会用看课、评课的方法组织教师开展教学评价活动，在实践——评价——反思——再实践的过程中，促进教师之间的交流，提升教师的业务水平。

教师手记

　　四个平行班都要上"好玩的点卡"活动（小班），教师们聚在一起进行试教，然后对活动环节进行研讨，互相评价。

　　在大班科学活动"滚动的胶囊"中，幼儿缺乏记录的经验，只顾着操作，却忽略了身边的记录纸，这也是教师评价和反思的关键点。

幼儿对沙画的神奇充满向往，"沙画"（大班）活动利用沙的特点与艺术活动相结合，引导幼儿学会用心灵去感受和发现美，为幼儿创设了大胆表现、自由创造、充分尝试的机会，掌握抠、漏、拨、抹等沙画技法，从而提高幼儿的艺术表现能力。

"蚂蚁和西瓜"中班活动中包含了三个目标："欣赏绘本中关键的画面，感受画面色彩简约、趣味生动之美；尝试用撕贴的方法制作西瓜，用单色点画表现蚂蚁的简单动态。大胆猜想，积极尝试，乐于讲述，体验不同绘画方式作画的愉悦感。"活动时间是否过长，活动容量是否太大也是评价和反思的要点。

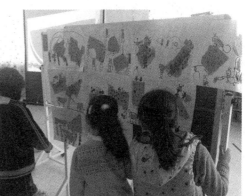

第十二章

如何做好家长开放活动

　　家长开放活动是全面展示幼儿园保教工作、增进家长对幼儿园了解、实施家园共育的重要形式。家长开放活动，能让家长直接观看和参与幼儿的生活情况，了解幼儿园的环境创设，体验幼儿一日生活的各个环节，了解幼儿在群体中的各方面表现。因此，教师应该重视并定期组织家长开放活动，把家长开放日作为展示班级风貌的窗口。本章将介绍如何准备和组织开放活动以及开放之后的评价和反思两方面内容。

第一节

准备和组织开放日活动

不少教师一听到开放活动,就会头疼,觉得自己要暴露在家长面前,一言一行都被那么多家长看到,感到压力非常大。其实,教师大可不必有心理压力,因为家长开放活动虽然只是一天甚至半天,但是前期的准备和组织工作是非常有必要的,把前期准备工作做扎实,开放活动是自然、自在的事情,形成家长参与班级活动的常态。

开放活动可以每月一次,也可以每学期一次,根据园所的要求和情况而定。下面列举开放日活动组织的流程:

（1）听取家长志愿者的意见然后进行设计和准备。

🔍 教师手记

我通过 qq 群给家长发了调查小问卷,发现托班的家长最关心的问题是自己的孩子在幼儿园吃得好不好,自理能力好不好,有没有得到老师充分的关爱和照顾,对于学习什么并不是非常感兴趣。因此,我们班的两位老师和保育员共同商定了本次开放活动的主题是"我是能干的宝宝"。从上午 8:30 入园开始,让家长看到孩子自己念着洗手儿歌有顺序地洗手,能自取饮水,能自己如厕后请老师帮忙把肚子包起来,能自己擦鼻涕,能自己搬小椅子,能自己用勺子吃饭,自己脱鞋,自己扣纽扣等。通过游戏、儿歌、故事等形式体现了一日生活皆教育的理念,家长们惊讶于孩子的动手能力比在家中强多了,纷纷表示在家也要给孩子充分动手实践的机会,平时过于包办的一些祖辈家长更是受到了深深的震撼。

（2）制订和安排开放日的活动流程。需要注意的是,开放日当天可能会出现一些特殊情况,比如小年龄段的幼儿情绪不如平时稳定,容易兴奋或者哭闹,因此,要避免安排过于安静的活动,可以在活动设计上安排亲子共同参与的操作活动,如亲子制作、亲子游戏等。

教师手记

"端午粽飘香"家长开放活动方案（大班）

设计意图：

农历五月初五是我们中华民族的传统节日——端午节。为了让幼儿更好地了解端午节，感受端午节丰富的文化内涵，丰富生活经验，今年端午节我们开展了"端午粽飘香"的家长开放活动，让小朋友们在浓浓的亲子氛围中进一步了解中国传统节日的习俗，用心去体验我国的传统节日中蕴涵的意义。

活动目标：

1. 知道农历五月初五是端午节，端午节也是一家人团聚的日子。

2. 了解端午节有哪些习俗，还有许多传说、故事、儿歌，如：有关屈原的传说等。

3. 认识端午节有特别的食品——粽子，它是多种形状、多种口味的。

4. 乐于参加包粽子活动，体验节日的快乐。

活动准备：

1. 端午节的故事。

2. 端午节的展板。

3. 包粽子的糯米、苇叶，及幼儿自带的各种粽子馅。

活动过程：

一、主持人致开场辞

淡淡粽叶香，浓浓世间情，根根丝线连，切切情意牵，每年的农历五月初五，是中国传统的节日——"端午节"，又称端阳节、五月节，等等。每到这一天，家家户户都悬钟道像，挂艾叶菖蒲，赛龙舟，吃粽子，饮雄黄酒，佩香囊。随着端午节脚步的临近，为了增进小朋友们对中国传统文化的了解和兴趣，了解中国传统文化的习俗，今天我们大二班的小朋友们邀请了自己的爸爸妈妈，爷爷奶奶，用自己的方式来庆祝这个美好的传统佳节。现在就让我们一起用掌声欢迎我们的爸爸妈妈，爷爷奶奶们！

二、端午节的由来(社会)

1. 教师或家长志愿者讲述端午节来历的故事,让幼儿初步了解故事中的人物、事情和相关物品。

2. 出示端午展板:请幼儿一一向大家介绍端午有哪些习俗。(赛龙舟,悬艾叶菖蒲,饮雄黄酒,挂钟馗像,吃粽子,佩香囊)

三、端午节赛歌会(语言)

幼儿朗读端午节的儿歌:

(1)五月五,是端阳。门插艾,香满堂。吃粽子,洒白糖。龙舟下水喜洋洋。

(2)五月五,是端午,背个竹篓入山谷;溪边百草香,最香是菖蒲。

(3)五月节,天气热,放下锄头歇一歇;山上清风爽,杨梅红出血。

(4)粽子香,香厨房。艾叶香,香满堂。桃枝插在大门上,出门一望麦儿黄。这儿端阳,那儿端阳,处处都端阳。

四、巧手妈妈大比拼——亲子活动

1. "你们吃过或者见过哪些粽子?"幼儿和同伴交流。

教师和幼儿共同小结:粽子有各种各样的口味,里面有不同的馅。

2. 幼儿和家长们共同包粽子。

"小朋友们包过粽子吗? 包粽子需要哪些材料? 今天我们请来了会包粽子的家长,我们一起学习包粽子吧!"幼儿分组和家长志愿者共同包粽子,引导幼儿为家长们拿、放材料,边看边交流。

3. 幼儿交流:包粽子的顺序,包粽子时的注意事项,包粽子的感受。

五、活动结束

送端午祝福,让幼儿向家长、同伴说一句端午节祝福语。在亲子活动结束后,阿姨将粽子送到食堂,下午点心时组织幼儿分享美味的粽子。

(3)对开放日当天的生活、游戏、学习、运动等内容进行研讨和试教,保教配合工作更要在日常工作中进行磨合和调整。

(4)提前发通知,确定开放的日期,以便家长请假或准备。

(5)为家长印制《幼儿园开放活动指南》,让家长清楚看什么、观察什么,明确幼儿园开放活动的意图和流程,激发家长参与的积极性,比如提醒家长"在活动中除了观察自己的孩子,还要观察孩子与他人的互动、与教师的互动","看一看孩子在活动中的闪光点是什么,需要加强的是什么"。

🖉 教师手记

尊敬的家长:

您好,我们将于2014年12月20日上午8:30对广大家长进行半日活动开放,本次活

动的目标如下:

(1)通过半日开放活动,向家长展示本学期幼儿角色游戏的游戏水平和交往能力。

(2)幼儿能积极主动参与各种游戏活动,能自主选择和大胆表达自己的想法。

(3)家长能积极参与活动,观察幼儿在游戏中的表现,学会倾听幼儿的对话。

为了能在活动中对孩子的学习与发展有更全面的了解,请您注意以下事项:

(1)观察孩子的游戏兴趣,看看孩子是怎样选择喜欢的游戏的。

(2)观察孩子是如何选择同伴的,他/她和小伙伴说了些什么。

(3)观察孩子在游戏中是否遇到困难或问题,孩子是怎么解决的。

(6)在开放活动开始之前,教师还需要准备签到表,并且对家长强调一下注意事项,提醒家长多做纵向比较,少做横向比较,切忌大声喧哗、随意评论、干扰幼儿的活动。

(7)开放活动当天,教师不仅要展示自己的专业素养和幼儿的活动,更要认真观察家长在活动中与幼儿的互动方式,观察家长在场情况下幼儿的表现与平时有什么不同。

除了上面的流程,还有一些细节需要教师注意:

(1)教师要多准备一些游戏方案和备用材料,以防有特殊情况的发生。教师在活动中要注意让每个幼儿都有展示的机会,因为家长非常关注自家孩子的表现。

(2)教师可以邀请家长委员做协助工作,比如负责照相、拍摄、助教、配合表演等,让幼儿感受到家长的参与。

(3)如果家长工作繁忙,教师可以提供几个时间让家长自选,将开放活动的时间扩大,如"开放周"。家长可以在这个期间自主选择,一方面满足了不同家长的需求,另一方面活动室内的人也不会过于拥挤。

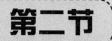

开放活动之后的评价与反思

对于教师来说,开放活动之后,要及时总结活动经验,一方面从教育教学的角度来进行反思,包括活动组织、活动实施、效果达成、师幼互动等方面情况的反思;另一方面要从家长的角度来进行评价,听取家长的意见和建议,改进工作中的不足。

评价的方法有很多种,最常见的方法是向家长发放调查问卷或开放活动反馈表。下面列举一些半日活动反馈表,供教师参考。

📌 教师手记

幼儿园对家长开放半日活动反馈表

时间		班级	
教师		保育员	
	内容	建议与要求	
生活活动			
游戏活动			

续表

户外活动		
离园活动		
其他		

教师手记

幼儿园家长对晨间活动开放日情况反馈表

时间：　　　　　班级：　　　　　教师：

填表方法：请在所选择的答案上打钩

1. 来园接待时教师关注孩子情绪情况：

　　A．积极关注　　　　　B．有时关注　　　　　C．不关注

2. 孩子参加晨间活动情况：

　　A．喜欢　　　　　　　B．一般　　　　　　　C．不喜欢

2. 晨间活动器械种类为(包括幼儿园的设施、玩具)：

　　A．3样　　　　　　　B．4样　　　　　　　C．5样以上

3. 活动中，孩子对器械的使用情况：

　　A．非常感兴趣，积极使用　　　　B．不感兴趣

4. 教师参与孩子活动的情况：

　　A．积极参与，能有效指导　　　　B．参与性不高，没有关注到孩子

5. 运动量和练习密度：

　　A．合理，达到锻炼目的　　B．比较合理　　　　C．不合理

6. 教师注意到孩子的运动量并及时提醒孩子穿脱衣物：

    A. 能   B. 有时能   C. 不能

7. 活动中，教师注意培养孩子的创造力：

    A. 积极引导   B. 有时引导   C. 不引导

8. 活动中您的孩子有规则意识：

    A. 有   B. 缺乏

9. 教师领操状态：

    A. 精神饱满、动作熟练   B. 精神较饱满、动作较熟练

10. 孩子做操时的精神状态：

    A. 注意力集中，精神饱满   B. 注意力不集中，没精神

11. 孩子的身体律动：

    A. 协调有力   B. 合拍，但缺乏力度   C. 不协调

12. 孩子与同伴合作活动的态度：

    A. 非常乐意   B. 愿意   C. 不太愿意

13. 晨间活动组织中有无安全隐患：

    A. 有   B. 没有

14. 对孩子的晨间活动安排评价：

    A. 很满意   B. 基本满意   C. 还有待加强

其他意见或建议：

 对于收集回来的家长意见反馈表或问卷，要进行一定的分析。

 文字记录的内容可以进行分类，如按满意的、基本满意的、不太满意的、很不满意的进行分类。对于家长提出的建议，要逐条进行分析。对于调查表可以进行一定的统计，通过数据反映家长的满意度。如果家长提出的建议很中肯、客观，那么教师要及时进行改进，并且告知家长接下来如何改进，欢迎家长进行监督。

第十三章

如何给孩子自由选择的权利

　　无论游戏活动还是学习活动,教师都要遵循以幼儿为本的教育理念,为幼儿创设充分选择的机会和条件。之所以这样做是因为每个幼儿都是独立的个体,有着自己不同的喜好、发展速率和认知方式,幼儿园提供的教育应充分照顾幼儿的个体差异,为每一个幼儿提供发挥潜能的机会,促使他们在已有水平上得到应有的发展。这就要求教师在观察幼儿、了解幼儿的基础上为幼儿提供自由选择的权利,让他们自主选择,幼儿可以找到最适合自己的活动和学习方式。

第一节

如何尊重孩子的选择权

有经验的教师通常会说一句话:"让小家伙二选一比让他做一件不喜欢的事情容易得多。"很多感性认识让教师发现了幼儿更容易在做出选择的过程中得到满足。《幼儿园教育指导纲要》中也指出"让幼儿在自由选择、自主学习、动手操作中积累经验"。因此,教师应当根据儿童已有的经验和发展特点,创设满足儿童自身发展需要的教育环境和条件,实现教育过程与儿童发展过程的统一。

幼儿的需要是多种多样的,每个人都有自己的喜好,表现出显著的个性化。教师所能做的最好的满足儿童需要的基本方式就是创设丰富多样的、多功能多层次的、具有选择自由度的环境,让每个幼儿都能接触符合自身需求的环境,用自身特有的方式同化和吸纳外界的信息,根据自己的水平、已有经验、认知特点和需要来选择材料和活动方式,最直接的表现就是幼儿做出主动参与活动、主动选择的行为。

🖊 教师手记

开学初,大班儿童对小班弟弟妹妹进行了一次极有意思的"你喜不喜欢上幼儿园"的调查活动,大多数回答是肯定的,而说"不喜欢"的儿童,说出的原因几乎如出一辙"我不喜欢吃饭"。

教师安排午餐时采用了统一模式:规定的时间(忽略儿童前一餐的进餐时间),规定进餐的要求(忽略儿童胃口大小,统一饭量),统一的餐具(忽略儿童动作发展的已有水平和生活习惯),日日重复,儿童在此过程中,没有选择的自由度。午餐是儿童在园生活的一部分,进餐的环境、同伴、对餐具的喜好、进餐方式等都影响着儿童对集体共同进餐的感受,以及"我愿意"、"我想要"的行为。

家长和教师通常难以想到幼儿会因为这些"小事"不喜欢上幼儿园。幼儿园其实没有小事,这些小事是与孩子健康生活直接相关的重要因素,它们会影响幼儿的在园生活品质。下面看看聪明的教师是如何在进餐活动中尊重幼儿的选择权的。

🔍 教师手记

选择自己喜欢的餐桌

中班幼儿的自主需要越来越显现，他们不愿意总是按照老师的安排坐固定的位置，想尝试坐在不同的桌子上进餐，他们还会看看哪张桌子上有他们喜欢的同伴，然后再进行选择。因此，我为幼儿设立了一块"餐桌选择板"和有照片的卡片，午餐之前，幼儿进行选择，对号入座，"今天我要去1号桌吃饭了""我选择的是6号桌，丁丁和我是一样的"。

下一阶段我会尝试让孩子命名餐桌，每一个餐桌名字都有相应的小要求，如"老虎桌"是要大口大口地吃，"干净桌"是不能让饭和菜掉出来……吃饭的时候，每个孩子都能自觉遵守所选餐桌的约定，因为这是"我自己选择的餐桌"。

🔍 教师手记

和好朋友一起吃

中班幼儿的交往欲望越来越明显，因此，我设计了"好朋友对对卡"，孩子们可以自由地选择自己的好朋友一起结伴进餐。他们餐前一起准备、一起洗手，餐后一起活动，而且从好朋友一起吃到和好朋友互相评价，改变固化的进餐方式，让孩子产生积极主动的进餐情绪，让进餐也成为孩子们一次小小的社交活动。

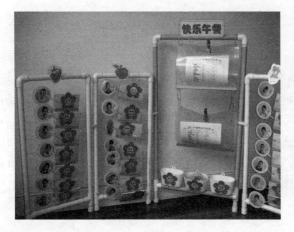 

教师手记

让进餐时间延后二十分钟

我对班级里的幼儿做了一次小调查，发现多数孩子都在 7：30～8：30 左右吃完早餐，在早餐和午餐间还有一份幼儿园里的点心，所以往往到中午进餐的时候孩子们还不饿，不想吃饭。因此，我和园长商量将大班的午餐时间延后二十分钟，从原先的 11：00 调整到 11：20，同时保证上午户外运动充足的运动量。结果每当散步完带孩子们经过厨房门口，他们都会吸着鼻子说："好香啊，今天吃什么好东西呀？"我就边走边向孩子介绍今天的菜肴，让孩子们想象着菜肴的口味，帮助他们丰富相应的词句，连平日不爱吃饭的孩子都会嚷着肚子饿了。

教师手记

让孩子的进步看得见

大班幼儿有着比较强烈的自我意识，愿意对自己的行为做出一定的判断，因此我为每位孩子设计了《我的午餐手册》，每一页都代表了孩子进餐的一项内容，如"饭菜吃个光"、"我会用筷子"、"托盘真干净"等。午餐后，孩子们根据自己的进餐表现，在手册的相应页贴上好看的贴纸或者可爱的小挂件作为评价的标签，孩子高兴地说："我的本领越来越大了！"我发现进餐比别人慢的孩子，常常会因此而感到自己不如别人，我们的手册可以让孩子感受到自己获得成功的过程。也就是说，从正确进餐行为养成的几个方面让孩子评价，他会有至少一方面的成功。

以上几位教师为儿童创设了丰富的选择机会和条件，让他们能在进餐中自主选择餐桌，选择伙伴，自我评价，满足了幼儿陪伴、分享、交往的需要，发自内心地期待与好朋友结伴，进餐不再枯燥，也给了幼儿私密的空间，融入了情感因素，午餐时刻成为他们期盼的活动。

允许儿童作出选择的幼儿园生活是适合幼儿期特点的生活，也是他们喜欢的生活。儿童自己选择做什么、何时做、和谁做，这样的生活能够让他们情绪稳定，自由自在地游戏、学习，相信自己是生活的主人，产生自尊、自信的感觉。

教师手记

午睡同样也是容易被忽略的环节，幼儿睡觉的位置往往是被动地听从教师的安排。于是，孙老师设计了让孩子自己选择睡上铺、下铺的方法，尊重幼儿的意愿，自己选择睡什么位置。活动实施之后不仅得到了幼儿的喜爱,也得到了家长的认可。因为有的家长不喜欢自己的孩子总睡上铺,怕不安全,有的家长觉得自己的孩子总睡下铺不开阔。让幼儿自主选择之后,家长也更尊重孩子的意愿,幼儿的午睡变得更安心了。

　　尊重幼儿做出选择的权利是确保每个儿童以自己的方式生活,通过自己的判断、按照自己的意志行动。选择能让幼儿快乐,做自己选择的活动时,幼儿头脑及全身神经都处于兴奋的状态,会集中精力去做。如果每个人都学习同样的内容、按照同样的方式和时间表是令人生厌的,如果全班儿童只用一种材料、一种方法,老师提出统一要求,不给儿童选择的空间,他们就会产生不高兴、不愿意、不感兴趣、不适应、不作为等负面情绪和行为。

第二节

创设选择的条件和机会

　　让幼儿做选择,不仅意味着要给每一个儿童均等的机会,更意味着追求每一个儿童拥有同等的发展机会,体现的是教育公平的价值取向。每个班级里总会有些儿童游离于集体活动之外,或被动跟从或不积极参与活动,虽然其中原因各异,但有一个共同因素是教师的安排过于统一,教师的控制过多,没有因人而异。教师要在了解本班幼儿的基础上设计不同的环节,让他们在一日生活的各类活动中都能拥有自主表达和表现自己的机会,在每个环节中都有选择的条件。

"条件"是指事物存在、发展的影响因素。对满足儿童需要而言,提供充分选择的条件是指提供具有选择性的活动内容、创设具有选择性的环境。"机会"是指具有时间性的有利情况。幼儿园要为儿童提供充分表达、表现自己的意愿的机会。一日生活中至少有5个活动环节,每个环节都应该有幼儿表现自己和自我选择表达方式的机会,通过自由度与选择性,能增强自我认同,产生"我能行"的自我效能感。选择的过程也是儿童进行尝试、比较、辨析等思维活动的过程,激发儿童在活动中认识事物的兴趣,从而满足表现自己的需要、好奇的需要和探究的需要。

教师手记

小·能人俱乐部

"小能人俱乐部"活动的价值在于引导幼儿充分表现自己,为幼儿提供多种可供选择的操作用具和活动形式,让他们可以根据自己的兴趣和爱好自由选择不同的表现形式,用自己喜欢的方式来表达自己对活动的理解,让每个孩子都从中体验到属于自己的快乐。

阶段一:自我推荐,让幼儿发现自己——"我是小能人"

教师在公告栏中张贴公示,告诉幼儿小能人俱乐部招募会员的条件、在什么时候进行招募活动,请参加招募活动的幼儿在报名单上签上名字,并根据招募条件准备好"自我推荐"书。

在招募当天,全班幼儿都进行了自我推荐——表述了"我会做……"。虽然在自我推荐时有的声音还是那么低,虽然有的头不敢抬起,但是他们都经历了一次对自己能力的发现、肯定。

阶段二:设计活动卡,让幼儿表现自己——"我是小能人"

教师为幼儿提供各种材料,让幼儿设计俱乐部会标、自己的会员卡,让幼儿用自己喜欢的方式来表达自己对活动的理解,同时也使幼儿又一次表现了自己的能力。教师让幼儿在活动中使用自己设计制作的会员卡,使幼儿获得成功感。

阶段三:提供多种选择,让幼儿证明自己——"我是小能人"

选择活动内容、选择活动工具、选择合作伙伴、选择活动时间,让幼儿选择,就是尊重幼儿意愿。幼儿根据自己的爱好、想法等决定自己参与活动的方式,使幼儿多了份自主。

年轻的教师带班一天往往会觉得很累,那是因为说话太多,对幼儿控制太多,其实每天可以让儿童有"自作主张"的时机。"自作主张"的意思是保证儿童每天有适当的自主选择和自由活动的时间,也体现了一日活动流程安排过程中集体活动与自由活动交替的原则。

> **教师手记**
>
> 每天早晨,小班的幼儿来到幼儿园,就开始了个别化学习,这段时间就让他们自己决定选择先学习什么内容,以及选择学习的操作材料:有的儿童爱讲故事,他们就进入阅读区翻看,自己"发现"各种有趣的玩玩书,能以不同方式打开;有的儿童有直觉动作需要,愿意反复摆弄,他们就选择可以反复操作的材料。

> **教师手记**
>
> 在大班下学期幼小衔接的阶段,我推出了"休息十分钟"的活动,在这十分钟内,孩子自己决定做什么,在哪里休闲,自己选择跟哪个小伙伴在一起,自己商议玩什么游戏,协商约定"玩"的规则。教师所要做的就是给儿童指定几处安全的场所,根据儿童的提议而专门设置活动所需的物品,支持儿童自由地选择,以自己的方式开展活动。

满足幼儿参与选择性需要的幼儿园一日活动,包括许多"自作主张"的机会,可以说,让儿童"自作主张"体现了教师的智慧。例如,活动材料的种类和数量都可以让孩子选择,并且每种材料至少有两个维度可以操作。幼儿园一日生活的平常细节都可以为儿童的选择提供机会,幼儿园的所有环境资源都可以成为儿童选择的条件。

> **教师手记**
>
> 中班的孩子喜欢结伴做游戏,但是又不愿意总在固定场所内玩耍,因此我为孩子们提供了一个小拎包,他们可以拎着小包到自己喜欢的阳台或者某个角落开展游戏,还能跟老师讨论在某个地方游戏的优缺点。这样一来,幼儿就会明白选择、比较的意义。在游戏环节同样可以作出选择,如选择同伴,决定是2个人玩还是3个人玩,选择用什么玩具、道具,选择在什么地方做游戏。

一、自选玩伴

最开始,幼儿可能不太会选择玩伴,需要教师介入、针对性地引导,尤其是小年龄的孩子受理解能力的影响,比如有的幼儿站在原地怯怯地等别人来找他,主动结伴的幼儿会遇到同伴不愿意牵他的手的问题,还有的幼儿绕着桌子、椅子奔跑转圈。教师首先帮助幼儿形成两两结伴的能力,然后让幼儿在小群体中(四至五人)选玩伴,范围小提高了结伴成功率,使平行游戏自然过渡到结伴游戏。最后可以在更大的范围内选玩伴。

二、自选游戏

最开始让幼儿自选游戏可能会遇到这样的问题:幼儿茫然跟从,哪儿人多就往哪儿挤;选择的面也比较狭窄,男孩喜欢建构、交通、送货等内容,女孩喜欢娃娃家、装扮类的;对新出现的材料充满好奇,会一窝蜂争抢。

教师可以给幼儿介绍活动室内游戏情景的布局,甚至通过照片、图片的形式制作"游戏一览表",使孩子了解选择的范围、内容,然后进行自选游戏。当幼儿拥有了一定的经验之后,可以用插牌、登记表、挂胸卡等方式进行选择标记,最后还可以引进轮流的概念,扩大选择的范围,充分感受游戏的快乐。

三、自选材料

教师在提供自选操作材料时要从两个方面考虑:一是种类多,数量多,能满足幼儿的选择;二是从幼儿认知水平差异考虑,注意材料的层次性,有些材料比较简单,有些材料则有一定的难度。

四、自选教师和学习内容

🔍 教师手记

选择我喜欢的老师和活动

对于老师组织的活动,每个孩子的学习兴趣都是不同的,有的偏爱动手操作,有的偏爱美术绘画,有的偏爱语言讲述,有的偏爱倾听故事。有时候我会遇到画架一推出来,有的孩子就会说:"啊!又要画画啦!"有的孩子说:"噢!画画喽!"两种截然相反的声音。

中班孩子有着较强的表达愿望,喜欢直接将自己的想法、喜好表达表现出来。他们的不喜欢并不是真正的不愿意操作、尝试,而是他们对某一方面活动没有自信的表现。他们表达的不喜欢也是一时的,当看到其他小朋友的成功后也会对相应的活动跃跃欲试。

于是我推出了"选老师"的活动,通过制作老师插袋和每个孩子的插卡,让孩子来园时通过"选老师"决定今天跟随哪位老师开展一天的活动,把每天老师安排的"要我学"转变成孩子自由选择的"我要学"。

一周活动下来也出现了一些问题:

(1)孩子连着几天选同一位老师,学习的内容有重复、有缺失。

(2)孩子选了老师但并不知道今天开展的活动的主要形式和内容,只是出于对老师的偏爱、喜好作出选择。

于是我首先通过谈话活动解决第一个问题，引导孩子知道，"老师每两天教的本领是一样的，我今天学过的本领明天让没有学过的小朋友来学一学，第二天我选另外一位老师学学新的本领，看看我能不能比昨天的小朋友学得更加棒！"经过两个轮回四天的调整尝试，孩子们逐渐开始掌握选老师轮换的方式，样样本领都学到。

针对第二个问题，我推出了"一日活动展示台"，在教室门口醒目的位置用图示的方式展示一天的活动内容，如科学活动的材料、哪位教师来组织活动等。这样在每天早上来园时就先让孩子了解今天的活动内容，从而根据自己的学习兴趣选择今天喜欢的活动内容，选择要跟随的老师。

根据这一系列的调整，孩子们对于每天的活动充满了期待，活动中的倾听质量、活动的专注力都得到了提升。而原来自己并不特别喜欢的活动内容，因为看到了前一天活动小组的活动效果、作品呈现，听到了其他小朋友津津有味地介绍自己活动的快乐，也产生了尝试的兴趣，更乐于进入活动。

五、自选运动内容

户外运动也可以让儿童做出选择，在同一天的户外运动中提供各种材料让儿童选择运动的场地、项目、和谁共同锻炼。如教师利用公告栏向儿童展示本周户外运动的项目，儿童根据自己的兴趣和能力，选择玩什么，选择在哪儿运动，选择适合自己运动能力的内容。

教师手记

小火车

设计背景：

小班幼儿进入幼儿园不久，户外运动之前的排队容易站立不定，更换位置，如果教师组织不好，会浪费时间。因此，我设计了"亲亲小动物"的活动环境，旨在为幼儿创造能够提供固定排队秩序的环境，以此养成排队下楼、排队去户外的习惯，并且五种小动物也按照次序循环排列，形成一定的模式，充分满足幼儿对秩序感的需求。

环境创设：

在教室门口铺设长条的绿色火车轨道，创设一条长长的火车轨道，供幼儿排队。在轨道内，除第一格贴上火车头外，其余格子按顺序贴上小动物的头像（思思猫，南南兔，路路狗，幼幼熊，园园猪），依次分割成一格一格的位置，供幼儿站立。

活动目标：

(1) 知道去户外活动之前站立到小火车上依次排好队。

(2) 能够一个宝宝站一格，亲亲小动物。

活动过程：

亲亲小动物

(1) 教师：宝宝们，我们是什么班？（南南兔班）。

(2) 教师：一会儿我们要下楼到外面玩儿了，下楼之前，请你到门口找一找我们的朋友，他们是？（思思猫，南南兔，路路狗，幼幼熊，园园猪）

(3) 教师：对！他们是我们的好朋友！请到门口去找一找他们的影子，然后站在他们的影子上，用小脚亲亲小动物！

(4) 教师引导宝宝们到教室门口找到小动物头像，选择喜欢的小动物图案并站在上面。

小火车开来了

(1) 教师播放音乐《小火车开来了》。

(2) 教师：听，这是什么歌？《小火车开来了》，宝宝们坐上小火车了，咔嚓咔嚓我们一起出去吧！

(3) 教师带领幼儿做双手转动的动作，模仿车轮转动，伴随音乐小火车开起来了。

(4) 听到"咔嚓咔嚓"声音时，转动双手，听到"呜呜"汽笛声，伸手拉拉汽笛。

(5) 教师带领宝宝排队走出教室。

该活动在第一次进行的时候就得到幼儿的喜爱，他们都愿意选择自己喜欢的小动物，大多数幼儿想站在红色"南南兔"上，因为这是自己班级的标志。在教师的引导下，他们愿意选择其他小动物的图案，一个一个找到自己选中的小动物，形成一个长长的队形。此时，再通过播放音乐，让儿童自然而然联想到长长的火车，并且希望保持火车的长度，不随意打乱秩序，如果有人冲出来或者离开原来的位置，火车就会断掉。幼儿伴随着音乐，开心愉快地做动作、迈开脚步。随着儿童对幼儿园一日生活流程的适应，他们逐渐知道，去户外之前要先到"小火车"上站站好，然后才能开车出去，养成了一日生活的秩序感。新入园的儿童处于秩序感需要较为强烈的时期，对于混乱的环境有着焦虑、恐惧的感觉，会产生不安全的感觉。因此，教师要为他们创造一个有序的时空环境，而好的方法就是让他们在这样的氛围中选择乐意的排队方式。

教师的实践智慧体现在将儿童自己动手、培养自理习惯的教育要求设计在环境与材料之中，让儿童"自作主张"地选择。比如，盥洗室的门有不同的打开方式，儿童可以选择喜欢的，如厕成为有趣的事情；进餐可以选择喜欢的位置、喜欢的餐桌、喜欢的小伙伴；午睡可以定期让儿童选择小床；洗手池上安装不同方式开关的水龙头，有感应式、旋转式、按压式，让儿童自己选择。

　　以大班为例，进入下学期，教师开展了"餐前十分钟"活动，每天利用午餐前的十分钟时间开展谈话、交流，为儿童建立畅所欲言的交流平台，创设能让儿童主动表现表达的机会，让儿童的情感能及时得到宣泄，同时也让老师及时获取儿童的心情信息。班里每天还有一些零散的时间，可以让幼儿有表达的机会，每天都能在发现问题、解决问题的过程中提升生活经验。

🔍 教师手记

选择自己喜欢的话题

　　大班幼儿的谈话活动内容很丰富，每个孩子都喜欢说，但是并不是每个话题大家都感兴趣，因此我推出了"话题大家看"的活动。

　　星期一开展关于班级安全的谈话，及时让老师获取儿童当前碰到的安全问题，及时解决的过程不仅可以丰富儿童自我保护的经验，同时又为安抚家长的焦虑争取主动。

　　星期二谈论如何协调同伴之间的矛盾，加强儿童认识、理解事物之间的关系，丰富儿童与同伴友好交往的沟通技巧。对于儿童之间发生的不愉快及时化解，既能丰富儿童碰到麻烦后寻求解决办法的经验，又能帮助儿童直白地向老师解释同伴间矛盾的真相，满足不满情绪的及时宣泄。

　　星期三诉说自己的心情，儿童将自己的喜怒哀乐和真实想法告诉老师，帮助教师及时掌握儿童的心情变化，不让他们把坏心情带回家，避免家园工作因沟通不及时而引发误会。

　　星期四说说自己喜欢的老师，鼓励儿童大胆评价自己的老师，获取儿童对老师的喜欢与不满，不仅拉近了师生关系，而且帮助老师及时调整工作方式以及与幼儿沟通的方式。

　　星期五讨论怎样表扬同伴，鼓励儿童互相寻找优势行为，通过同伴榜样的作用提升儿童在老师视线之外的自我约束力，以及形成班级良好交往氛围的良性循环。

　　每个孩子都能找到自己感兴趣的话题。

　　在教学情景中，当活动对象从环境中鲜明地出现在儿童面前，较快进入其活动选择范围时，儿童会根据自己的已有经验、学习方式和需要（学习目的与兴趣）进行选择，包括对活动参与方式及活动环境的选择，不仅能让儿童体验自我决定和参与的乐趣，更重要的是能使不同思维类型的儿童的潜能得到展露，有了自我表现的机会与条件，使儿童有了"我要学"的活动体验，激发儿童的内在需要和动机，孕育自主学习，使学习成为儿童的一种渴望，一种享受，而不是一种负担。

教师手记

金色的房子

《金色的房子》是中班儿童喜欢的经典故事,让所有儿童都学讲故事,教师则应该想到:儿童在阅读中存在发展水平、能力倾向、学习方式和原有经验的差异,有的儿童翻得快、讲得少,急于知道故事的结果;有的儿童被事物的明显特征吸引了,关注画面局部信息,讲故事时断断续续,总要停顿;有的儿童注意力容易转移;有的儿童需要更多的时间观察画面、记忆内容。如果在限定的时间内以统一的方式学习,会令很多儿童失去主动阅读的体验。

对翻画面和讲述不同步的孩子,我制作了"折叠书",帮助他们按照顺序来讲述:随着画面一层层被打开,孩子看到了故事的前后顺序,清楚地知道自己讲到哪里、翻到哪里,折叠书的打开方式避免了孩子随意地翻和跳着讲。

对只关注部分信息忽视了其他内容的孩子,我制作了"大大书",帮助他们建立前后画面之间的联系,鼓励同伴支持:两三个孩子一起阅读,有的被每一页上大大的金色房子吸引,说出完整的句子:"红的墙,绿的窗……"有的关注小姑娘和小动物的对话。随着每一页上房子的位置变化,出现了不同的动物角色,孩子们一边摆弄角色小插片,一边模仿故事角色的对话,同伴之间相互补充、相互提醒:"小姑娘不是这样说的……"有时孩子们争论不休,我还为他们提供了"提问求助卡",大家共同的难题可以求助老师,适当的支持、交流让孩子读得更开心。

对专注时间短的孩子,我设计了"转转书",帮助他们以动作伴随语言的方式集中注意力:孩子主动伸手转动,期待看到下一个角色,伴随着转转玩玩开始自言自语:"有个小姑娘,还有小狗,还有……"孩子"能读"后,我在转转书上增加提示,孩子在重复玩的时候发现了变化,语言也随之丰富:"小姑娘说……"整个过程中他们始终视觉专注于画面,手部专注于动作,口中自主讲述内容。后来的几天,我观察到随着孩子们表述语句越来越完整,开始体会小姑娘的情感,讲故事时小脸上出现时而难过、时而高兴的表情。

对需要更多细节提示的孩子,我制作了"卷卷书",卷轴方式便于幼儿自主控制进程,充分观察和思考:最开始卷轴上只有三幅主要内容:(1)小动物称赞房子;(2)小姑娘不让大家进来弄脏屋子;(3)大家一起在房子里快乐地玩。大部分孩子转动两遍之后就能讲出主要情节。第二天,他们发现卷轴变长了,我在画面之间增加了角色对话的提示,孩子们放慢了卷动速度开始观察画面,增加了表示动作、表情的词汇,有时自己发现讲漏了,立刻往回转,重新再讲。

几天过去了,有的儿童四种材料都看过玩过,有的儿童尝试了各种材料后选择了一个自己最喜欢的,有的反复玩某一种能帮助自己讲故事的材料,每个儿童都选择适合自己的支持方式来讲故事。当我为儿童们提供指偶进行《金色的房子》故事表演时,每个儿童都能开口讲述了。

要尊重每个儿童的学习方式,按照自己的兴趣、方式进行学习和游戏。上述案例中的教师提供了四种阅读材料,每个幼儿都可以选择自己喜欢的,也可以都尝试一下自己决定用何种方式来学讲故事。每个人都能产生愉快的体验,更能进入活动,充分掌握活动内容,激发了活动的兴趣,实现了活动展开方式的多样性和儿童参与活动方式的自主性。

第十四章

如何保育为先尊重孩子的生命

　　保育有保护、保健、养育的含义,其中还有促进幼儿健康的含义。全面的保育观不仅是身体的保育,还包括心理、营养、安全等方面的含义。保育工作不仅仅是保育员的"活",而是"以幼儿为本"的关爱与呵护。《幼儿园教育指导纲要》指出:"幼儿园应当坚持保育与教育相结合的原则",要保教并重。但是很多教师关注更多的是如何将现代教育理念转化为教育实践,改善教育行为,研究更多的是活动区的创设、环境的创设、如何挖掘活动的教育价值、活动中教师的指导等,总之谈到更多的是教育问题,而对保育理念及行为,容易缺乏正确的认识和深入的研究。新手教师应当树立保育为先、保教并重的观念,从尊重幼儿生命和生存权的角度,认识保育工作。本章将从如何做好四季交替时的保育细节,如何关照有特殊需要的孩子,安全教育的渗透与实施三方面来进行阐述。

第一节

做好四季交替时的保育工作

媒体上曾经报道过一例给幼儿喂药提高出勤率的新闻,这则新闻背后其实是幼儿园希望幼儿不要生病,能每天来园,但是这样的做法是对幼儿生命的不尊重。要想让幼儿身体健康,最重要的就是在日常班级工作中做好保育细节工作,把保育措施做在前面,积极思考和探索保育工作的新途径、新方法。比如,季节交替变换的时候,幼儿最容易生病,这个阶段的保育工作非常关键。

一、秋冬季节的保育措施

(一)保暖的措施

教师手记

以幼儿为本的冬季保暖措施

冬天小年龄的幼儿起床困难,来园的人数也不多,其实没有生病,但就是因为害怕寒冷,不愿意上幼儿园。因此,我和保育员共同商定从环境创设、教育活动、保育细节等方面入手,打消家长的顾虑,让孩子们不怕冷。

一、宝宝保暖设施与环境

1. 温水亲小手

在洗手池增设温水壶,让宝宝用温水洗干净小手,以免直接接触冷水引起宝宝不适。

2. 可爱暖宝宝

在门口沙发和教室沙发上有两个可爱的卡通娃娃"暖宝宝",宝宝可以抱着可爱的娃娃,把小手伸进大口袋取暖,让小手温暖。

3. 温馨小睡袍

为了做好宝宝在午睡起身小便时的保暖,我们准备了长款厚睡袍,给起身的宝宝穿上再入厕,以免宝宝着凉。

4. 小毛巾的家

在家长服务台上有小毛巾的家,运动前给多汗的宝宝垫上,运动后抽出来放在格子中,方便爸妈带回家换洗。

5. 保暖小帽子

在教室门口自制衣帽架,让家长给幼儿准备好小帽子,在户外活动前给宝宝戴上,以便户外活动时不吹冷风。

二、防病措施贯穿在一日生活中

1. 束好小肚子

幼儿入厕后,老师和保育员会在盥洗室门口为幼儿检查服装,包好小肚子,以免幼儿受寒着凉。幼儿午睡起床后,老师除了为幼儿整理好裤子,还将检查幼儿的着装是否穿反、扣子是否扣起来等细节。

2. 热身总动员

在运动前带领幼儿进行一定的准备活动,如活动关节等。通过一定的热身运动,幼儿可以摆脱寒冷的感觉,以防因为身体和关节的僵硬导致受伤。

3. 宝宝擦鼻涕

为宝宝创设学擦鼻涕的情景,让宝宝学着自己擦鼻涕,流鼻涕的时候及时擦掉,防止疾病交叉感染。

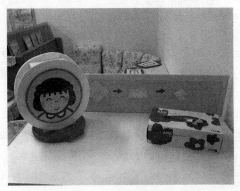

4. 暖暖的午饭

采取"少盛多添"的办法,让进餐速度较慢的幼儿也能吃到热菜热饭。

5. 午睡小帖士

采取分批起床的办法:醒得早的幼儿先起床,以免幼儿醒后在被窝中翻动受寒;睡得较熟的幼儿老师尽量不影响他们,让他们多睡一会儿,稍晚一点起床。

6. 换衣也贴心

提前开好空调,幼儿万一弄湿衣服、裤子,需要更换时,老师或者保育员会陪同幼儿在自己的小床上更换衣物。

除了以上保育细节,教师可以同步开展教育活动,并采用相应的记录方式,作为成长档案的内容,将教育、保育、观察、评价串联在一起,全面反映幼儿的发展。

🔍 教师手记

为了鼓励宝宝想一想、说一说冬天保暖的好方法,并实践体验一番,帮助宝宝积累有关冬天保暖的基本生活经验,配合保育措施,幼儿园开展了以下活动,并对活动情况进行记录。

活动一:说一说

老师提问:(1) 冬天到了,怎样才能使自己暖和起来?

(2) 出门的时候,我们要戴什么?

(3) 手、脖子、耳朵冷了怎么办?

宝宝回答:＿＿＿＿＿＿＿＿＿＿＿＿＿＿＿＿＿＿＿＿＿＿＿＿＿＿＿＿＿＿

活动二:做一做

1. 戴围巾

	围巾戴法	我会戴	我学会了	老师帮我戴
搭扣围巾	用雌雄搭扣固定			
插缝围巾	围巾一端插入另一端缝中			
纽扣围巾	用纽扣固定两端			

2. 戴手套

自己戴	
老师帮助戴	

《幼儿园教育指导纲要》明确要求:"幼儿园必须把保护幼儿的生命和促进幼儿的健康放在工作的首位。"幼儿的生长发育十分迅速但远未完善,幼儿的可塑性很强,但知识经验匮乏,幼儿的活动欲望强烈,但自我保护意识薄弱。结合冬季的特点,幼儿的健康很重要的一环取决于是否正确地保暖。以上活动和做法都能有效防止疾病的发生。

🔎 教师手记

一日活动中的各个环节中出现的保暖环境

来园环节:爱心暖手包

早晨幼儿刚来园时可根据提示板上的提示,进行不同的暖手操作。第一种手往两边插进去,第二种朝手印里插进去。幼儿在刚来园时即能感受到幼儿园里的温暖。

区域学习：织毛衣

暖暖的绒线帮助幼儿暖暖手。在操作的过程中锻炼幼儿手部的小肌肉。

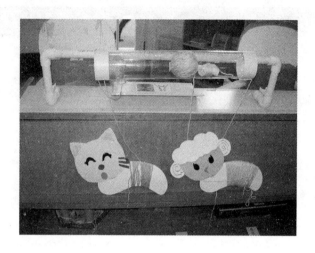

游戏活动：暖风机

角色游戏中投放自制暖风机、加绒衣服等，在装扮、表演中结合幼儿生活，丰富幼儿的保暖经验。

调查活动：我知道的保暖用品

组织幼儿开展小调查，将调查结果布置成"保暖用品展览会"。师幼共同收集了许多冬天的保暖用品，如捂手袋、取暖小足球、热水袋、围巾、手套、帽子、口罩、大衣、暖宝宝等。

生活活动：我会包肚子提示

以折叠书的形式帮助幼儿掌握包肚子的方法，养成如厕后自己包肚子的行为习惯。

（二）冬天空调使用需要注意的问题

（1）一般情况下，早晨来园时不开空调，以开窗通风为主。（幼儿更换马甲视幼儿情况，不统一在来园时更换。）

（2）如果遇到比较极端的天气情况，早晨气温骤降，此时会事先在教室中打开空调，提升室内温度，同时每个教室开启半扇窗起到通风作用。幼儿来园活动时关闭空调，避免幼儿室内外温差太大引起不适。

（3）每日幼儿午餐前、午餐中打开空调，以保证幼儿进餐时饭菜不会冷得太快。

（4）每日幼儿午睡前和起床前打开空调，以保证幼儿穿脱衣服时处于温暖的环境中，以免着凉生病。

（5）空调温度控制在18～20摄氏度。开空调必定开半扇窗以保证室内空气流通。

（三）户外运动准备工作

（1）在运动前带领幼儿进行一定的准备活动,如:慢跑、活动关节等。通过一定的热身运动,帮助幼儿摆脱寒冷的感觉,以防因为身体和关节的僵硬导致受伤。

（2）运动后,幼儿使用热毛巾擦脸、擦身子,让孩子觉得擦汗很舒服,也避免捂汗生病。

（3）回教室后及时穿上运动中脱下的外套、马甲,避免幼儿着凉。

（4）为个别需要的幼儿在运动前垫毛巾,避免运动中出汗汗湿衣服造成不适。

（四）午餐环节的保育细节

（1）开展"快快桌"、"大口桌"的评比活动,引导幼儿知道天气寒冷,吃饭时要抓紧时间,趁饭菜热的时候吃完。

（2）采取"少盛多添"的办法,让进餐速度较慢的幼儿通过两次盛饭的过程也能吃到热菜热饭。

（3）通过及时盖盖的方式,保证汤的温度,让幼儿进餐时喝上一碗热汤,让身体暖和。

（五）午睡起床环节的保育细节

（1）适当开空调。

（2）采取分批起床的办法:醒得早的幼儿先起床,以免幼儿醒后在被窝中翻动受寒;睡得较熟的幼儿老师尽量不影响他们,让他们多睡一会儿,稍晚一点起床。

（3）通过起床后的"午间律动",使孩子起床后通过简单的运动保持身体的暖和。

（六）特殊情况的保育细节

（1）幼儿万一弄湿衣服、裤子,需要更换时,老师或者保育员会陪同幼儿在卧室中自己的小床上替换衣物,保证幼儿在室内较为温暖的环境中换衣服,不会着凉。

（2）教师和保育员为孩子更换衣服时采取"三温暖"的措施:用温热的毛巾为孩子擦拭,将更换的衣服放在自己衣服内温热再给幼儿穿,确保幼儿温热后再让幼儿离开卧室参与活动。

教师还可以将一日活动各个环节中幼儿的保暖行为变成顺口溜、小儿歌。

来园:脱外套、换背心,喝杯热热水

户外:脱背心、换外套,大家一起动起来

盥洗:如厕后,包肚子,暖暖毛巾来擦脸

午餐:大口大口快快吃,不吃冷饭菜

午睡:先脱鞋、再脱裤,钻好被洞脱衣服

离园:换好外套再整理,帽子围巾都不忘

除此之外,保育细节还包括以下卫生和消毒工作,教师需要提醒保育员严格按照有关的制度做到位。

🔖 **教师手记**

冬季防病和保育措施

一、消毒

严格按照冬季消毒的操作流程,做好防病消毒工作,特别是对宝宝经常接触的餐桌、厕所、玩具橱、睡眠室等。

二、熏艾草

定期对教室熏艾草,并进行通风,确保教室内空气的清新和洁净,避免通过呼吸道传播疾病。

三、紫外线消毒

定期进行紫外线消毒,进一步避免细菌传播,让宝宝在这个寒冷的冬天能够健康成长。

四、不让一个宝宝受凉

幼儿如厕前,将窗户关闭,以免宝宝受凉。如厕后,老师和保育员会在盥洗室门口为幼儿检查服装,包好小肚子,以免幼儿受寒着凉。

五、合理使用毛巾和补水

在运动后让宝宝用温毛巾擦汗,并且把背后垫着的毛巾抽出来,以免汗水在体表或衣服内使宝宝受凉,提醒宝宝多喝水。

六、午饭时不让宝宝的饭菜变凉

采取"少盛多添"的办法,让进餐速度较慢的幼儿也能吃到热菜热饭。

七、合理使用空调

提前开好空调,幼儿万一弄湿衣服、裤子,需要更换时,老师或者保育员会陪同幼儿在自己的小床上替换衣物,保证幼儿在室内较为温暖的环境中换衣服。

以上就是我们对冬天的服务做出的承诺,目的在于确保宝宝可以健康快乐地在幼儿园度过每一天,让我们携手帮助宝宝抵御寒冷的冬天。

二、春夏季节的保育措施

春天是幼儿最容易生病、感冒、交错感染的时候,又逢季节交替,感染的概率也上升了,感染源也多了。因此,保育工作变得尤为重要。教师应针对幼儿在生活等各方面不同的需求,及时调整工作的重点,在做好日常常规保育的同时,与保育员共同加强消毒、通风、预防、养育等系列配套措施。

教师手记

每天早晨来园督促幼儿认真洗手,杜绝外来病菌侵入。
每天供应防感冒营养水、冰糖葱白红枣水和酱汁鹌鹑蛋,增强自身抵抗力。
每天全日观察幼儿身体状况,密切注意易感人群,特别是去过多发病地区的幼儿。
每天幼儿离园后对班级进行空气喷雾消毒。
幼儿玩具、书籍、被褥等加强消毒次数和力度。
执行每日一报制度,及时了解不来园幼儿的健康状况。
督促幼儿注意休息,早睡早起。
根据天气气温变化,调整幼儿饮食的适宜温度,保证幼儿不吃冷食。

夏季运动前,为了预防孩子们出汗后吹风着凉,教师可以用垫小毛巾的方式进行保育工作,让家长配合带一两条汗巾,户外运动之前帮幼儿塞上,等到运动之后把汗擦干,并抽出汗巾。

　　每年的四五月份传染病多发,饮水是预防疾病、促进新陈代谢的良好方法,但是仅仅在口头反复提示是不够的,因为教师只能进行模糊的评价,幼儿对饮水的兴趣也不大。

教师手记

健康小·卫士

　　为了让孩子喜欢喝水、主动喝水,也让老师、家长了解每一位孩子喝水的情况,我班开展了"健康小卫士"的活动,引导孩子了解健康饮水的相关知识,建立爱惜水、保护水的环保意识,每天自行记录饮水量。

　　我用可爱的海宝形象做图示,设计了饮水吧,两个大大的海宝,分别表示饮水处和等待处。幼儿每次饮水后,可以用挂小珠子的形式记录自己饮水的杯数。下午鼓励幼儿点数自己一天引饮用了几杯水,利用离园前的一段谈话时间,通过图式的方式记录自己当日饮水情况,饮用一杯记录一个符号。通过引水记录卡的展示,家长对孩子当日的饮水情况也一目了然。

　　海宝的形象孩子们都认识,所以孩子们对海宝站位图、海宝饮水提示图的兴趣很浓厚,

能积极地遵守协商出来的饮水公约。推出了海宝挂珠的饮水情况记录方式后,更是激起了孩子们饮水的积极性。为了能够得到挂珠操作的机会,孩子们积极饮水,每次一杯已不满足,还要喝两杯,就是为了得到多挂一次彩珠的机会。孩子们积极的饮水表现完全超出老师的预设,很好地达到了活动设计的目的。在幼儿园一些活动的开展中,有了孩子的参加还不够,还需要满足家长对活动的了解愿望。

这位教师推出了"健康小卫士"的展示平台,让幼儿通过图式的方式记录下自己每日饮水的情况,让家长获得信息,了解幼儿的生活情况,并且鼓励家长向孩子了解记录信息的含义,让家长参与到活动中来。将活动真正落到实处,让家长真切地感受到孩子在幼儿园的饮水已不再是一个困扰自己的问题,相反还为在幼儿园比在家饮水还多而感到高兴。

第二节

关照有特殊需要的孩子

每个班都有一些有特殊需要的孩子,他们或胆小或内向或敏感,他们可能会给教师添麻烦。面对这些孩子,教师如何满足他们的特殊需要,通过什么方式和策略减少那些影响他们身心发展的不利因素,能反映教师是否尊重幼儿的个体差异。

下面的案例描述了班级中出现了一名发音器官的运动功能不足的儿童,也就是他发音、说话比同龄儿童晚,刚入园的时候几乎不会说话,只能发出一些简单的音节来表达他的需要。看看教师如何在幼儿园一日活动中帮助、支持他开口学习发音和表达的。

教师手记

小·七学说话

张老师教育日志(2010 年 2 月 24 日)

小七会有向老师表达想法的意愿,多为肢体动作,如目光注视、用手指点、点头摇头等。而他所要表达的,多为较基本的需要,如"不要吃菜"、"要上厕所"、"要玩玩具"等。随着年龄的增长,心理的发展,小七有了更高层次的需要,如"要绿色的蜡笔,不要红色的"、"要老师讲故事"等,有时还会在没有被提问的情况下,主动用动作告诉老师图片上是什么小动物。有表达的意愿,却常常无法顺畅地与人交流,老师认为,这正是刺激小七说话的契机。于是,本学期,我们加强了对小七的观察及引导。

张老师教育日志(2010 年 3 月 24 日)

本周,我们开展有关车的系列活动。教室里投放了自制小火车的操作材料。小七很喜欢,拿在手上,一会儿在地上开一开,一会儿又开到桌子上,玩得不亦乐乎。老师看到了,在一旁说:"呜——火车开来了!"小七从喉咙口发出细弱的"嗯"声,似乎在学着老师发声。于是,老师夸张地噘起嘴,再一次说:"呜——火车开来了! 呜——"声音有意拖得很长。小七竟也学着噘起嘴,发出更响一点的声音,有点类似"喔"的声音,并且也拖得较长。其实之前,老师也曾引导小七说话,然而小七从不配合。小七对于不喜欢的事坚决不做,不喜欢的玩具碰也不碰。但对于喜欢的玩具,则会专注地玩上很久。注意的持久度是一些语言发展比他快的宝宝也不能及的。这次,老师顺着小七的兴趣点,引导其表达想要表达的意思,小七不再抗拒,主动模仿老师发音,从不愿开口,到愿意模仿,这是一个极大的进步!

张老师教育日志(2010 年 4 月 8 日)

小七很喜欢小动物,尤其喜欢做模仿操。每当音乐响起,小七便摇头晃脑地学着老师模仿小动物。老师见其兴致很高,于是试着引导小七开口,当律动中的儿歌念到象声词时,老师便提高音量,注视着小七。

今天,当做到律动"母鸭带小鸭"时,老师再次引导小七念象声词"嘎"。几遍之后,小七竟也张大嘴巴说了声"á"。之后,我们来到户外做小游戏。边念"小兔跳"的儿歌,边做跳跃、下蹲的动作。当念到"跳到草地上,吃吃嫩青草"时,老师蹲在小七身边,边做吃东西的动作,边说"啊呜! 啊呜!"并用手放在小七嘴边,假装喂其吃东西,小七会意地说了声"ā"。

张老师教育日志(2010 年 4 月 28 日)

在美工角,我们制作了一个以小河为场景的操作材料。这是一个透明的圆柱体,上面贴着几个生活在水里的动物图片,其中之一便是小乌龟。小七很喜欢,常常指着小乌龟给老师看。老师看着小七,以夸张的嘴形说"乌龟"。小七并没有学着说,而是趴在地上学小乌龟爬。老师知道了,小七对小乌龟的动作更感兴趣,想要告诉老师小乌龟是"爬"着走路的。于是,老师在一旁帮助小七表达:"小乌龟是怎么走路的? 小乌龟,爬爬爬……"小七高兴地一边爬,一边说:"há, há, há……"

随着年龄的增长,经验的积累,宝宝的心理活动越来越复杂,从而有了表达的需要。小七正是如此,想要告诉老师小乌龟走路的方式,但又不会说。老师理解了小七,并及时满足了他表达的需要,帮助其表达,小七自然就会主动学说老师的话了。另外,发"pá"这个音时,嘴唇有个从闭合到张开的过程,而"há"这个音只需张着嘴,舌头亦不必弯,相对简单。因此,小七将"pá"发成了"há"。只需要加强唇部和舌头的训练,小七就能准确发更多的音节了。

到了后半学期,小七开口尝试说话的频率越来越高。六月以来,更是每天都咿咿呀呀说个不停。现在,小七已掌握了所有的单韵母和部分开口发音的复韵母。声母相对较难,但小七也已掌握了一些。声母需要舌头和唇部的变化来完成发音,只要小七再加强唇部、舌头和牙齿的锻炼,让嘴唇、舌头变得更灵活,让咬肌变得更有力,就能提高发音的清晰度了。

《幼儿园教育指导纲要》提到"幼儿园要满足儿童多方面的发展需要而且要为所有在园儿童的健康成长服务,使每个幼儿都能得到发展"。其意义包含两个方面:对儿童个体而言,要保证多方面的发展也就是要培养一个身心健康、和谐的完整的儿童,又不能忽视其自身发展过程中的多种需要;对幼儿园的所有儿童来说,教育要面向全体,面向每一个包括有特殊需要的儿童,有些人会将"面向全体"误以为对所有儿童实施教育时有统一的目标、统一的要求,于是,眼睛里便没有了充满生命活力的个体,真正的面向全体应当是追求每个儿童都有同等的发展机会。

在面对全体儿童时,了解差异、承认差异、尊重差异才能有效实现教育价值,在儿童群体中个体需要倾向的差异性是通过特殊的需求表现出来的,而3~6岁在园儿童的特殊需要绝大多数是由健康引起的。针对健康原因而产生的特殊需求,需要教师精心的照料。

🖊 教师手记

进入11月,天气变化很大,时常忽冷忽热,徐老师班级的儿童在寒流的影响下出现了感冒、发烧等症状,病愈的儿童来园后,家长总有些不放心,怕孩子得不到细致的照顾,再次生病。于是,徐老师推出了病愈儿童的特需服务,从生活、休息、增加维生素等方面予以关心,帮助儿童在病愈初期平稳、健康地度过幼儿园的每一天。同时,徐老师在教室门口放置了病愈儿童特需服务记录卡,在这张记录卡上,早班老师记录的内容包括:增加水果、减少运动量、晒太阳、多饮水、午睡要充足。不仅老师可以看到,家长可以记录,并且保育员也能够及时阅读,增强了老师、保育员的配合,对病愈儿童的保教工作可以更有效落实。

精心的照料体现的是幼儿园以保育与教育相结合的专业特质,精心照料包括细心的呵护和采取科学的保教对策。

🖊 教师手记

东东因骨折要在家休息两个月,他一个人在家感到很孤独,常常对爸爸妈妈说不开心、想念幼儿园的小朋友和老师。面对这样的情况,我采取了以下一些教育策略:

将班级里的小朋友想对东东说的话录了下来,带上小伙伴对他的祝福录音到东东家中探望他。小朋友有的朗诵,有的说问候的话,有的讲故事,东东听了高兴极了。一听到熟悉的小伙伴声音立刻就能猜出:"这是××小朋友!",东东感受到老师、小朋友都很想念他,满足他归属和友情的需要。

将班级里学习区域调整的操作材料,带给东东玩,满足东东动手操作和探究的需要,并叮嘱家长,东东完成一项任务后可以粘贴小粘纸鼓励东东。徐老师还为东东的爸爸妈妈提供了阅读材料,指导爸爸妈妈每天下班后和孩子进行一段时间的共同阅读,增进亲子间的交流,满足东东的情感需要。

幼儿园要为有特殊生理需求的儿童创设精致的保教环境,从儿童健康的实际出发,开展针对他们生理需要和心理需要的教育活动。

📍 教师手记

慧慧爱喝水了

进入秋冬,慧慧因为生病,喝了一个阶段的中药,停药之后嘴唇很干燥,因此不断地用舌头舔,越舔越干,上嘴唇因此出现了红红的一圈,被风一吹或在空调间时间长了就会开裂。看到孩子如此的嘴唇,李老师非常着急,于是采取了以下关爱措施:

推出"慧慧饮水自我记录表",引导他在记录表的提示下,记住需要喝水的时间段。记录表是慧慧和老师共同制定的,由慧慧自己记录和评价,主动喝水用五角星记录,老师提醒后才去喝水用打钩记录,如果忘记喝水了就空格。一个星期后可以从记录表上清晰地看到慧慧每一天的喝水情况。

与家长建立"回音壁"的联系方式,让家长了解老师对慧慧的关爱策略。回音壁的建立,是家园沟通的桥梁,每周我们把一个星期的跟踪记录、对孩子的分析以及孩子对自己的评价送到家长的手中,家长可以从中清楚地看到孩子每天的饮水情况。自评记录表建立后,慧慧从第一天的1次主动喝水,到最后不需要老师提醒。慧慧的家长看到了老师对孩子所进行的一系列策略后,非常感动,频频表示自己的谢意。

还有一些特殊需求是家长提出来的,比如:
"今天孩子有点咳嗽,不适宜参加运动。"

"这几天特别冷,他就不要午睡了,让他做些其他事情,免得衣服脱进脱出容易感冒。""春秋季午睡时脱去外套后请再帮她穿件背心。"

"吃中药前帮她捂捂热。"

"今天有点虚,来幼儿园后就帮她背上垫毛巾,并随时观察及时更换。"

"昨天有个男孩子走路撞到我们孩子了,老师能不能把他们分开,不要让他们坐在一起,男孩子动作幅度大,免得再受伤"。

"老师,今天我们打过预防针了,要多喝几次水。"

"老师,今天孩子胃不舒服,油腻的东西不要给他吃。"

"老师,孩子今天早上情绪不太好,请关心一下。"

针对这些情况,教师可以采用卡片或者留言的方式,让家长把自己的需求记录下来。这份特殊需求的卡片,教师不仅要看到,更要把信息上报给保健医生,园所可以协调和配合做出安排和照顾。

第三节

实施安全教育

幼儿园的安全工作是一切工作的基础,只有确保幼儿的人身安全,才能创造稳定、温馨、和谐的教育环境。教师应该通过一系列有意义的主题教育活动,有意识、有目的、有计划地对幼儿进行安全教育,提高自我保护能力和应变能力。

真实的生活充满了各种危险因素,让幼儿学会在生活中保护自我不受伤害是非常必要的。因此,教师设计一系列帮助幼儿应对危险的游戏,帮助幼儿提前演练,遇到危险时不会因手足无措而紧张,甚至失去保护自己生命的机会。可以通过各种有趣的游戏活动让幼儿记住自己、父母、老师的姓名、家庭住址、电话号码以及所在幼儿园的名称;懂得保护身体各部分器官的重要性;利用环境、主题活动让幼儿熟悉身边的各种标志以及明确标志对生活所带来的种种便利;让幼儿熟练掌握各种求救电话的使用方法,以便在危险时候多一些求助手段;引导幼儿找出身边的隐患,让幼儿掌握一些避开、应对危险的技巧和方法。

一、生病以后

为了引导幼儿"感到不舒服,主动对老师说",可以让幼儿观看情景表演,明白如身体的某个部位不舒服一定要及时告诉成人,以免耽误病情。

二、鼻血处理

如果有幼儿流鼻血,可以向全班幼儿演示正确的处理方法:先把头向后仰,用干净的软纸或药棉堵住鼻孔,再用冷水敷脑门,安静待一会,不要乱动。通过亲眼目睹了事情的处理经过,以后再有幼儿流鼻血时,他们就不会显得慌乱了。

三、手指破了

观看图片让幼儿讨论"手指为什么会划破?手指受伤了会给我们的生活带来哪些不方便?手指受伤后该怎么办?"然后结合实践操作,让幼儿学会正确使用剪刀、游戏棒等尖利物。

四、消除隐患

让幼儿亲自找一找身边哪些地方易出危险,怎样想办法消除这些危险隐患。共同商定并一起来设计安全标志,并把它们贴到适当的位置上。

五、着火了怎么办

教师可以将班级所在楼层的平面图设计成立体的游戏棋谱,配上棋子,贴上男生、女生以及上、下、左、右的箭头方向标志,让幼儿在玩棋的过程中寻找出楼层的每个通道以及设计逃生的路线。还可以通过逃生演习的概念图,尝试学习看懂逃生的路线图,按照预设的路线、选择正确的通道进行游戏活动,从而让幼儿明确活动的目的和活动过程展开的方式,最终使幼儿在创设的真实逃生演习游戏情景中掌握一些自救的方法。

六、小小急救箱

教师可以利用废弃纸盒和红色的即时贴进行包装,内置一大瓶矿泉水、两块干毛巾、一把手电筒和一根长绳子,外加一块指示牌,让幼儿知道这个急救箱中每一件物品都可供在遇到火灾等突发情况下进行自救和使用。还可以购买专业的急救箱,帮助幼儿学习使用。急救箱虽简单但可以在遇到突发的情况下起到一定的作用,幼儿借助于急救箱中的各种材料,正确使用,从而把危险降低到最小限度。

七、地震了怎么办

地震虽然目前是人类无法避免和控制的,但只要掌握一些技巧,也是可以从灾难中将伤害降到最低的。特别是在四川汶川发生特大地震后,各个幼儿园都会开展地震逃生演习活动,教师可以专辟"地震逃生小绝招"操作演示台,分四期提供不同的场景和材料,通过操作让幼儿掌握在地震情况下的各种有效的逃生、自救的方法。

教师在对幼儿进行安全教育过程中,帮助幼儿积累保护自己的经验,在遇到危险时,才能出现相应的行为,让幼儿自己撑起安全的保护伞,不但能保护生命,更能帮助缓解危险带来的心理压力。教师除了会组织活动,还要学会制定活动实施方案,提前将各项工作考虑细致,做到与幼儿园各个部门协调配合。可以参考下面的格式进行学习。

教师手记

幼儿园消防演练实施方案

一、活动目的

(1) 加强对突发事故的灵活应变能力,掌握消防安全知识,培养消防意识。

(2) 掌握更多的自救、逃生、自我保护的具体方法。

二、时间、地点、参加人员

(1) 时间:2015 年。

(2) 地点:幼儿园操场内。

(3) 参加人员:全体教职员工及幼儿。

三、活动准备

灭火器等,湿毛巾或口罩(每人一份)。

四、现场人员分工

总指挥:园长;副指挥:副园长;现场协调:周老师;疏散人员:全体教职工及幼儿;救护人员:保健医;协助指挥人员:各班老师。

五、演练的具体操作程序

(1) 幼儿在教室进行正常的教学活动,在听到警报时,不要慌张,要镇静,保持清醒的头脑,然后按照拟定的路线进行迅速撤离。

(2) 疏散顺序:教师领队,幼儿排两列队伍,分班依次快速、安全下楼,不能抢先下楼,以免发生拥挤踩踏事故。注意:具体疏散还要根据现场实际情况,听从疏散指挥教师的指挥。疏散通道必须保证时刻畅通。

(3) 为模拟活动的真实性,参加演习的幼儿在有烟的环境里,尽量闭嘴,减少说话,尽可能地用湿毛巾、口罩等捂口鼻,弯腰、低头从楼道撤离。

(4) 在撤离过程中,注意根据教师指示,按照撤离路线迅速逃出楼外。

(5) 从楼内撤离出的幼儿以班级为单位,有组织地在操场集合。在活动结束前,从楼内撤出的幼儿不能随意再次进入楼内,也不要在操场随意走动。

(6) 教师安排:各班保教人员带领本班幼儿撤离;各位教师必须时刻注意幼儿情况,避免楼梯、过道拥堵造成危险。在操场集中后,各班班主任清点本班幼儿人数,并向副园长报告,确定无人员"受伤"后,宣布疏散演习成功。

第十五章

如何设计和开展家园共育主题活动

　　幼儿园和家庭是幼儿生活的两个最重要的环境,它们带给幼儿的影响不仅在于幼年时期,还会伴随孩子的一生。幼儿园与家庭合作是当前世界幼儿教育改革与发展的一大趋势。《幼儿园教育指导纲要》和《幼儿教育改革与发展的指导意见》均指出"家庭是幼儿园重要的合作伙伴","幼儿园要与家庭、社区密切合作";《3～6 岁儿童学习与发展指南》颁布的同时还出版了《指南》的家长读本。随着全社会对学前教育重视程度的提升,教师和家长在观念上对家庭教育和家园共育合作逐步重视。本章将从设计有意义的亲子活动和家园共育活动样式创新两方面帮助教师拓展开展家园共育活动的策略。

第一节

设计有意义的亲子活动

　　儿童的日常照料大都由祖辈承担,而祖辈对孩子一个人活动是非常不放心的,保护意识非常强烈,使儿童与同龄伙伴交往的时间不足,除了在幼儿园之外,出去跟别的孩子一起玩也是不放心的。家长像"老母鸡"一样,喜欢把孩子放在自己的翅膀下保护起来。但是儿童长期生活在过度保护的环境中,他们的独立性发展受到严重影响,他们的生活适应能力和社会交往能力不强,滋长了他们对父母、对成人的依赖心理。表面上是家务挤占了亲子交往的时间,而真正的原因是家长并不认识亲子交往的意义,对儿童与父母交往的需求没有给予应有的重视。亲子交往的不足,不仅会影响到儿童认知的发展,更重要的是会影响儿童情感的正常发展和健康人格的形成。因此,教师要以全面促进幼儿发展为任务,结合幼儿园所处的社区文化背景和家长对学前教育的高质量需求,帮助家长形成幼儿教育的正确观念,提高教育幼儿的方法水平。

　　亲子活动是指幼儿园依据学期目标、幼儿发展需求组织家长与幼儿共同参与的活动。亲子活动通常以游戏为载体,由家长带着孩子在教师的组织下通过系列活动促进幼儿多方面的发展,体验亲子活动的快乐,增进亲子感情,更重要的是能增进教师与家长的沟通和了解。在亲子活动过程中,既存在着幼儿和家长的互动,也存在幼幼互动,还存在着家长和教师的互动,所以亲子活动中三方都是主体。幼儿园教师要学会设计和组织有意义的亲子活动。

一、提前制定亲子活动方案

　　和其他家长活动一样,亲子活动也需要提前制定详细的活动方案,分工到人,并且通过书面形式告知家长活动的时间、目的、流程、注意事项,让家长有效地参与,充分合作。

🔍 教师手记

"亲子运动会"活动方案

活动时间:2014 年 12 月 27 日(周六)上午 9:30~11:00。

活动地点:××公园大草坪。

活动准备：

（1）场地布置：观众区（班牌）、比赛区、喝水休息区、领奖台、展板展示区。

（2）比赛项目物品准备。

（3）具体准备：主席台（横幅、音响、主持人）；观众区（班牌、板凳）；比赛区（围栏）；水休息区（保温桶、卫生纸）；领奖台（奖品、登记表）；展板展示区（展板）；运动员号码牌、音乐（候场、开场跳、游戏、拔河）。

活动流程：

（1）"亲子运动会"开场律动：在一起更快乐！

（2）运动会开幕，致开幕词（园长）。

（3）主持人介绍"亲子运动会"场地及安排。

（4）园长宣布"亲子运动会"正式开始。

（5）依次开展各个项目。

夹球赛赛赛：（中一班教师）。

龟兔接力：（小一班组教师）。

你跳我也跳：（大一班教师）。

我是小姚明：（小二班教师）。

趣味接力赛：（中二班教师）。

青蛙跳荷叶：（大二班教师）。

（6）颁发奖杯，结束活动。

人员分工：

主持人：负责宣布每个比赛项目的规则，报参赛幼儿的号牌。

家长委员：负责班牌，协助保育员维持基本秩序

保育员：摆放、收整小凳子，固定在各班班牌场地内维持基本秩序，以免有危险发生，提醒幼儿及时参赛。

老师：在每个比赛项目的场地，宣布分组比赛的开始和结束，组织比赛的初赛和决赛，给获得一二三等奖的幼儿盖章。

后勤：按名次发放奖品并登记；在比赛场内发放鼓励奖；负责喝水休息区的秩序维持、开水保障、围栏设置、展板维护、小凳子看管等。

二、灵活处理突发事件

亲子活动中,难免发生幼儿之间的小摩擦,教师面对双方的家长,要灵活地处理,既要鼓励良性竞争,又要引导幼儿谦和包容,感化家长,化解矛盾。

📎 教师手记

"迎新年"亲子游园活动

为迎接新年的到来,让孩子感受童话般的世界,感受快乐和幸福,也让家长享受与自己的孩子一起过节的快乐,12 月 31 日上午举行了"迎新年"亲子游园会活动。教师们精心布置的教室让整个幼儿园充满童话气息。热情的家长们准时来到幼儿园与孩子一起过节玩耍,听音乐抢椅子、推小车、小脚穿大鞋划龙船、过小河、抬西瓜、谁的风儿大、开锁、水中乒乓球等游戏精彩纷呈。孩子们在大人的陪同下,手拿游戏券,兴奋地穿梭在各个游戏场之间,笑声和欢呼声此起彼伏,幼儿园里到处都可以看到孩子们欢乐的身影,听到孩子们开心的笑声,呈现着一派其乐融融的新年景象。每个孩子都开心地得到了礼物。游园活动在孩子和家长们幸福的笑容里画上了圆满的句号。

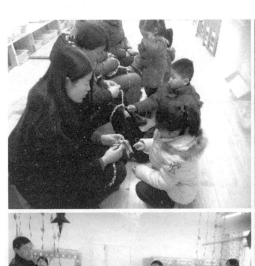

三、充分发挥家长的能动作用

家长是幼儿园的合作伙伴,邀请热心的家长参与到活动的组织、筹备中,听取他们的意见,能够让亲子活动的氛围更好。家长的宝贵经验和好点子可以进行分享、交流,还可以在活动中邀请家长担任评委,调动家长的积极性、主动性,更好地实现亲子活动的目标。

教师手记

亲子卡拉 OK 大赛

12 月 31 号上午,大班举办了亲子卡拉 OK 大赛,邀请家长担任活动的评委,孩子们在活动中感受到节日的氛围,体验与老师、同伴共庆节日的快乐,整个活动在孩子们的笑声、掌声中结束。整个上午的时间安排得既轻松又充实,直到中午将近,孩子们都还兴趣盎然,不肯离开。在孩子们的眼里,这里就是他们的快乐天地;在家长眼里,这里就是孩子启蒙教育的乐土。

四、亲子活动中的观察与指导

亲子活动开展过程中,教师要按照预定计划有序组织活动的开展,同时要注意观察幼儿的表现,指导亲子互动,做出适切的提示,鼓励家庭之间互动、亲子之间互动,把亲子活动的情感体验和教育价值充分发挥出来。

> **教师手记**

亲子化妆舞会

　　亲子化妆舞会一方面能展示教师的风采,另一方面能增强家长和教师的情感交流,让家长更多地了解幼儿生活,从而实现家园共育促进幼儿发展。家长和幼儿共同装扮,自信大方地表演,体验合作的快乐,度过一个幸福、难忘的元旦。家长在与老师、与其他家长、与孩子们的交流中获得更多幼儿在园情况的反馈,从而更了解和支持幼儿园的工作。

第二节

家园共育活动样式创新

　　随着社会的进步与教育现代化的推进,家长同时也在不断地汲取现代教育理念。在教育孩子的过程中,既要成为孩子的第一任老师,也要与幼儿园教师密切合作,成为教师的亲密伙伴,共同承担起对幼儿的教育工作。

　　幼儿园开展家园共育,首先要认识到家长对共育的需求。由于家长对孩子成长有着较高的期望值,因而也格外重视孩子的早期教育,对优质学前教育的需求极为强烈。一方面表现为将孩子送进优质的幼儿园,充分享受优质教育资源;另一方面,家长也十分企盼能获得有针对的教育服务指导,从而改善家庭教育,以使孩子在早期具有全面健康的成长基础。而现实存在的问题是,家长良好的育儿愿望往往不能转化为主动的教育行为,而对早期教育科学性把握不准,又常常使他们陷于困惑与盲目。因此,家园共育活动的创新与实践成为教师要深入思考的问题,开展有意义的共育活动才能真正让家长有所收获。

一、让家庭组成游戏小组

📖 教师手记

　　大部分孩子都是独生子女,一位家长在 QQ 群里诉说了孩子周末在家没有玩伴的烦恼,想邀请小朋友周末到他家里去玩,其他家长反应热烈,纷纷表示出结伴的意愿。教师看到了家长和孩子的交往需求,组织开展了"小鬼当家"的家园共育活动。幼儿自由组合,成立家庭小组,轮流当活动的组织者,对小组里的幼儿及家长发出邀请,并在 qq 群内发布活动时间、地点、联系方式、互访活动等相关信息。活动后,家长将活动情况实录及照片带到幼儿园,和老师一起布置成活动的展板,并且介绍活动的内容。越来越多的家长对活动产生了兴趣,表示了想加入的愿望,新的活动小组又产生了,三五个孩子和家庭聚在一起,有的组内孩子们自发游戏,有的组内开展亲子烹饪活动,有的组走到郊外进行种植。家长们充分感受到"小鬼当家"活动给他们带来的有效帮助,每次活动结束后他们都会商议确定好下一次活动的内容。

　　这种活动以家庭为主体,使幼儿在周末也有了游戏玩伴,体验到结伴活动的快乐,满足幼儿活动、交往等方面的发展需要,实现了幼儿园教育向家庭的自然延伸。家长通过与孩子一起策划、准备,更深入地了解幼儿的需要,增进亲子间的互动,也引发家长在活动现场发现问题并进行讨论,为他们相互探讨家庭教育中的困惑和热点问题提供了机会。

📖 教师手记

宝贝书友会

　　教师提出活动设想,组织家长交流读书心得,给孩子讲故事,排练亲子剧,设计海报,公布演出时间、地点、内容等。各家庭小组纷纷组织和策划,确定活动人数。

野外自驾游

　　自驾游的活动形式确定后,各家庭针对活动提出自己的看法和方案。家长邀请教师参与讨论,对活动提出合理的建议。

教师手记

"妈妈去哪儿"俱乐部

通过一学期的家庭小组活动,积累了经验。第二学期,教师组织家长召开座谈会,生成"妈妈去哪儿"俱乐部小组,策划组织活动,公布小组活动信息,整理公布活动情况。家长和教师全程共同参与、组织,他们甚至还利用暑假自发开展活动,孩子们在一次次的活动中加深了友谊,家长之间的关系也更融洽。

"妈妈去哪儿"俱乐部调查问卷

各位妈妈,你们好!"妈妈去哪儿"俱乐部就要正式推出啦!俱乐部将开展各类精彩丰富的活动,相信它一定能为妈妈们的业余生活带来更多的欢乐。我们希望您能认真填写以下问卷,您的想法将成为我们重要的素材。

1. 您认为俱乐部的功能应该是:(可多选)

丰富业余生活( )　交友( )　体验时尚潮流( )

交流育儿心得,获得育儿知识( )　　其他_____

2. 您喜爱以下哪种活动方式:(可多选)

座谈会( )　下午茶,聚餐 ( )时尚类活动( )

户外活动( )　　其他_____

3. 您认为俱乐部的活动频率应为:

半月一次( )　每月一次( )　每学期一次( )

不定期( )　　其他_____

4."妈妈去哪儿"俱乐部推出后,您会:

参加每期活动( )

根据活动内容和形式有选择地参加活动( )

5. 您是否愿意担任活动志愿者?您能够为俱乐部提供何种资源?_____

6. 请您尝试为俱乐部策划一次活动:(简单介绍)

我们召开了家委会,介绍活动细则,还通过抽签分组,并且召开小组会议,成员之间互相介绍,推选组长,商量本学期活动计划。俱乐部小组人员5人。其中,组长1人,召集组员策划活动;活动策划1人,制定活动方案;活动组织1人,安排活动内容;志愿者2人,协助组长开展活动。家长们想出了许多活动:郊外农家乐,育儿讲座,健身活动,编织活动,茶座聊天,自驾游玩,欢乐蹦蹦跳等。

通过一学期的俱乐部活动,幼儿之间已经建立起很好的伙伴关系,他们开始接纳和认同同伴,并能主动寻找同伴,分享活动的乐趣,与同伴共同玩的意识加强了,交往范围有了很大的拓展。而家长之间通过几次互动和交流,逐步消除了陌生感,当班级中需要他们参与策划活动时都能积极地出谋划策,平时还经常交流一些教育孩子的好方法,这让我们感到很有收获。

家园共育是以活动为载体,充分发挥双方的优势,以双向互动、相互服务为基础的。家园共育活动要防止幼儿园的单向输出和发起，而家长大多数情况下扮演协助幼儿园的角色。只有幼儿园一个"主体"动起来，家园共育难以持续发展，这样不仅参与率低，而且共育的效果也差。家园共育活动需要幼儿园能与家长积极沟通，主动合作，从根本上重视家长的作用，把家长视为合作伙伴，相互尊重，共同协商。

二、让爸爸给幼儿"上课"

家园共育活动的开展要基于双方的教育需求——儿童的成长。双方明确活动目的不仅是为了热闹或者友情参与，而是要做到活动有计划、有指导、有反馈、有总结。也不是幼儿园说做什么家长就要做什么，而是双方协调配合，提出建议，共同设计完善，尤其是要思考活动带来的效果对幼儿园、家庭双方有哪些影响，对双方有什么促进作用，有哪些地方还需进一步协调和改进等。

教师手记

"老师，昨天我们小朋友在小区里玩，来了一个我不认识的叔叔（社区志愿者），那个叔叔带我们玩滑板车、玩跳绳，还教我们练武术呢！我们玩得可高兴啦，可是后来叔叔有事走了，下次他什么时候能来呀？"从他的脸上，老师看到了孩子渴望与男性共同参与活动带来的快乐。

男性在孩子学前教育阶段的成长过程中极为稀缺，不仅在幼儿园接触的是女教师，在家庭中也是以女性教育占主导地位，大部分孩子与父亲的沟通相对较少。而男性对于塑造幼儿健康的人格、坚强勇敢的性格以及独特的思维方式却又是至关重要的。孩子在长期缺失男性教育环境下成长，在遇到困难、挫折和危险时，必然会出现迟疑、担心等问题，甚至很多男孩出现女性化的倾向。

于是，鼓励每个家庭的男性家长走进班级、走近孩子的活动创意应运而生，不仅能拉近父亲与孩子的距离，增进感情，而且在与爸爸们互动中进一步体验和感受男性家长的思维与果断的风格，同时，在丰富多彩的活动让儿童对社会上成人的职业有初步的了解，培养儿童热爱劳动的情感。

教师手记

我首先在网上发出倡议，交代活动的方式、要求等，鼓励爸爸们在百忙中能抽出时间参与到活动中。发出倡议后的一周内就接到了来自电话、网络、孩子带信、妈妈口信等不同方式的报名，爸爸所展示的内容也是各不相同，有消防逃生演习，有太极拳传授，有冰淇淋的制作还有海关工作情况介绍等。每次活动后，我及时把活动中的精彩瞬间以文字和图片的方法表现发布在网上,而孩子们更是把这一天的特别感受和快乐带回家,他们把自己对这个活动的喜爱以及与爸爸一同活动的快乐传递给家人。家长可以在班级网上发布对每次活动的评论和意见。除了在网上公布,我还将每期出席的嘉宾及互动内容以图文并茂的形式展示给孩子们看。在家长参与过程中,我事先与家长多次联系,沟通互动内容和时间,并给予建议和帮助,解除家长的恐惧和焦虑心情。每月还开展"明星爸爸"活动,有一位音乐家爸爸给孩子们带来精彩的非洲鼓打击乐活动赢得了最高的票数,成为当月的"明星爸爸";还有一位警察爸爸也成了孩子们心目中的英雄。

三、借助社区资源的共育活动

幼儿园的教育资源与社区的资源相互补充,对儿童成长来说就是最佳的教育资源,共同分享教育资源也是幼儿园教师开展幼儿园活动样式创新的重要部分。

教师手记

我们幼儿园附近有一个大型的超市型菜场,管理规范,环境整洁,结合主体活动"好吃的蔬菜",决定开展一系列的家园共育活动。

一、蔬菜交流会

通过交流妈妈的烹饪技能,进一步引起幼儿对蔬菜的食欲及拓展幼儿对蔬菜的经验。

二、蔬菜调查表

引起幼儿对蔬菜的关注和兴趣。教师为幼儿和家长提供《双休日蔬菜调查表》,介绍调查表的记录和使用方法,并针对个别孩子出现的情况引导幼儿讨论。

三、蔬菜造型展示会

引导幼儿根据蔬菜的不同外形进行大胆想象,构思造型、合理搭配,鼓励幼儿与家长一起合作,共同创作出有意思的蔬菜造型。

四、设计一周蔬菜食谱

引导幼儿尝试根据家人口味设计和安排一周的蔬菜食谱,引导幼儿一周蔬菜中不重复。教师设计《一周食谱》表格,重点指导幼儿读懂表格的对应,横向——日期与格子的对应;纵向——日期与记录内容的对应。图示的表示方法——日期的表示以及蔬菜的表示方法。

五、和爸爸妈妈去买菜

知道菜场里有品种繁多的蔬菜和其他食品,是人们买菜和卖菜的地方。巩固幼儿对蔬菜的认识,并感知菜场和人们生活的关系。